高等职业教育文化产业类系列规划教材

影视节目
制作与经营

张 慧 ◎ 主 编
艾小元 艾小川 徐金娥 ◎ 副主编

YINGSHI JIEMU
ZHIZUO YU JINGYING

西南交通大学出版社
·成都·

图书在版编目（CIP）数据

影视节目制作与经营/张慧主编. —成都：西南交通大学出版社，2015.2（2017.7 重印）
高等职业教育文化产业类系列规划教材
ISBN 978-7-5643-3584-7

Ⅰ.①影… Ⅱ.①张… Ⅲ.①电影制作 – 高等职业教育 – 教材②电视节目制作 – 高等职业教育 – 教材③电影制作 – 经营管理 – 高等职业教育 – 教材④电视节目制作 – 经营管理 – 高等职业教育 – 教材 Ⅳ.①J9②G222.3

中国版本图书馆 CIP 数据核字（2014）第 278891 号

高等职业教育文化产业类系列规划教材

影视节目制作与经营

张 慧 主编

责 任 编 辑	罗小红
封 面 设 计	墨创文化
出 版 发 行	西南交通大学出版社 （四川省成都市二环路北一段 111 号 西南交通大学创新大厦 21 楼）
发 行 部 电 话	028-87600564　028-87600533
邮 政 编 码	610031
网　　　　　址	http://www.xnjdcbs.com
印　　　　　刷	四川煤田地质制图印刷厂
成 品 尺 寸	170 mm × 230 mm
印　　　　　张	18.25
字　　　　　数	329 千
版　　　　　次	2015 年 2 月第 1 版
印　　　　　次	2017 年 7 月第 3 次
书　　　　　号	ISBN 978-7-5643-3584-7
定　　　　　价	42.00 元

课件咨询电话：028-87600533
图书如有印装质量问题　本社负责退换
版权所有　盗版必究　举报电话：028-87600562

前　言

在文化产业快速发展的今天，电影、电视剧、动漫、纪录片、综艺节目等影视节目已经成为人们日常生活中最常见的主要消费产品；网络、手机、移动电视等新媒体的出现，又为影视节目内容提供了更多的播出平台，好的影视节目内容成了各类媒体竞相争夺的稀缺资源。

好的影视节目是靠优秀人才生产制作出来的，这已成为人们的共识。但是在影视节目的选题策划、剧本创作、筹集资金、组织制作、组织销售、回收投资、获得利润的过程中，真正起到核心作用、能贯穿始终的人是谁，很多从业人员却知之甚少。

在影视节目成为文化产业核心发展方向的今天，在影视节目作为最大众化和涵盖最为广泛的文化产品的今天，在影视节目已经成为新老媒体最大盈利产品的今天，尤其是影视节目已成为产业化运作最为成熟并拥有最大市场的今天，市场最为缺乏的是能整合各类人才资源、筹集资金将一个创意最终变成消费者喜爱的文化商品的组织人才；是能通过各种经营手段将投资人的投资实现利润回报最大化的经营人才。

这就是影视节目制作经营管理人才。

目前国内罕有学校开设培养此类人才的专业，这是一个巨大的市场空白。为此，我们专门开发、编写了这本为培养影视节目制作经营管理人才的教材。本教材突出三个基本内容：

一是强调制片人在影视节目制作中的核心作用；二是介绍影视节目的一般制作流程及各类型节目制作的不同侧重点；三是总结影视节目的基本赢利模式与经营技能。

我们希望学习者在学完这本教材后，能明白作为影视节目制作核心人物——制片人的重大责任；能熟悉影视节目的制作流程，会制定、撰写流程中各工作环节的计划书及方案；能熟练整合资源、组织人员实施方案，并成为某一环节的专家。

  本教材是由具有丰富实战经验的专业人士严格按照影视节目的实战流程及制作方法进行编写的。教材中搜集了丰富的案例和有针对性的参考读物，并配合每个工作环节设计了模拟实战的作业，相信能为学习者提供一个真切的实战蓝本，提升其影视节目经营管理技能。

  本书在体系结构上共分为8个能力单元，由张慧（重庆城市管理职业学院主任记者）担任主编，艾小元（重庆原典文化传播有限责任公司董事长）、艾小川（重庆原典文化传播有限责任公司总经理）、徐金娥（重庆城市管理职业学院讲师）担任副主编。具体编写人员及分工如下：全书由张慧、艾小元、艾小川前期策划和框架构建，张慧负责编写第1章、第3章，第5章、第7章，艾小元负责编写第2章、第4章、第6章，徐金娥负责编写第8章，张慧负责统稿。

  在本书编写过程中，参考了大量有关的资料，引用了大量案例，作者尽可能在教材中进行详细注明，在此对他们表示衷心感谢！

编 者
2014年3月

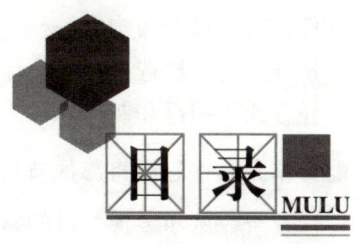

目录 MULU

能力单元一　什么是影视节目 ·· 1
　任务一　认知影视节目的内涵类别 ··· 1
　任务二　影视节目传播条件和平台 ·· 13
　任务三　影视节目制作流程 ··· 15
　任务四　影视节目制片人 ·· 16

能力单元二　人们需要什么影视节目 ·· 27
　任务一　影视节目的生产由谁决定 ·· 27
　任务二　如何问计于市场 ·· 34
　任务三　如何进行市场调查 ··· 39

能力单元三　怎样才能使影视节目受到欢迎 ······························ 54
　任务一　认知策划的作用 ·· 54
　任务二　怎样写作策划案 ·· 61
　任务三　策划案要点1：盈利模式的策划 ································ 77
　任务四　策划案要点2：电视剧内容的策划 ···························· 93
　任务五　其他类型影视节目的选题策划 ································· 95

能力单元四　制作影视节目的钱从哪里来 ································· 111
　任务一　到哪里筹集资金做节目 ··· 111
　任务二　写作商业计划书 ·· 128
　任务三　说服投资人 ·· 136

能力单元五　找哪些人来生产影视节目 ···································· 142
任务一　不同阶段分别找哪些不同的人 ······························· 142
任务二　班子的构成 ·· 144
任务三　怎样选择合作伙伴 ·· 156
任务四　拍摄和制作 ·· 164

能力单元六　怎样将影视节目卖出去 ··· 175
任务一　认知影视节目的营销 ··· 175
任务二　营销方法 ··· 177
任务三　编制营销计划 ··· 199

能力单元七　怎样做影视节目经营管理者 ·································· 206
任务一　作为自然人的影视节目经营管理者 ····························· 206
任务二　作为法人的经营管理机构 ·· 214
任务三　影视节目的申报 ·· 216

能力单元八　怎样规避影视节目制作中的法律风险 ····················· 234
任务一　认知节目制作中的法律风险 ······································· 234
任务二　项目投资合同 ··· 243
任务三　编剧合同 ··· 252
任务四　导演合同 ··· 258
任务五　演员合同 ··· 267
任务六　设备租赁合同 ··· 277
任务七　节目销售合同 ··· 281

参考文献 ·· 285

能力单元一

什么是影视节目

任务一　认知影视节目的内涵类别

电视节目类型更加丰富合理

　　广电总局新闻发言人昨天说，全国34个电视上星综合频道元旦起推出了改版后的新编排，同去年相比，新闻类节目增加了三分之一，新创办栏目达50多个，节目类型更加丰富合理，七类被调控的娱乐性较强节目减少了三分之二，过度娱乐化倾向得到明显遏制。

　　发言人说，全国34家电视上星综合频道新闻类节目日播总量已达到193档、89小时，比去年增加了33%。目前各电视上星综合频道每日新闻类节目均超过2小时，每个频道每晚黄金时间均有2档以上自办新闻类栏目。央视及北京、河北、上海、福建、广东、宁夏、新疆卫视日播新闻类节目均超过3小时。被总量控制的七类娱乐性较强节目黄金时间播出量大幅减少，每周总共只有38档，较去年的126档减少了69%，各上星综合频道每周播出上述类型节目最多不超过两档。《非诚勿扰》《中国达人秀》《快乐大本营》《天天向上》《我爱记歌词》等知名栏目仍保留，山西卫视《走进大戏台》、河南卫视《梨园春》等深受群众欢迎的老戏曲节目继续安排在周末黄金时间播出。发言人说，新开办的娱乐节目也十分注重内容创意，体现了文化品位和审美格调。

（《新民晚报》2012-01-04）

一、影视节目的内涵

影视节目是对通过电影银幕、电视屏幕、网络新媒体等播出平台所传播的音频和视频内容的统称。影视节目既是一门综合艺术，也是当代的主流文化产品。

（一）影视节目是一门综合艺术

影视节目根据"视觉暂留"原理，运用录制手段记录影像和声音，通过放映或播映手段呈现活动的影像和声音，诉诸消费者的听觉和视觉欣赏。它是一门融合了文学戏剧、摄影、绘画、音乐、舞蹈等多种艺术，并具有独自艺术特征的综合艺术。

（二）影视节目是主流文化产品

从传播的角度看，影视节目是所有文化产品中传播及涵盖最为广泛的文化内容之一，是人们日常生活中接触多、与人们生活关系密切的主流文化产品。也是人们获得文化娱乐资讯，感知丰富外部世界，获得多元价值观的主要渠道。

按照国家统计局对文化产业的划分标准，文化产业包含9个行业大类、24个行业中类、80个行业小类，分为核心层、外围层、相关层。电视和电影被归于"核心层"文化产品。在众多的文化产品中，处于核心层的影视节目因其传播及涵盖最为广泛，以及与人们的日常生活关系最紧密的特性，成为文化产业的一个重点发展内容。尤其在现代生活中，新媒体日益发展，传播平台不断扩张，网民数量剧增，对视频内容的需求也在不断地扩大，影视节目更是成为了各网络媒体吸引网民和广告商的工具，各网络媒体间竞争的利器。

二、影视节目的类别

影视节目主要包括以下类别。

（一）电　影

1. 概　念

电影是由法国的奥古斯特·卢米埃尔和路易斯·卢米埃尔兄弟在前人的

基础上发明的。根据视觉暂留原理，运用照相和录音手段把外界事物的影像和声音摄录在胶片上，通过放映在银幕上形成活动影像以及同步声音以表现一定内容的技术。电影是一门可以容纳文学、戏剧、摄影、绘画、音乐、舞蹈、文字、雕塑、建筑等多种艺术的现代综合艺术，代表一个国家文化水准的主流文化产品，能有效对外传播国家与民族的主流价值观。

2. 类 型

电影类型是电影发展到成熟阶段，制片方对观众消费口味具备了规律性认识之后才产生的，有利于形成规模化生产。

类型电影通常是指构成影片的叙事元素有相似之处的一些电影，是电影工业与观众之间交流的动态过程。它最基本的特征是基本文化对立或者固有戏剧冲突。常用的划分影片类型的标准有主题、场景、情绪、角色、形式等。场景是指故事的发生地点；情绪是指全片传达的感情；形式是指影片呈现的特定样式。

类型是商业影片分类的基本手段，商业电影可分为以下类型：

（1）犯罪片：人物出现在犯罪行为领域，通常有警探和罪犯这一对立人物关系。

（2）黑色电影：展现侦探、犯罪一类的题材和表达悲观、恐惧情绪为特征的影片。

（3）历史片：表现历史人物或历史事件，戏剧冲突和情节的提炼有较为真实的历史依据。内容大多涉及政治、军事斗争等。

（4）科幻片：以科学幻想为内容的故事片，根据一定的科学原理和科学成就，对未来或过去作幻想式描述。

（5）体育片：以体育运动、体育重大事件和体育工作者生活为题材的影片。多以体育活动、体育训练和竞赛为背景结构故事情节，塑造人物形象，并以精湛的体育表演作为影片特色。

（6）战争片：以战争史上重大军事行动为题材的影片。一般包含两种类型，一种通过对战争事件、战役过程和战斗场面的描写，着重刻画人物的思想性格，塑造人物形象；另一种通过人物和故事情节的描写，形象地阐释某一重大军事行动、军事思想、军事原则和战略战术，反映战争事件。

（7）西部片：以美国西部拓荒时期为背景，描述牛仔或警长与恶势力的斗争，反映文明与蛮荒、个人与社会、本民族与异域文明等基本矛盾的类型电影。有非常明显的西部自然景观，马匹、牛仔服、来复枪是其常见的道具。

（8）动作片：通过暴力或物理力量解决道德争斗，常常涉及追逐、营救、搏斗、逃亡等持续运动，以强烈紧张的惊险动作和视听张力为核心的影片类型。

（9）冒险片：危险与机遇并存，以冒险英雄的冒险行动为主要内容的电影，题材来源于历史故事或传说，人物为寻宝或探险而展开未知旅程。场景一般出现在异国或异域、迷失的大陆、沙漠、丛林等。

（10）喜剧片：以笑激发观众情绪，让观众在轻松愉快的笑声中获得愉悦的心情。多以巧妙的结构，夸张的手法，轻松风趣的情节和幽默诙谐的语言，着重刻画喜剧性人物的独特性格。基于描写对象和手法的不同，可分为讽刺喜剧、抒情喜剧、荒诞喜剧和闹剧等样式。

（11）剧情片：主要关注角色跌宕起伏命运的电影。主要以故事的剧情变化或角色性格的发展推动电影的情节运动。

（12）恐怖片：试图引发观众的恐惧。以恐怖情节和恐怖气氛贯穿全片的影片。多以神鬼妖异与现实生活中的人发生纠葛的离奇怪诞情节结构故事，以刺激观众的恐怖感，体验惊恐和焦虑。

（13）推理片：在侦探片基础上发展起来的影片样式，根据一系列线索的发掘从未知向已知推进，以严密的逻辑推理侦破犯罪案件的影片。形式上仍保持着侦探片曲折惊险的情节，在情节铺排上加强逻辑推理，分析案情严密细致、精确合理，使观众感到真实可信。

（14）爱情片：以表现爱情为核心，并以男女主人公爱情的萌生、发展、波折、磨难的感情纠葛为主线，以在爱情中克服误会、曲折和坎坷等阻力为叙事线索，直至恋人的大团圆或悲剧性离散的影片。

（15）惊悚片：恐怖与悬疑的成功融合而衍生的一种电影类型。以侦探、神秘事件、罪行、错综复杂的心理变态或精神分裂状态为题材的一种电影类型。让观众群体同时得到恐怖和悬疑的双重体验。

（16）传记片：以历史上杰出人物的生平业绩为题材的影片。主要情节受历史人物本身事迹的制约，不能凭空虚构，但允许在真实材料的基础上作合情合理的添加和润色。

（17）伦理片：以爱情、婚姻、家庭、宗教、代沟、社会问题等伦理为主题的电影，以对社会道德规范进行探讨为主旨。有着比其他片种更为广阔的领域和更模糊的边界。

（18）音乐片：以音乐生活为题材或音乐在其中占有很大比重的影片。一般以音乐家、歌唱家和乐师的事迹为描写对象。音乐片中的音乐作为主要剧情的有机组成部分，将音乐与叙事结合起来，这类影片往往是在大型的交响乐队的伴奏下进行。

从上述电影丰富的分类中可以看出，正是因为有了不同类型片的划分，才有可能将具有不同观片习惯的电影观众吸引到电影院，才能满足不同层次观众的心理需求，也才能做到将市场最大化。

一个国家的电影市场是否充分发达，观看电影的观众是否踊跃，这与电影工作者能否为广大观众提供更多、更丰富的电影产品是分不开的。

（二）电视剧

1. 概　念

电视剧是适应电视特点、主要为电视荧屏播映而生产的艺术样式，一般分单本剧和系列剧。电视剧兼容电影、戏剧、文学、音乐、舞蹈、绘画、造型艺术等诸因素，是一门综合性很强的艺术。语言因素在电视剧中占有重要地位，对白和独白量大大高于电影。电视剧一般很生活化，适于揭示人物的内心活动，展示人物内在思想感情的变化。

电视是涵盖面最广泛的媒体之一。电视剧是最受普通老百姓欢迎的内容和电视媒体中最具盈利能力的产品之一。目前，我国电视剧每年产量居全球第一，电视剧的制作也越来越精良。

2. 分　类

电视剧分类很多，按不同标准可分为不同类型。

（1）按官方报批分类。

① 当代题材电影，以改革开放以来作为年代背景。分为当代军旅题材、当代都市题材、当代农村题材、当代青少年题材、当代涉案题材、当代科幻题材、当代其他题材。

② 现代题材电影，年代背景为1949年至改革开放。分为现代军旅题材、现代都市题材、现代农村题材、现代青少年题材、现代涉案题材、现代传记题材、现代其他题材。

③ 近代题材：年代背景为辛亥革命至1949年。分为近代革命题材、近代都市题材、近代青少年题材、近代传奇题材、近代传记题材、近代其他题材。

④ 古代题材：年代背景为辛亥革命以前。分为古代传奇题材、古代宫廷

题材、古代传记题材、古代武打题材、古代青少年题材、古代其他题材。

⑤ 重大题材：特指广电总局关于重大革命和历史题材文件规定的题材。根据故事内容分为重大革命题材、重大历史题材。

（2）电视剧非官方分类，包括以下类别：传奇剧、谍战剧、都市情感剧、都市生活剧、革命剧、黑帮剧、家庭伦理剧、苦情剧、年代情感剧、青春生活剧、情景喜剧、人物励志剧、商业剧、涉案剧、神怪剧、武侠剧、戏说剧。

（三）动　漫

1. 概　念

动漫是动画与漫画的合称。漫画是静止而独立的画面，动画则是通过播放若干连续的画面，让静止的画面动起来。这里所说的动漫主要是指在电影院和电视台以及新媒体平台播出的动画片，它通过虚构、夸饰、写实、比喻、象征、假借等不同手法，描绘图画来完成述事，通过镜头的推拉摇移和片段剪辑的蒙太奇技巧来表达想法和感受。动漫是目前年轻人最喜爱的多媒体影像形式之一。

动漫不仅有传播文化和价值观念的巨大作用，更有创造巨大经济效益的功能。据测算：中国动漫产业拥有数百亿元的大市场，因为在中国13亿人口中，14岁以下的儿童就有3亿多。

在动漫产业发达的国家，已经形成了成熟的动漫产业链，包括漫画创作—图书出版发行—影视动画片生产—影视播放—音像制品发行—衍生产品开发和营销等流程。动漫产业特别是儿童食品、玩具、服装、音像、出版物产业和文具产业发展的驱动器。并且还能带动相关衍生产品的开发与销售。这是一个具有巨大市场前景的文化产品。

2. 分　类

受电影类型片的影响，动漫也有了比较明确的分类。目前我们所见到的动漫大致分为以下类型：格斗、恋爱、耽美、侦探、搞笑、魔法、惊悚、体育、战争、科幻、冒险、动作、机战、校园、神魔、美食类等。

（四）纪录片

1. 概　念

以真实生活为创作素材，以真人真事为表现对象，并对其进行艺术的加工与展现，用真实引发人们思考的电影或电视艺术形式。纪录片是目前影视节目的主要样式之一，也是最具文化含量的影视节目之一。由于拍摄设备和播出平台的不同，纪录片又可以分为电影纪录片和电视纪录片。

纪录片最主要的特点就是非虚构性，不论是纪录人物，还是自然景观，真实性是其最主要特征。所以，可以这样说，一切反映社会和自然事物的非虚构的电影片或电视片都是纪录片。"一个国家没有纪录片，就像一个家庭没有相册。"智利纪录片导演帕特里西科古兹曼的这句话在全世界广为流传。所有影像作品中，其史料价值排在第一位。

如今，纪录片在国外的市场已经非常大，其中，仅纪录片专业制作公司美国探索频道（Discovery）便坐拥160个国家和地区10亿用户，而且许多国家都把纪录片当成宣传国家形象的一种有效手段。在中国，随着纪录片价值和功能的被认识，它的前景已经越来越广阔。

2. 分　类

就题材内容而言，当今纪录片可分为社会人文类与自然科学类两个含义广泛的范畴。

社会人文类。包括各种现实和历史的社会人文题材纪录片，时政、文化、经济、军事、历史等是常见的片种。内容多同人们的社会生活联系紧密、同历史或现实有直接关系。

自然科学与环境类。各种自然题材纪录片的总称。自然科学类纪录片以传播科学知识为宗旨。近20年来，电视中的自然科学片，尤其是有关野生动物、海洋、环保题材的纪录片因为广受欢迎而成为影视投资热点之一。英国、西班牙、美国等国家是野生动物片制作的大户。大投入、高效益、精品多，是国际纪录片生产中少有的长效良性循环。

3. 模　式

在世界纪录片的发展史上，我们至少可以总结出四类主要的创作模式，分别为：直接宣导式、真实电影、访问式和反射式。

（1）直接宣导式。又称格里尔逊式。其特点是影片内容重视社会功用，形式上依靠解说词来配合画面。这种模式把纪录片当成传播与劝服的工具，认为它是一种直接宣传的手段。

（2）真实电影。强调纪录片应对现实进行"客观"展示。从影片样式来看，可以说是对格里尔逊式以解说词为主的纪录片的反叛。由于对"真实"的理解有所不同，"真实电影"又分为两个流派：

① 直接电影。主张摄影机和拍摄人员应该像"墙上的苍蝇"一样，不与被拍摄者发生任何瓜葛，以求能拍摄出即使摄影机不存在时也同样发生的事，在不介入的长期观察中捕捉真实。

② 真理电影。先驱是荷兰著名电影大师尤里斯·伊文思。他从不相信绝对客观的真实，认为纪录片除了向观众反映情况，使他们感动外，还应当鼓励、动员他们，让他们对影片中反映的问题采取积极态度。

（3）访问式。完全由访问和谈话组成。使人感到作品公正、客观、可信。缺陷在于"当被访问者对事件表达得不清晰，而影片又未再提出疑问时，问题就再明显不过了"。

（4）反射式。在拍摄过程中，把拍摄者与被拍摄者之间如何运作和互动的关系呈现出来。制片人本身成为事件的见证人——参与者，也是作品社会积极意义的创立者，被摄者与拍摄者之间的互动过程被坦率而清晰地表现出来。

（五）专题片

1. 概　念

专题片是针对一个专门对象或题材，对社会生活的某一领域或某一方面集中、深入地报道，从而达到推广与宣传的目的的影视片。专题片内容集中，针对性强，形式多样，允许创作者直接阐明观点，易于突出特定的主题。它是介乎新闻和电视艺术之间的一种影视文化形态，兼具新闻的真实性和艺术的审美性。

因其能够准确、快速、生动、形象地把宣传对象的理念和行动结合在一起，以视觉的方式传递给公众，从而达到推广与宣传的目的。故其成为一种直接、主动、精确、有效的宣传推广个人、产品、企业和城市形象的好方法。专题片除了可在电视台播出以外，还可大量用于礼品赠送、招商引资、产品说明、营销推广、资料留存、工作汇报等功用。目前，专题片已成为国内市场化运作程度非常高的一个文化产品，已形成一个独立的巨大市场。

2. 特　点

（1）费用低。就电视专题片而言，一般5分钟的企业介绍专题片或3分钟产品推介专题片只需摄制费2~10万元，比较几十万元乃至上百万的广告片制作投入而言要节省许多经费。且播出费亦比硬性广告片便宜许多。

（2）信息量大。一条15秒的广告片只能诉求单一的信息，而一部专题片却能根据具体需求，任意长度，将需要告诉受众的和盘托出，使之对自身企业状况或者产品特性、功能、机理及使用方法得以较全面、较清晰的展示，有助于树立良好的企业形象或品牌亲和力。

（3）方便有效。有了企业介绍或产品推介专题片，企业领导和营销人员不再需要反复向经销商或直接客户做不厌其烦的介绍了；由于专题片诉求详尽，又能加进用户的反馈态度与功效对比，例如景点旅游、减肥产品、美容产品、医疗器械、健身器材等产品推介片，可有效地唤起受众的购买欲。

（4）制作周期短。一般来说一部专题片的制作周期不会超过一个月，可充分满足业主的需求。

3. 分 类

从内容上划分：城市形象专题片、企业形象专题片、产品形象专题片、活动专题片、人物专题片、新闻专题片、广告专题片等。

（六）电视栏目

1. 概 念

电视栏目即电视专栏节目，指电视节目设置、编排的结构方式，是电视台节目播出相对独立的信息单元，是电视传播内容的基本单位。为了观众收视方便，把电视节目按内容分成不同版块，每个版块都有一个名称并在固定时间播出。

电视栏目是电视台获得利润的重要文化产品。目前国内电视栏目的盈利模式较为单一，主要依靠广告。欧美国家的电视栏目除了靠广告盈利外，还有将节目模式版权授权转让，多次获得利润。

2. 特 点

电视栏目具有以下特点：

（1）系统性。要求节目的内容、类型都要系统化，时间长度、节目风格以及编排模式都要规范化、条理化。

（2）固定性。有固定的栏目名称、片头、标识、时间长度、播出时间，以及相对固定的节目主持人。

（3）综合性。节目内容相当广泛，可包含各种类型；栏目形式和摄制手段、表现手法丰富多彩。

（4）参与性。参与到节目中的观众，带着自己的思想、见解和情感，他们的言行已经成为节目不可或缺的组成部分。

3. 分 类

（1）按栏目表现对象可划分为对象型和公共型两类。

对象型栏目可细分为军人节目、青少年节目、老年节目、妇女节目、残疾人节目、少数民族节目、港澳台胞节目、对外节目。

公共型栏目可细分为社会性节目、经济节目、文化节目、体育节目、科技节目、卫生节目。

（2）按栏目表现内容可划分为新闻信息专栏、社会教育专栏、文艺类专栏、服务性专栏。

新闻信息专栏主要传播新闻信息，述评新闻事件和人物。包括消息类和深度报道类两类。

社会教育专栏传播科学文化知识，进行社会教育。可细分为社会政治类、文化教育类、经济类、科技类。

文艺类专栏以满足观众娱乐需求为宗旨，可细分为欣赏性专栏、综合性专栏和竞赛性专栏。

服务性专栏可细分为单项型服务节目和综合型服务节目。

（3）按栏目表现形式可划分为电视纪录片式、电视访谈式、电视杂志式。

电视纪录片式栏目以纪录片为电视栏目最基本和最常用的表现手法。

电视访谈式栏目也称谈话节目，以访问、谈话为主要形式。

电视杂志式栏目是在统一名称的栏目下包含几个相对独立的节目单元，运用多种表现手法，包含多种内容形式的电视栏目。

4. 节目形态

电视栏目的节目形态非常丰富，主要有以下几种。

（1）谈话节目。

电视谈话节目，又称为"脱口秀"（Talk Show）。谈话节目由主持人引导谈话的进行，一般由主持人、嘉宾和（或）现场观众围绕某一主题展开即兴讨论的一种节目形态。

（2）栏目剧。

以"情景化"的手法，即"剧化"的方式，讲述老百姓情感和生活故事的一种节目形态。

（3）生活服务类栏目。

为老百姓的日常生活提供服务和指南的电视栏目形态，贴近生活、亲近观众是其最显著特征。可以分为综合型生活服务栏目和专题型生活服务类栏目。

（4）文化科教类栏目。

文化类栏目指以文学、艺术、音乐、舞蹈、美术等方面的人物和事件为主要题材的节目。科技类栏目指以普及科学技术、关注科学问题、贴近科技生活、阐释科技现象、弘扬科学精神、展现科学魅力为题材的节目。

（5）法制类栏目。

法制类栏目是以老百姓社会经济生活与法律的密切联系为切入点的各种节目形态，法律是其宣传主题。不少省级以上电视台均开办有法制节目，另外还有一些省市电视台陆续推出了法制专业频道，具备一定的社会影响力。

法制类节目一般以典型事例、深度报道和与人们生活的高度关联性吸引观众，寓法于理、寓法于情是其特点。

（七）娱乐节目

1. 概　念

娱乐节目是电视上最常见的一种节目形态之一。以娱乐性、消遣性和趣味性为突出特点，通过节目的中介形式，参与者在相互交流中形成一种娱乐氛围，以实现即时娱乐和情感宣泄为最终目的。

据统计，美国的 CBS、CNN 等电视网每天都有 3 个多小时左右的娱乐电视节目。中国中央电视台推出了《中国影视动态》《中国娱乐报道》《娱乐无极限》等综合性的娱乐节目，并以一种栏目化的方式固定播出。

近年来，游戏类、婚恋类、益智类、博彩竞赛类等各式各样的综艺节目抢占了国内大部分主流电视媒体市场，成为百姓娱乐生活中不可缺少的一部分。

2. 分　类

（1）游戏类节目。

游戏类节目是大众参与的，以竞技竞赛项目为核心的娱乐节目。游戏类节目具有娱乐性、真实性、竞争性、高额奖金等特点。游戏类节目可分为益智游戏节目、综艺游戏节目、情节故事型游戏节目。

(2) 综艺类娱乐节目。

综艺类娱乐节目是根据一定的主题思想，运用各种艺术手段将不同体裁的文艺节目进行有机组合的娱乐节目。可以综合多种艺术形式，包括歌舞、戏曲、相声、小品、魔术、晚会等节目形态。由于电视综艺节目兼容性强，可集欣赏、娱乐、知识、信息、审美等多项功能于一体，使得不同艺术体裁进行有机综合之后产生新的艺术效果，因此成为目前电视界常见的一种电视节目样式。

(3) 娱乐资讯类节目。

以对娱乐圈的资讯报道为主，融合了新闻性和娱乐性，并以报道的方式固定播出，满足观众对娱乐的兴趣的节目。在新闻素材选取上注重明星效应，内容上强调娱乐性，既包括电影、电视、音乐、舞蹈、戏剧、曲艺、文学界的最新人物动态，也包括文化娱乐产品、文化娱乐市场、政策、管理、从业人员和机构动态以及文化艺术教育、国际文化娱乐业动态等。其中不乏一些娱乐界人士的趣闻、秘闻。

在各国的娱乐节目构成中，娱乐资讯报道节目都占有不可或缺的位置。据统计，美国的 ABC、CBS、NBC、CNN 等电视网每天都有半小时左右的娱乐资讯报道，欧洲多数国家的电视台也有专门的娱乐资讯节目。

(4) 娱乐谈话类节目。

娱乐谈话类节目包括三种形态：或谈话内容具有娱乐性；或就娱乐圈的热点事件进行讨论；或谈话具有娱乐的形式。

(5) 真人秀类节目。

真人秀类节目也叫选秀类节目。是一种综合性的娱乐节目，采用纪实的拍摄手法记录自愿参与者在规定的情境中按照特定规则进行的自由而真实的竞争或是体验行为。真人秀融合了纪录片原生态的拍摄方式，游戏类节目中的奖励制、淘汰制以及电视剧的戏剧化和情节化叙事方式等多种节目形态的元素。

真人秀类节目可分为室内或野外体验型、表演选秀型、野外竞技型、职场创业型、发明选秀型、生活服务型、角色置换型等节目形态。

(八) 微电影

1. 概　念

微电影主要指专业的小成本制作电影，或者使用数码摄像机等简易工具拍摄，在电脑上剪辑并发布到网络上的业余短小电影。较之常规影视节目，微电影在时间长度、制作阵容、投资规模方面都比较小，以短小、精练、灵活的形式在各种新媒体平台传播迅速，适合在移动状态和短时休闲状态下观看。

2. 特　点

微电影融合了幽默搞怪、时尚潮流、公益教育、商业定制等主题，可以单独成篇，也可系列成剧。

其基本特征是微时长、微制作、微投资，形式短小、精练、灵活。

超短时长——30～300秒。

超短周期制作——1～7天或数周。

超小规模投资——数千/数万元每部。

随着时代发展，影视节目的类别也在不断发展变化。

搜索3个城市的影视频道以及3个人气网站，找出当前影视节目主要有哪些类别。

任务二　影视节目传播条件和平台

影视节目作为特殊的文化产品，其传播是有条件的。对于普通观众来说，影视节目出售的是观赏权，需要一个展示平台，才能达到传播目的。

在科学技术飞速发展的今天，传播影视节目的平台已经发生了巨大的变化。由过去单一的传统平台发展到了多样的新媒体平台。

播出平台的发展，不仅为影视节目内容提供商提供了更多的销售选择，直接促进了影视节目的制作，同时也成了文化产业经营者们新的赢利工具。

一、传统播出平台

影视节目的传统播出平台是电影院线和电视台。

1. 电影院线

电影院线是电影放映行业的一种经营体制。经营者为发展和保护其经营利益，在某些城市或地区，掌握相当数量的电影院，建立放映网络，借以垄断某些影片的公映。电影院线是电影的主要传播平台，播出内容主要是各种类型的电影。影院选择院线加盟以取得影源，采用分账的形式来分取利润。

2. 电视台

电视台是由国家或商业机构创办的媒体机构，它通过无线电信号、卫星信号、有线网络或互联网，以付费或免费的方式，向公众提供各种类型的影视节目。

电视台有两大功能，一是制作电视节目，二是通过电视或网络播放影视节目。

二、新媒体

【案例】

行业大佬共商多屏时代下的电视剧 内容仍然为王[①]

这是一个最好的时代。

在中国，守着电视机追剧的观众比例一直在缩小，PC、智能手机、Ipad等个人媒体终端的多样性，正说明着，多屏时代已经到来。多屏时代之下的电视剧如何发展，也是一条挑战之路，网络视频的优势显而易见，但对于传统电视媒体而言，毫无疑问，也是一次"叫板"，电视剧不再是只有电视台这一条单一的播出渠道。

6月12日，由腾讯视频主办的"多屏时代下的中国电视剧发展趋势论坛"在上海举行。制片人、导演、投资商、内容制作商参加并讨论，多屏时代之下的电视剧如何能在传统电视媒体与网络视频做到兼顾与融合。

（一）新媒体概念

随着网络技术和计算机技术的推动，新兴媒体发展迅猛，可供内容传播的平台已经是无所不在。新媒体是一个相对的概念，是针对在此之前产生的

---

① 完整的内容见 http://ent.qq.com/a/20130613/001502.htm，2013-06-13。

传统媒体而言。狭义的新媒体，是指当今利用数字技术，通过计算机网络、无线通讯网络、卫星等渠道，以电脑、手机、数字电视机等终端，向用户提供信息或服务的具有创新形态的媒体。新媒体被形象地称为"第五媒体"，主要包括视频网站、手机媒体、数字广播电视等媒体形态。

（1）视频网站。在网络技术平台支持下，为互联网用户提供上传、下载、浏览、点播视频作品等服务的平台。

（2）手机媒体。以手机为视听终端、手机上网为平台的个性化信息传播载体，分众传播、定向传播是其特点，具有高度的移动性与便携性。

（3）数字电视。又称数码电视，从节目采集、节目制作、节目传输直到用户端都以数字方式处理信号的端到端的系统，基于DVB技术标准的广播式和"交互式"数字电视。

（二）新媒体传播平台的特点

（1）开放性与互动性。传播者和接受者身份可以转换，观众可以直接在新媒体平台上发表自己的观点或看法，影响影视剧的传播和生产，也可自己制作影视节目上传。

（2）个性化和分众性。观众可以根据自己的兴趣、需要主动选择传播内容。

（3）传播顺序非线性。观众可以自主选择观看影视节目的顺序。

（4）传播的移动性，范围的广阔性。

任务三　影视节目制作流程

一、影视节目制作的特点

与小说、绘画等艺术创作不同，通常意义的影视节目制作不是独立个体的自由创作，它工序多，系统性强，往往很难由个体独立完成，它是一个庞大的团队在制作人统一指挥下相互协作的工业化生产流程。

影视节目制作中既有个人的艺术创造，又有群体的工业化流水线生产，各道工序既独立，又紧密相连。在制片人的把控与总体指挥下，节目按照既定的生产制作流程运行，使节目的艺术质量、资金成本、生产进度能够达到预期的目标。

二、影视节目制作的基本流程

只要是制作影视节目,无论属于什么种类,其基本制作流程是完全一样的。只是在这些流程中,不同环节所参与的人员及其所发挥的功能不同,而制片人是这个流程唯一的全程参与者和指挥者。

一般情况下,影视节目的生产流程有如下环节:

(1)市场调研。通过对潜在消费者的调查,明确自己应当做什么类型的节目。

(2)策划创意。在明确了做某一类节目后,制片人还要与策划人员共同策划节目的内容、形式及市场卖点。

(3)筹集资金。有了好的创意,还需将其做成商业计划书,并通过各种渠道获得投资人的资金支持。

(4)组织制作。在有了创意和剧本,并获得投资资金后,制片人要组织主要创作人员搭建班子进行拍摄制作。

(5)宣传销售。影视节目摄制中的每一个环节都是宣传销售的机会,制片人应当在开机前就制订好宣传销售计划。

(6)衍生产品开发。影视节目有很多潜在的衍生产品可供开发赢利,制片人在策划阶段要明确怎样对这些潜在的衍生产品进行开发。

在后面的章节中,我们将对上述环节依次进行讲述。

任务四　影视节目制片人

电影《卧虎藏龙》演职员表

演员表

角　色	演　员
李慕白	周润发
俞秀莲	杨紫琼

玉娇龙	章子怡
罗小虎	张 震
Jade Fox	郑佩佩
Auntie Wu	黄素影
Sir Te	郎 雄
Governor Yu	李法曾
蔡香妹	李 黎

职员表

- 制作人：徐立功；江志强；李安
- 导演：李安
- 副导演（助理）：黎继强；刘静仪；徐成林；张金庭
- 编剧：王度庐；王蕙玲；詹姆士·沙姆斯；蔡国荣
- 摄影：鲍德熹
- 剪辑：Tim Squyres
- 艺术指导：叶锦添
- 美术设计：Jian-Quo Wang；赵斌；黄宏显；Xing-Zhan Yang；杨占家
- 服装设计：叶锦添
- 视觉特效：Rob Hodgson

在各类影视节目制作过程中，不同的阶段和生产环节，会有不同角色的人员进入：

在影视节目的创意和文本阶段，有策划、编剧介入；

在影视节目制作的中期，有导演、演员、摄影师、美术师、道具师、灯光师、服装师、制片主任介入；

在影视节目制作的后期，有宣传人员、销售人员等介入。

这些不同的角色在影视节目的不同生产制作阶段，发挥着各自不同的作用，共同为节目的生产和营销付出自己的努力。这些艺术或技术工作者都属于生产人员，他们在与制片人签订协议并领取报酬后，用自己的智力劳动将创意变成文化产品，他们的一个共同特点就是只参与某一阶段的某一个环节的工作，并仅仅只对这个环节的艺术、进度或技术质量负责。

在这过程中，有一个人，他从节目的初期就开始介入，从节目的创意到筹措资金，聘请艺术或技术人员参与制作节目，直到节目完工并组织销售，收回投资并获得利润，他都必须全程参与，因为他是保证节目的艺术质量、回收投资人投资及获得利润的第一责任人。

这个人就是节目制作人，也叫制片人。

一、制片人的含义

对于一部收视率或票房非常高的影视剧来说,一般观众关注的仅仅是故事情节、人物命运、演员表演,稍为专业一点的会看画面构图与用光及影调。但很少有人会去想:这部电视剧最初的故事是怎样来的;为什么要拍这个故事而不拍另外一个故事;拍剧的资金是怎样来的;该剧的主要创作人员是谁去挑选组织起来的;拍戏过程中所有重大问题是由谁来拍板决定的;剧拍完后又是怎样卖到播出机构并收回投资的;万一该剧出了任何问题又是由谁来承担责任。这一切事情的推进和责任承担者,都归结于一个被称之为"制片人"的人。

【案例1】

金牌制作人吴军谈电视营运人

吴军被业内称作"金牌制作人"。正是因为其一流的专业水准,独到的眼光、屡创收视奇迹的精品剧作,成就了他这样的美名。纵观吴军的影视作品,《历史的天空》《男人底线》《守候幸福》《历史的进程》《锄奸》,每一部作品都堪称经典之作。

作为业内最负盛名的电视营运人之一,吴军的名字总是精品的保证。所谓电视营运人,就是电视剧的经营者,也就是人们所说的制片人。他们串起电视剧制作的所有环节,为一部电视剧的成功立下汗马功劳,但是在谈及自己电视营运人这个职位时,吴军却诸多感叹。当大家看到《历史的天空》《男人底线》《守候幸福》《历史的进程》《锄奸》这样的佳作时,想到的都是导演不俗的功力,但殊不知一部电视剧的成功离不开一个优秀电视营运人的全盘运作。无论是《历史的进程》还是《锄奸》,从选剧本、找导演、挑演员,再到拍摄、制作,直至发行,电视剧的每一个细节里都有吴军这个营运人无数的汗水。他告诉记者:"演员、导演、编剧,包括在剧组里很受重视的摄影、美术等都只是电视剧中的一个环节,是营运人把所有人串成一条线,完成整部大戏的运作。从前期策划到中期拍摄,再到宣传发行,所有的细节都要营运人亲历亲为去做,所以营运人是决定一部戏成败的关键。"

在吴军看来,电视剧产业要健康、持续的发展,就必须重视电视营运人的价值,只有业内真正重视电视营运人,才会有更多的电视营运人出现,而他们的出现不仅保证了电视剧的品质,更为电视产业的健康发展奠定了基础。

(摘自《国联影视资讯》)

【案例2】

好莱坞编剧教父麦基谈制片人

在我们大家都热爱的影视行业里面,最被低估的就是制片人,也是整个影视剧制作中,从头到尾都一直陪伴的唯一的艺术家。编剧写完以后走了,导演导完以后走了,演员演完以后走了,剪辑剪完以后走了,其他人干完自己的活也走了,惟有制片人必须从头到尾的坚守。我们最后一天看的《卡萨布兰卡》,里面最伟大的艺术家就是制片人。他在纽约百老汇找到了一个从来没有搬上舞台的剧,带到了好莱坞,然后再找人改编,改编之后又找人拍成电影,拍成电影以后又发行,最后变成了一个伟大的电影,没有他就没有这部电影。我们现在面对的是浩如烟海的网络文学,如何在浩如烟海的网络文学中,寻找可以改编成好的电影、电视剧的精华?现在我们不是在北京电影学院吗,我觉得我们现在最重要的,也是最缺乏的,也是最需要培养的就是这方面的人才,也就是故事的开发者,也叫制片人。

(来源:凤凰网文化)

若给制片人下一个定义的话,就是:对剧本的艺术性及市场前景具有准确的判断力,并能组织资金和人员对项目进行全程实施,最终顺利完成投资回收的组织者。

二、制片人的作用

那么这是否就说明制片人就是全能的呢?不是。制片人不如编剧那样会写作剧本;不如导演那样精通导演艺术;不如摄影师精通画面、影调;不如演员精通表演;不如美术师那样精通场景氛围的布置。制片人作为一部剧的统帅人物,其最大的优点就是具有非凡的判断能力。他能判断一个故事是否有价值,能判断剧本的艺术性和市场前景;能判断哪个导演适合该风格的作品。

当前制片人在中国影视节目市场的影响力与话语权正在迅速提升，他们的作用从某种意义上讲，比上述艺术家或投资人都更重要，因为他们是一个产品生产的组织者，由他们组织资金与人才；是一个产品的经营者，知道市场需要什么样的产品，更知道怎样才能使一个文化产品的利润最大化。只有他们才知道怎样才能将一干艺术家们组织起来，并将其艺术水准发挥到极致，只有他们才能将投资人所投入的资金变为利润。

三、制片人最重要的任务

英国传媒专家尼古拉斯·阿伯克龙认为制片人最重要的任务就是判断。不仅判断具体创意能不能采用，具体拍摄片断能不能有机组合在剧中，片子质量能不能过关，更重要的是判断剧情的整体走向，判断市场、观众和媒体对这个栏目或节目的需求。做好这个总判断，基本上就可以得60分，而制作质量好不好等是另外40%的事情。最好的管理者与一般的管理者的区别往往是发现缺陷与解决问题的水平。许多优秀的管理者回忆说，他们一生中没有作出几个重大决策，但他们做出的决策是方向性的。他们比一般的管理者高明的是选择方向。

四、制片人的职责

根据上述对制片人角色的描述，我们明白了制片人在影视节目制作中的作用，但制片人在节目的拍摄制作过程中到底需要做哪些具体工作，才能使一部剧顺利与电视观众见面呢？我们不妨对制片人的工作介绍得再具体一些。

一个合格的制片人的工作主要有以下几个内容。

1. 抓剧本

剧本是一剧之本，没有优秀的剧本，要想拍出优秀的影视剧，可以肯定地说是不行的。此外，一个好剧本还可以为剧组节约大量资金。影视界有个说法：好剧本戏保人，烂剧本人保戏。就是说，一个好剧本，演员愿意自降片酬也要上，而糟糕的剧本则只能以高价请演员出演了。

因此制片人所抓剧本的好坏，从某种意义上讲，就决定了一部剧的生死。

抓剧本有很多方式,有购买故事;有购买剧本;有自己创意请编剧创作剧本等。但不管采取哪种方式,制片人在剧本创作过程中,对剧本的艺术性和市场价值的把握及意见,都将对剧作的走向起到决定性的作用。

2. 制定预算

在组织资金之前,制片人需要编制资金预算,以使投资人明白,需要投资多少资金,其投资回报是多少。同时,该预算也是制片人用以控制成本的依据。制片人将依据此预算,对剧组的每一个环节的支出、每个演职人员的片酬进行严格核算,预算制定得越详尽、越准确,就越能进行成本控制,利润也就会越高。

3. 融　资

有了好剧本,还得有充裕的资金来实施拍摄,而拍摄资金的筹集,则是制片人的重要任务。这些资金可以是由制片人说服投资者投入,可以是由制片人向生产厂家组织赞助,可以是由制片人先将播映权预卖给播出平台,可以是将发行权预先卖给发行公司。具体采取哪种方式,制片人要根据其社会资源以及剧本的优劣决定。

4. 组建拍摄班子

当剧本已经定稿,资金已经落实,就要开始考虑搭建剧组的拍摄班子了,此时制片人首先要考虑选择导演。其实,还在剧本创作阶段,制片人根据剧本的特点,就已经开始考虑适合该剧拍摄的导演人选了。一旦决定了导演人选,摄影、美术、照明、服装、化妆、道具、制片、主要演员等各部门主创人员都将陆续到位,再由各部门负责人根据制片人的要求,确定各部门所需人选。

【案例3】

电影圈换角不新鲜　流行"换导演"

《肩上蝶》导演张某某消失,《假装情侣》导演刘某某变"前期",《血滴子》公布阵容易主。

上海电影节将于今日闭幕,金爵大奖花落谁家引人关注,但目前,最引人关注的是"导演被炒鱿鱼"。

《肩上蝶》导演张某某10年心血，一朝被炒

拥有着陈坤、江一燕、梁咏琪、桂纶镁这样的养眼阵容，张某某导演的《肩上蝶》一直备受关注。作为上海国际电影节金爵奖的入围影片，该片举行新闻发布会和官方放映时，独缺导演张某某。宣传方解释："导演颈椎病犯了，昨晚还在医院。"后来张某某却告诉媒体："其实我一直躲在酒店里。"此后的官方放映也没有面向媒体开放。

据了解，张某某剪辑的是120分钟的版本，但片方在发行方的建议下另请高明，重新剪辑了一个90分钟的新版本。拒绝让媒体入场观看，是不想"缩水版"曝光。张某某本人也拒绝观看90分钟的版本，毕竟那不是出自自己之手。

曾与张某某有过合作的于先生向华西都市报记者透露，在此前片方与导演之间就剪辑问题，"矛盾就已经很大了"。

对《肩上蝶》，导演张某某倾注了所有，他说自己为影片花了10年的时间。前日凌晨，张某某在微博上表达观点："我会坚持电影信念，也不会轻易放下原则接受不属于意愿的创作安排，这等同出卖所有信赖我的工作人员的心血成果……"

《假装情侣》导演刘某某没有剪辑权，后期被炒

另据了解，6月24日上映的《假装情侣》完整版直到16日才最终制作结束，昨日也是首次与观众见面。在宣传中，导演刘某某的名字被标注着"前期导演"几个字，刘某某也未出席任何宣传活动。

出品方代表刘总表示，在影片的后期，制片方与刘某某产生了较大的艺术分歧，所以影片后期在海外的拍摄是另有其人的，"我们换了导演"。至于所谓的分歧是指什么，刘总表示："主要是创作中的分歧，其实这也是仁者见仁、智者见智的，但导演有他自己的创作意图，而我们也有对市场和观众的考量。"

谈及《肩上蝶》的纠纷成为媒体近日关注的焦点，刘总说："其实我们一直存在导演中心制和制片人中心制这两方形式，《肩上蝶》的情况也很正常，看有没有事先约定，我们之前是约定了的，剪辑权归出品方。"

《血滴子》导演陈某某阵容公布后变刘某某

昨日，星美集团主办的"星美之夜"也在上海举行，齐刷刷地公布了未来2年共12部新片计划，备受关注的《王的盛宴》《血滴子》和《杀生》

都首度亮相。最让大家感到惊讶的还是《血滴子》的导演由陈某某变刘某某。对陈某某被换，片方解释因为陈导没有时间。知情人也称，纯属档期问题。

(《华西都市报》2011-06-19)

5. 组织拍摄制作

拍摄制作是一部影视节目进入实质性进展的阶段，也是大量花钱的阶段，更是容易出现各种问题的阶段。若用一句话来形容，就是制片人犹如坐在火山上的阶段。在国外，参与拍摄电视剧的所有演职员都有自己的工会，制片人在开拍前可以与这些演职员所属工会签约，不但演职员们会严格履约，其所属工会也会督促他们履约。而国内目前尚没有这些工会组织对演职员进行约束，制片人基本上是与演职员个人签署合同（即使这些演职员有单位也同样如此），一旦发生合同纠纷，造成停机，制片人就是再有理，也会产生巨大的损失。所以制片人在此阶段对剧组的掌控便是整个拍摄工作中的最重要的一个环节。

6. 宣传销售

电视剧（或电影）还没有开拍前，制片人的宣传发行计划就得制订好，这直接关系到一部剧的发行成功与否。电视剧的发行是贯穿在整个制作的环节之中的。开拍前的记者新闻发布会，就可算是对该剧的一次发行宣传；在拍摄过程中，请电视台或发行公司的朋友探班，也是发行销售的手段；电视剧拍完以后，举办什么活动，在哪些媒体上做宣传等，这些都需要事先有一个周密的计划，绝不能走一步看一步。

7. 策划衍生产品

一部好的影视节目可以产生极大的影响力，也就具备了开发衍生产品的可能性。制片人应当在剧本完成后，就开始考虑策划衍生产品。这关系到影视节目的最终盈利。而一个优秀的制片人，应当是在开拍前就对这一切做到胸有成竹。

制片人的这些工作环节，也就是一部影视节目的生产制作流程，但在影视节目的具体拍摄制作过程中，还有无数琐碎和意想不到的事情需要制片人出面处理，也就是说，制片人的工作并非像这几个环节那样简单。

第一单元内容要点

影视节目类别：电影、电视剧、动漫、纪录片、专题片、电视栏目、娱乐节目、微电影等。

影视节目传播平台：传统播出平台和新媒体平台。

影视节目制作流程：市场调研、策划创意、筹集资金、组织制作、宣传销售、衍生产品开发等。

影视节目制作人员：制片人、策划、编剧、导演、演员、摄影师、美术师、道具师、灯光师、服装师、制片主任、宣传人员、销售人员等。

制片人的职责：抓剧本、融资、制定预算、组建拍摄班子、组织拍摄制作、宣传销售、策划衍生产品等。

补充阅读书目

① 许南明，富澜，崔君衍：《电影艺术词典》，中国电影出版社2005年版。

② 李欣频：《十四堂人生创意课①》，广西科学技术出版社2009年版。

③ [美]托马斯·沙茨：《好莱坞类型电影》，冯欣，译，上海人民出版社2009年版。

④ 史蒂文·杰伊·施奈德：《有生之年非看不可的1001部电影》，江唐、赵剑琳、王甜甜，译，中央编译出版社2012年版。

单元能力测试题

一、名词解释

制片人

二、简答题

1. 影视节目有哪些类别？
2. 制片人和艺术创作者的区别与联系有哪些？

三、分析题

1. 分析制片人换导演、保留节目终剪权的案例。
2. 分析影视节目的传播平台。
3. 分析影视节目的制作流程。
4. 为什么说影视节目是由制片人主导创作？
5. 观看电影、电视剧、动漫、纪录片等七种影视节目的片头片尾，列出节目演职员名单并注意制片人在名单中的排列位置。

单元技能测试记录表

鉴定内容		鉴定方法		鉴定人签字		
鉴定成绩		鉴定时间		被鉴定人签字		
关键技能		评价指标		鉴定结果		
				通过	未通过	

鉴定者评语：

课 程 评 价 表

姓名：_____　　　　　日期：_____

当你完成了本单元的学习，我们希望你能对下面的项目提出你的建议。

请在相应的栏目内打钩	非常同意	同意	没有意见	不同意	非常不同意
1. 这一单元给我很好的提供了____的综述					
2. 这一单元帮助我理解了____的理论					
3. 我现在对尝试____更有自信了					
4. 该单元的内容适合我的要求					
5. 该单元中举办了各类活动					
6. 该单元中不同的部分融合得很好					
7. 教师待人友善、愿意帮忙					
8. 该单元的教学让我做好了参加评估的准备					
9. 该单元的教学方法对我学习起到了帮助作用					
10. 该单元提供的信息量正好					
11. 评估与鉴定公平、适当					

你对将来改善本单元的教学有什么建议？

_____

_____

能力单元二

人们需要什么影视节目

任务一 影视节目的生产由谁决定

案例导入

【案例1】

电视剧如何摆脱播出平台之困[①]

侯涛:很多电视剧的制作人,其实就是靠自己的一些经验在做,这是一个很大的问题。在媒体多元化、信息爆炸的时代,没经过多元化选择的市场论证是难以取得成功的,制作方最需要做的是根据受众和播出平台做一些研究分析,然后再决定是否要进入。对于电视剧的投资方来说,现在主要看的是导演或编剧,这其实也是不科学的,缺少调研和投资规划是目前的市场最为欠缺的一环。

我们从去年开始,就一直在强调理性投资,即不是产量越大越好,不是花钱越多越好,而是要研究:一是对今天观众的了解有多少;二是对主要的电视媒体了解有多少。因此,我们强调理性投资,就必须是要建立在对市场深刻认识的基础之上的。比如产品是生产给谁的,是给湖南台的,还是给辽宁台的,这就要求我们要对这些电视媒体所在的区域文化有所了解,然后在这个基础之上进行投资,最终实现有目的的定向输出。比如,我们拍一部片子,会划分成长江南还是长江北,或是基本通吃,是在省级

---

① http://tv.sohu.com/20110621/n311155131.shtml,2011-06-21.

卫视还是在地级卫视，这些都需要清清楚楚地分层。而只有在这个基础上，才能保证我们产品的输出与播出效果是稳定的。事实也确实如此，这么多年来，华谊并不是靠一部片子而赢取市场的，只有产品部部有提升、部部有影响才能获取更多的观众。

【案例2】

多屏时代下的电视剧产业[①]

于正的剧向来在网络上的口碑就是两极分化，吐槽的和力挺的，两个帮派都存在，于正也丝毫不避讳他是"无时无刻不在关注网友的评论"，因为有这个喜好，在拍《陆贞传奇》的时候，他已经吸取之前网友的骂声和建议声，"《陆贞传奇》就是一部计算很密集的剧，全部都是经过反复计算的。"于正马上要翻拍金庸剧《神雕侠侣》（该剧曾有内地版、古天乐版、刘德华版），他甚至会直接忽略"原著党"，但他一定会接受网友和大众的看法。他还兴奋地大开玩笑，"今后会不会考虑令狐冲和东方不败在一起呢？这也有可能的。"

身为导演，刘江已经开始意识到，如果还只一味地遵循传统老路子，是不行的。他透露，他正要拍的这部戏《咱们结婚吧》就是做了详尽的市场分析调查，在互联网一定是个受欢迎的题材。在他眼里，多屏时代的到来，要在取材和定位上，也有更多的思量。

随着经济的发展，人们更注重对精神生活的追求，对文化产品的需求量大大增加。但每个人的素养和兴趣不一样，其对文化产品的爱好也就不一样，如有的喜欢看电影，有的喜欢看纪录片，有的喜欢看综艺节目；一个地方的政府也同样如此，为了提升当地的文化影响力，也急需能产生巨大影响力的文化产品作为宣传载体，这个文化产品或是电影，或是电视剧，或是一台大型综艺节目等。这种需求就是市场。

作为未来的文化产业经营者，一定要牢牢树立市场的概念，经营者决定做任何产品，都必须要考虑市场，要对人们的兴趣爱好、政府的需求了如指掌，而不是单凭个人的头脑发热，或资本金的一厢情愿。一切都应当让市场来决定。

---

① 《行业大佬共商多屏时代下的电视剧》，http://ent.qq.com/a/20130613/001502.htm，2013-06-13。

一、市场的内容

市场是指商品交换的场所和领域，其包含了以下含义：

一是商品生产者和商品消费者之间各种经济关系的汇合和总和。特指成本、价格等因素，即土地、厂房、人力、税收、结算、配套厂家、运输、政策等要素对于产品价格的影响力。

二是指现实购买力的需求。产品生产出来后，有众多的消费者购买，这就叫购买力旺盛。而对于影视节目这个产品来说，有众多的电视台、电影院和网络新媒体购买播出（放映），有众多的广告商为此投放广告，则说明该节目的市场购买力很强，反之则弱。

三是指有未来潜在的消费者。产品进入一个市场时，有一个让消费者适应、接受的过程，这个过程中，有些人适应期短，成为现实的消费者，有些人适应期长，而成为潜在的消费者。因此我们在制作影视节目时，不仅要考虑现有的消费者，更要考虑潜在的消费者。因为后者极有可能成为该产品的最大消费者，只是由于种种原因而暂时处于观望阶段而已。

比如美国的《探索》节目，为何其制作公司会投入巨资制作节目？就是因为在选题策划时就考虑到了节目的长效性和永恒性，不仅是做给现在的成年人看，而且也是做给未来将长大成人的青少年们看的。再比如动画片《变形金刚》系列，当初是做给小孩看的，但随着当年那帮小孩长大成人后，动画片《变形金刚》成了他们的童年记忆，他们又会带着自己的小孩去电影院看《变形金刚》。

这些节目之所以有如此巨大的市场，就是因为制作公司在策划制作节目时，不仅考虑到了现实的消费群体，并且还考虑到了未来的消费群体。这两种消费群体的自然延伸，无形中扩大了产品的市场。

因此，简单地说，市场就是消费者、价格、购买力（现实顾客）、购买欲望（潜在顾客）的乘数，该乘数越大，其市场就越大。

二、影视节目的市场所在

不同的文化产品有不同的消费主体，这就形成了不同的市场。作为文化产品的经营者就应当找到这些市场，并针对这些市场有针对性地生产产品。

影视节目的市场消费主体与一般文化产品的消费主体不同，它所针对的并不直接是消费者个人，而是机构与媒体，后者才是经营者们所要寻找的市场。

1. 政府机构

出于各种宣传的需要，每个省、市级城市的宣传部门以及区县宣传部门每年都有推出影视剧、宣传片、纪录片等宣传产品的需求。

这是一个独特的、需求量极大的宣传品制作市场。

2. 播出平台

（1）电视台。

为了收视率和广告，也为了竞争，电视台每年需要购买大量电视剧和其他电视节目。而由于不同电视台有不同的形象定位，不同的定位对电视节目就有不同的选择。

这是一个相对彻底的商业化市场。

（2）院线。

所谓院线，实际上就是电影院的连锁化经营，通过在统一的时间放映统一购买的影片而获得票房收益的经营模式。

作为影片制作的下游环节，或者说是影片的最大放映平台，在目前的中国，院线还是一个相对垄断的资源。其选择什么样的片子，安排什么档期放映，放映多长时间，这都直接关系到一部电影的票房收益，甚至是该影片的生死。院线是所有电影制作机构，或独立制片人的必争之地。这是一个半商业化的市场。

【案例3】

呼唤"艺术院线"

如果这些影院都能够参考百老汇影院的做法，《钢的琴》所面临的尴尬局面将会得到一定程度的改观。

据说，在一片叫好声中，有个别影院重新将《钢的琴》排上场次。该片原本可获更好票房，但在所谓"大片"压境下，影院只好舍弃"口碑"而优先关照"大片"。对电影院来说，在商言商，无可厚非。但像《钢的琴》这样被业内交口称赞的影片遭遇的尴尬的窘况，并非个案。

我想起另一部同类影片《生命树》——比《钢的琴》要沉闷得多。该片获得第 64 届法国戛纳电影节最佳影片金棕榈奖。在香港，发行商组织观众与影评人一起观看该片，然后由影评人与观众互动——上映该片的影院十分慷慨，每场拿出半个小时至 40 分钟时间给发行商搞这样的"导赏"活动。结果，该片上映两周，票房收入达 220 万港元（共 9 块银幕上映）。

香港影院老板难道不爱赚钱？当然不是。但香港影院商能够这样大方地安排场次和时间给发行商、观众和影评人做互动和交流活动，为的是共同培育电影文化市场。《生命树》在香港的遭遇要比《钢的琴》在内地的遭遇好得多。

笔者也很清楚，组建"艺术电影院线"目前在国内是行不通的，也不现实。但在所谓"主流"影城中参考香港油麻地百老汇电影中心的做法，则完全可行。倘如此，《钢的琴》便可以拥有较长的放映档期，细水长流地一直上映下去——香港过去曾有家影院这么做：一部《情书》独家上映，映期长达近半年；《抢钱家族》更夸张，映期长达一年多，票房超过 2 000 万港币！笔者也曾与朋友一起以很低的价钱买了部日本电影《世纪末暑假》在该影院独家上映，映期也有六个星期，并赚了少许钱——北京、上海和广州符合这样条件的影院多得是。如果这些影院都能够参考百老汇影院的做法，《钢的琴》所面临的尴尬局面将会得到一定程度的改观。

（《综艺报》2011 年第 15 期）

（3）新媒体。

新媒体主要包括视频网站、手机媒体、数字广播电视等媒体形态。新媒体传播行为的互动性、传播方式的非线性、传播手段的多样化、传播方式的个性化使它赢得了越来越多的受众。多种新媒体播出平台也为影视节目提供了更多的赢利机会。为了争夺点击率，很多网站对影视节目特别是影视剧的争夺达到了白热化的地步。

仔细阅读下面的材料，就影视剧的电视台市场与网络市场的情况进行讨论。

新《水浒传》疯狂分销

8月2日，新版《水浒传》在安徽卫视、天津卫视、东方卫视和山东卫视上星首播，网络方面，包括优酷、酷6、奇艺、搜狐、新浪、腾讯、迅雷、乐视、PPS、PPTV、百视通、华数、暴风影音、优朋普乐、华录文化、风行在线、皮皮网等多家网站和数字内容运营商，获得版权同步播出新版《水浒传》。

近二十家视频网站"瓜分"版权

年初，新版《水浒传》发生了"抢播"事件，在地面频道播出之日，购买版权的搜狐、酷6、奇艺、迅雷等多家网站同步推出新版《水浒传》，这引发了卫视频道的不满。由于发行方在电视台播出之前发行了新版《水浒传》的正版 DVD，这也导致个别没有购买版权的网站开始盗播该剧。最后在主管部门的协调之下，新版《水浒传》在网络下线。

此事之后，出品方再与新媒体购买方签订合约时，基本都会注明"与卫视频道同步播出"的条款，以规避此类事件再次发生。在时间限定上，一般是网站播出延后电视台一天，业内"规则"是在电视台播出当晚 12 点正式上线。"毕竟新媒体的播出对卫视频道影响最大，对地面频道影响不大，但也有少数电视剧的新媒体播出仍旧与地面频道同步。"新媒体影视版权商盛世骄阳公关总监贺荣说。

作为新版《水浒传》的新媒体版权方，盛世骄阳将此剧分销给近二十家网站，虽"疯狂分销"，但真正收益并不大，贺荣表示，由于这部剧的新媒体版权成交较早，当时购买总价在 2 000 万元左右，而当时视频版权价格远不如现在这般高，因此分销时每家网站的版权价格也就几万块一集。

搜狐视频相关人士也表示，纯粹以分销作为收回版权成本的公司，特别容易受到资金链的限制，因此才会出现"疯狂分销"——只有多卖才能最大限度收回成本，但新版《水浒传》的分销价格在现在看来，"非常便宜"。

奇艺业务发展部高级总监张语芯表示，疯狂分销确实会让视频网站的流量稀释，这和传统电视台多家共同上星会瓜分收视份额一样。但另一方面，疯狂分销也能为剧目带来了极大的关注度——多家网站共同宣传一部剧未尝不好。

除了新版《水浒传》，四大名著中的新版《西游记》将于明年 1 月底登陆卫视播出，到 7 月底止，新浪、搜狐、优酷、奇艺、酷6、PPS、PPTV、迅雷、乐视、暴风影音、百视通、华数、优朋普乐、华录文化、风行在线、皮皮网等网站和相关新媒体运营平台购买了该剧版权。

网台联动依然是竞争焦点

在大面积分销后，获得版权的网站纷纷寻求与播出新《水浒传》的电视台的"绑定"，为了获得更多点击率和收视率，各家卫视也乐于与新媒体结成"联盟"。

新浪、优酷与天津卫视达成"台网互动"合作，主打资源共享、广告互换、共同招商。天津卫视总编室主任王屹表示，双方将各自拿出一定广告资源，进行共同招商和营销。对于如何进行共同招商、涉及多少时段、目前招商进展以及成果如何，王屹表示，合作还在进一步的探讨和尝试中。

优酷方面也没有对共同招商问题给予更多解答，但明确的是，目前三方正在积极整合彼此的宣传资源，三家也在共同制作《水浒传》的专题节目，以及共同举办《水浒传》开播盛典、打造《水浒传》的衍生纪念品等。

其中《今夜有水浒》是天津卫视王牌娱乐节目《今夜有戏》的水浒特别版，由三家共同制作，分别在三个平台播出，安排在每天两集《水浒传》之后播出，其中包括《水浒传》主创独家访谈""郭德纲对话水浒众英雄"等内容，郭德纲还将用评书形式解读水浒的重点人物、经典情节。天津卫视官网、新浪、优酷设立投票专区，对投票率最高、最受热捧的二十个水浒人物和十段水浒经典情节，郭德纲将在节目中进行郭氏演绎。

新浪微博为新版《水浒传》专门推出"微首发"，汇集微直播、微访谈、语音微博等全线产品，发挥语音微博、微群、活动平台的互动优势。

优酷在自制节目方面，《有评有剧》聚焦于新版《水浒传》看点、剧评、口碑调查；《让口水飞》节目鼓励网友"找茬"，寻找该剧的穿帮镜头等；新栏目《侦查大明星》将目光定位于探秘新老《水浒传》幕后不为人知的故事……

另一家播出台东方卫视则与奇艺网同步播出《水浒传》开播晚会，并在开播后发起大型网络互动活动——"东方看水浒，视链聚好汉"。奇艺网打通各产品线，例如奇谈、视链技术为"东方看水浒，视链聚好汉"活动服务，用户通过奇艺独有的视链即"人脸识别"功能，可对水浒中的众多人物进行快速认知，加强观众对108名好汉的了解和认识。

安徽卫视则与搜狐视频结成战略合作伙伴，搜狐拿出大量资源配合新版《水浒传》的宣传，在新版《水浒转》播出期间，搜狐视频是安徽卫视《水浒传》特别节目——《好汉来了》的独家视频合作平台，同时与安徽卫视合作推出"水浒英雄榜评选"。

(《综艺报》2011年第14期)

任务二　如何问计于市场

知道了影视节目的市场在哪里，我们在做一个影视节目时就要问计于市场。所谓问计于市场，就是通过市场调研摸清市场的脉搏，了解一般消费者喜欢什么样的节目；这个节目的市场有多大；这个市场的消费能力有多强。为了清晰了解市场规律，确定目标细分市场，指导一系列决策，当一个制作机构在决定生产制作一个影视节目之前，最需要摸清的是下面几个主要问题。

一、摸清节目的消费人群

1. 消费的分众性

中国人口众多，不同的人群由于受教育的程度不一样，职业不一样，年龄不一样，性别不一样，因而对节目就有不同的喜好与要求。如知识分子喜欢看纪录片；妇女喜欢看家庭伦理片和综艺节目；男性观众喜欢看动作片；青年女性喜欢看言情片；儿童喜欢看动漫。当然不同消费者群体也有喜好上的重叠。影视节目制作人首先要摸清楚什么人喜欢看什么类型的节目，其次才是要明确即将要做的节目是想做给什么人看的，以及这个人群的数量有多少。

2. 确定目标观众

这个问题若清楚了，其后面所涉及的一连串问题，如节目的制作成本，节目的盈利点，节目的赞助商等就都明确了。这也就是说，节目的消费人群若只是中年男性观众、少年儿童、中老年女性观众、农村观众、大学生中的某一类，那么其内容策划、制作成本、广告种类、盈利模式以及衍生产品的开发等问题都会随之发生变化。

二、摸清消费能力

在明确了我们要做的节目是给谁看这个问题后,我们还要进一步摸清这个观众群体的消费能力如何。这涉及对节目盈利能力的评估和制作成本的概算。

1. 什么是盈利能力

盈利能力包括节目能影响、打动哪些与节目相关联的著名品牌广告商参与介入;能否带动更多相关品牌产品及行业参与;对节目盈利模式的再开发。

2. 什么是消费能力

我们所指的消费能力并非指节目观众是否有能力支付看影视节目的费用,而是指他们在看了影视节目中的植入产品,或相关广告,或衍生产品后的后续消费能力。这个消费能力是与广告商的赞助以及广告投放量紧密相连的。因为对于广告商而言,影视节目只是他们的一个广告载体,他们的根本目的是希望通过节目的广泛传播及影响力,扩大其产品的知名度或品牌影响力,最终达到产品销售的目的。

可以这样说,若节目的观众群不大,则吸引不了投资人投资;若节目的观众群消费能力不强,就不能吸引广告商投放广告,就会影响节目的投资回收与盈利。

【案例1】

电影《杜拉拉升职记》的植入广告

徐静蕾导演的电影《杜拉拉升职记》,是一部将剧情与广告结合得非常巧妙的范例。影片中植入了诸多与时尚白领契合度非常高的产品,比如兴业银行、立顿、12580、联想、高姿、智联招聘、德芙、ozzo、诺基亚、屈臣氏、卡地亚、立顿、马自达、益达、高丽元时尚餐厅、芭堤雅旅游、乐途、中国移动等产品品牌,很好展示了白领的生活方式。使得影片还未放映就已经收回了投资。

而广告商也通过影片中的白领当免费代言人,告诉所有白领观众:这些产品是白领身份的象征,更是白领生活的密不可分的组成部分。影片的放映,促使了上述产品的销售。

三、摸清投入产出比例

在市场经济的环境中，做任何一个文化产品，都必须对其投入产出进行准确评估，即，投入多少资金，又能获得多大的利润，这些利润点在哪里。这都需要在制作前作出判断。

1. 从什么角度考量成本

首先要通过市场调研确定一个产品需要投入多少资金。

这看似是一个简单的问题，其实是需要从多方面进行考量的。一般的思维是从成本角度来考虑，即，做这个节目需要多少成本。这种思维看似有理，其实无理。即使做同样的节目，其成本变数也是很大的，仅演员一项成本，就有几十、甚至上百倍的差别。根据演员的演技或知名度，在电视剧中低的可能是每集1万元人民币，高的可能是几十万元人民币每集；电影片酬低的可能是100万元人民币，高的可能达到五六千万元人民币。可以这样说，同样的一个影视节目，因聘请的演员或嘉宾不同，其制作成本是大不一样的。

因此制片人在对节目投资进行计划时，往往是从市场收益的角度来考量。

2. 收益"天花板"

任何一个影视节目的市场盈利都不是无限的，其利润会受到各种因素的制约而到达收益极限，出现收益"天花板"，而这个"天花板"就是制片人计算最高投资额的依据。即，该节目能从市场回收多少利润，再反过来以此为标准确定投资额。比如电影，其投资可高达1亿~3亿元（主要为古装片），为何制片方敢于下这个决心，就是因为电影不仅有国内市场，还有巨大的海外市场；而电视剧除了《西游记》《水浒传》《三国演义》等有海外市场的古装片敢于投资上亿而外，一般题材的片子在2 000万~3 000万元人民币。因为国内媒体的购买能力最多可达到4 000万~6 000万元人民币（此购买能力又是受媒体的广告收益能力制约的）。也就是说，影视节目投资资金的最低数额是在收益"天花板"的50%上下，最高投资额是在收益"天花板"的80%上下。确定了这个比例后，我们就可以去仔细测算节目的制作成本了。

由于不同影视节目的产业链不一样，最终收益也大不一样。在所有影视节目中，动漫产品的收益是最大的，因为它可以开发出成千上万的衍生产品以及形象授权使用。但其衍生产品产生利润是一个漫长的过程，因此，制片人在最初计算投入产出时，只以三年内的收益为依据。

四、摸清社会脉搏及消费者的精神需求

【案例2】

国内电视收视分析 直面"现实"带来收视

当今社会,"剩女""小三""裸婚"等都是无法回避的社会现象和热门话题,而涉及这些内容的电视剧也常常受到追捧。

北京榜单排名第一的《李春天的春天》解读的是大龄剩女的故事。剧中主角李春天学历高、事业旺,是干练的办公室女强人,却三十大几仍然未婚,成为"齐天大剩"。但是,李春天仍然向往童话般的爱情,不因现状降低对婚姻对象的要求,最终赢得了属于自己的爱情。

可以说,现代都市中,条件类似李春天的"黄金剩女"比比皆是,其中很多人也像李春天一样对爱情有着高标准、严要求,看到这部剧集,她们必然心有戚戚焉。编剧和导演满足了许多剩女的美好愿望,给了李春天一个完满的结局,这自然能带给观众心理上的满足感,受到欢迎也在情理之中。

上海榜单冠军《我的糟糠之妻》切入的也是社会热点话题,描写了一个全职家庭主妇维护尊严、击败"小三"的故事。现实生活中,人们常常能听到、看到夫妻因"小三"反目、为分割家产对簿公堂的事情,《我的糟糠之妻》瞄准热点,捍卫"糟糠之妻"的权益,对许多女性观众而言不啻于是在弘扬"正气",对男性观众而言也有提醒他们重视家庭责任的作用。正因为以合理方式解析不合理现象,让这部剧有理由赢得观众的认可。

长沙榜单第一名《一个婆婆两个妈》瞄准"80后"群体,描述"80后"小夫妻真实的生活状态,其中也包含"裸婚"等时髦元素——同样是直面现实的作品。目前,"80后"婚姻家庭剧正成为荧屏新宠,表现出非常大的市场潜力,如《一个婆婆两个妈》在多地播出都有抢眼成绩,另一部描写"80后"婚姻生活的《裸婚时代》也蹿红荧屏。

相比之下,成都榜单冠军《丑女无敌》虽然少了些"现实"气息,却也因突出"励志"元素而符合观众的心理诉求。《丑女无敌》"山寨"了墨西哥原版故事,让一个其貌不扬的"丑女"因为奋斗拥有了灰姑娘的幸运。可以说,现实中许多普普通通的打工族也都渴望成功,而"丑女"给了他们希望和力量。同时,该剧还胜在以偶像剧的包装突出时尚魅力,剧中人

物衣着华丽、场面炫目，看起来赏心悦目，这符合观众的流行品位。

此外，西安榜单第二名《宫》也包含诸多流行元素。这部剧内含"穿越"要素，起用大量新生代偶像演员，能够引发年轻观众的兴趣。还有分析认为，该剧内容有模仿《流星花园》的痕迹，而《流星花园》在年轻观众中具有广泛影响力，这在客观上带给《宫》良好的人气。

总的来看，直面现实问题的剧集大多与年轻观众的生活和偏好相关，可以说，无论互联网还是传统电视，年轻观众都已成长为不可忽视的受众新势力。

（《综艺报》2011 年第 15 期）

作为一个制作者一定要记住：无论做什么节目，我们所关注的核心永远是"人"，而文化产品的特性就是满足人们的精神需求，因此我们无论策划、制作什么节目，都要将消费者的心理需求放在第一位。

1. 调查内容

一般对影视节目的市场调查不外乎关注下列问题：做什么类型的节目；做什么内容的节目；做什么主题的节目；做什么题材的节目；做什么风格的节目；做以谁为主角的节目；做以什么形象为主角的节目（特指动漫节目）等。

2. 首要问题

上述问题都是必须弄清的问题，但是，并不是首要问题。在上述问题之上的，首先必须要强调、关注的是：当下消费者的社会心态如何、当下社会的状态如何等关键问题。社会的状态和消费者的社会心态是做节目的心理依据。比如说，当社会出现金融危机时，人们内心是恐慌的，是缺乏安全感的，那么我们做节目就要做温馨的，能鼓舞人们，能给人们带来笑声，能给人们提供心理慰藉的节目；当社会就业出现困难时，我们就要做关于如何就业的节目；当社会普遍失去信仰，失去追求目标时，我们就要做关于励志的节目，做关于信仰的节目；当人们的价值观、幸福观、道德观出现问题时，我们就要做关于社会、家庭伦理的节目等。

3. 基本依据

只有在把握住了社会的脉络和消费者的个人心态变化需求时，我们的节目才具有基本的依据，才谈得上最后采用什么节目形式作为内容的载体，去打动消费者、投资人和广告投放商。

摸清社会及消费者的脉搏，提供能打动、感动、激励他们的影视节目，永远是文化产品生产制作经营者的首要任务。

任务三　如何进行市场调查

一、设计问卷

利用问卷进行市场调查的方式操作简单、方便，可以让制作者了解将要制作（或已经制作好）的节目的任何层面的问题。

1. 设计问卷的原则

设计问卷的原则是：将制作者想要了解的问题分门别类、简明扼要地罗列出来。在设计问题时可按照不同类别、不同层次，多角度的原则进行设计，使问卷具有全面性、系统性和深入性。

2. 问卷设计的目的

对问卷有目的的设计，便于制作者达到以下目的：

（1）发现市场。

消费者们不同的年龄、受教育程度、职业、收入、性别等因素，决定了他们对影视节目各有偏好。他们中有多少人喜欢看哪一类型的节目（电影、电视剧、动漫、纪录片、综艺节目等），一般什么时候在家，喜欢用什么播放器看节目，看节目的时间有多长等。通过这些问题节目制作者可知晓这一类型节目市场的大小，可根据其需要决定开发什么市场。

（2）细分市场。

影视节目的种类很多，同一类型的节目还可细分出很多种类，只有明确了细分市场并了解细分市场的大小，才能为制作节目提供依据。因此，在设计问卷时则可细分：如喜欢看什么类型的电影（犯罪片、黑色电影、历史片、科幻片、体育片、战争片、西部片、动作片等，电影分类详见本书第 3—4 页）？喜欢看什么类型的电视剧（古装剧、年代剧、苦情剧、谍战剧、农村剧、言情剧、战争剧等）？喜欢看什么类型的娱乐节目（励志类、怀旧类、相亲类、求职类、娱乐类、歌曲类、选秀类等）？甚至还可以从社会及消费心理的角度,深入探索消费者为何喜欢看这类节目,为制作者的节目创作找到思想内涵。

总之,在这些主体问题的涵盖下,可从不同角度、不同层面来设计问题。

(3) 找到人们关注的焦点。

在问卷设计中,除了对具体的产品种类的市场需要了解外,更为重要的是需要了解人们对当下社会各种现象的态度及愿望,这才是制作者做节目的根本依据。因此在问卷中可围绕人们所心关心关注的反腐、住房、环境、婚姻、收入、就业、理想等话题设计系列问题,通过各种方式向受访者了解,这些问题将直接关系到影视节目的题材、主题、主要人物的设计、节目内容的确立及故事走向。大凡有影响力的影视节目,无不是因紧紧抓住了人们所关注的社会问题而与之产生了强烈共鸣所致。

(4) 锁定目标人群。

不同的群体有不同的收视习惯与对节目的爱好。当我们已经决定节目是专门针对某个群体而做时,问卷所有的问题就应当紧紧围绕这个人群而设计。从他们喜欢什么类型的节目,对节目的兴趣点,在家看节目的时间段,他们的消费能力等,都在问卷的问题设计范围内。

二、访 谈

问卷设计的优点在于可以将问题设计得非常系统化,不足之处就在于填表人不可能专门花费很多时间去详尽回答问题,他们仅仅是根据问卷回答"是"或"不是",更不可能提出自己的想法与建议。制作方也就不可能与之有互动的深入沟通。而这个缺陷可以用访谈的方式来弥补。

访谈可以找不同收视群体或同一群体的人进行。制作者围绕节目的类型、内容、形式、主题(话题)、角色等问题向访谈者集中或分散地展开提问,使所要了解的问题有一个深入而满意的答案。

三、与专业策划班子交流

【案例1】

影视剧咨询市场缓慢起步

事情正在发生变化。投了一个影视剧项目,你以为能赚到钱,但是你赔了；拍了一部电影，你以为可在院线上收获票房，但是你输了；买了一部剧，你相信会有高收视率，结果砸了？

中国传媒大学影视项目研究所所长陈晓春认为，目前影视剧生产行业"水深"，并且"不规范"。热钱的涌动和项目的非理性运作形成了鲜明对比，而专业"操盘手"的出现，能否为剧本和资金搭建渠道，为投资方和购剧方降低风险？

太多的"可惜"

陈晓春浸淫电视剧行业二十余载，每年收到四五十个剧本，也时常与国内知名制片人接触。"我经常会听他们讲，某个剧本就是从我这里溜走的，可惜当时没看上。"于是，高收视的《激情燃烧的岁月》并未卖出高价钱，《牵手》《大宅门》这样的好作品也几起几落；但相反一些制作方与购片人皆看好的片子，收视率却奇低。

平台不成熟，跟风现象太严重，通常被人们归结为影视剧项目失利的原因。"只要一种类型题材拍摄成功后，就有很多拙劣的效仿者，很容易把这个题材拍滥拍死。而且对于新人，制片方不敢冒险；对于新想法，购片方不愿意冒险收购，也很难拉到投资。"制片人刘晓亚对记者说道。

据国家广电总局发布的数据，中国每年电视剧产量和播出比为5∶3，近3年来电视剧审批数目和已播出数目比已达到了10∶1。"现在一年拍摄的电视剧是14 000多部，流入市场的七八千部里，有四五千部是打了水漂，分文不挣的，真正做到顶尖的每年大概只有2～3部。"陈晓春说。有资料显示，2010年我国投入到电视剧上的资金达63亿多元，但创造产值不足17亿元。每年生产的电视剧中只有10%～20%赚钱，10%左右持平，70%左右不同程度亏损（其中约20%的戏血本无归）。"如果有专业机构帮他们进行评估，可以帮助他们节省很多资金。"陈晓春说。为此，他创办了国内第一家专业的影视项目评估机构，其主要功能是从项目生产制作源头上进行把控和评估，在培养更专业人才的同时，"促进资本进入这个领域"。

电影行业，项目损失惨重的状况也屡见不鲜。"从票房历史中去筛选，所谓'可惜'的作品有两个层面。"艺恩咨询总裁郜寿智说，"第一是项目本身底子不错，若在营销上加大力度，是可以在商业上得到更好回报的。另外一种'可惜'则是，项目的题材是可以做好的，但是最终因为整个主创团队各方面的原因，没有成功。"

在郜寿智看来，电影《战国》即是如此。由于电影定位不清晰，资金回收渠道不明，导致它虽有一个多国组合的主演团队，但从海外市场得到的回报极少；而在国内因宣传的核心卖点错位，亦使得整体票房不佳。在今年的上海国际电影节上，艺恩咨询也提出了"电影投行"的概念，声称将为电影项目从早期的定位包装、风险评估以及后期制发调研提供全面服务。

好坯子，坏坯子

面对业内盛行的"经验主义"，陈晓春表示，他们所做的事情就是要找出"影视项目评估的基本规律"，"剧本、创作团队和资金投入"是评估体系必须考量的三个方面，而其中又以剧本的评估占比最大。

"评价一个剧本的好坏，首先要看是否有一个好故事，其次才是怎么把故事讲好。前者是价值判断，后者是创作技巧。我个人认为前者比后者重要。"陈晓春说。而评估"这个坯子是否值得去做"，"戏核"和"戏魂"尤为重要。

故事的戏核，应该能用一句话提炼出来。比如《士兵突击》是讲一个傻子和一群聪明人的故事，《高山青》是由一首家喻户晓的歌曲引出来的一对恋人的爱情悲剧。同时，更能在戏核中找到故事的原型，即发掘出最能表现人性深层次情感的东西，让故事更易引发观众共鸣。"比如《高山青》的故事原型，国内有牛郎织女、梁山伯与祝英台，国外有罗密欧与朱丽叶。"在这些原型之上，故事又因其社会背景、意识形态的不同具备了各自的特色情怀。

"戏魂"则意味着故事的生命力。陈晓春说，"为什么现在很多故事不好看？因为编剧只追求外在的戏剧性——怎么把故事讲到极致，却没有思想内涵，所以戏也干巴巴的。"《士兵突击》中，编剧为什么会写这样一个傻子，而这个傻子又为什么会成为时代的偶像？"因为这个傻子不是真傻，他的真诚、执著、朴实代表着人性中非常美好的一面，是我们正在失去的东西。"在陈晓春看来，艺术就是造梦，由于编剧在《士兵突击》中加入了对人性的思考，对美好品质的渴望，因而创造出该剧强大的生命力。

同时，媒体环境、题材的定位、故事的局限性，以及如何落地等等问题，在陈晓春看来这些共同构建了前期评估复杂而标准的体系。

热销、热播剧的特征

确定剧本"可做"后，接下来就是技术的考量。陈晓春表示，从渠道、题材、叙事方法、故事节奏、人物把控等多方面，可对"技术"进行系统评估。

"定位很重要。"陈晓春说,"目前国内'做戏'分成三个渠道,央视、卫视、地面频道。"面对不同的市场有不同的做法。比如央视与卫视平台,从最初题材的着力点,片名的确定,投资的成本到后期的包装、宣推,都有着很大的不同。比如在购剧上,央视单集百万的价格已算高,但卫视联播,首轮卖到单集200万元并非没有可能。

同时,剧本也需要找准题材类型进行定位。比如苦情戏,剧本的目标关注点是家庭妇女,要设计如何赚取眼泪;而间谍戏,面对的是稍微高端一点的人群,需在推理环节上有更多设置。

其次,在叙事方式和特点上,是以事带人,还是以人带事,其间人物的特性是否被事件所淹没;在角色性格的塑造上,戏剧点是否突出,人物关系冲突是否得当;在故事的节奏上,是否有高低起伏,过场戏与主打戏的组合是否有层次?

陈晓春表示,现在他们主要依照每一个项目进行个体的定性分析。但也在建立收视数据库,对每一类题材的收视率排行进行类别分析,"跟以往的同类型片子进行类比,比如苦情戏,哪些部分是港台模式,哪些部分是大陆模式,由此可以得出一个大致的收视率预估。"陈晓春认为,这是一个产品线,是从营销的角度去评估剧本,"有一个好的作品,就不怕销售不出去"。

电影,剧本之外的考量

相对于电视剧,电影的评估体系有更多"本子之外的东西"。如何帮助投资方更加了解项目市场前景?郜寿智表示,"借鉴好莱坞市场研究公司的一套调研体系,并与本土实践相结合,他们会从影片的质量、发行拷贝、规模、档期、同档期竞争对手、目标关注到宣传、观众期待、口碑等等一系列因素做分析",以一个定量的市场数据呈现出来。

同时,还需参考历史上同类型影片的市场表现,以此推算该片的市场容量,以及影响影片成功的核心因素。"我们基于对历史案例的分析,与其自身项目的结合,会更加有针对性地给出一些建议,包括哪些层面需要优化改善,以此帮助影片的投资更加科学理性。"

比如针对影片《狄仁杰》,艺恩咨询着力于营销定位。"最开始的宣传定位,我们跟片方一起探讨出4~5个方向",郜寿智说,然后再通过市场调研手段,确定影片中的动作、造型、打戏,是否可以作为它的卖点。"不同的观众层面,会有不同的期待,而我们要寻找出观众更为认可的点。"因此,在后来的宣传中,观众可以看到片方如何把李冰冰的形象和东方不败的造型相结合进行重点宣传，而刘嘉玲的武则天造型与邓超的白发神探造型在宣传上则较为慎重。同时，在影片的整体宣传基调上，片方最初对武侠动作片、历史人物传奇等核心定位都有所考虑，最终艺恩咨询建议将其概念定位于"悬疑武侠"，收到了不错的市场反馈。

等待培育的市场

不过，郜寿智也表示，目前愿意选择对影视剧项目进行评估的投资者并非很多。2009年年底，艺恩咨询开始对影视剧项目进行整体营销策略定位的研究，2010年，其操盘的项目不到10个，而合作方多属于业内的大、中型公司。

艺恩咨询目前在该项目上的合作客户有华谊兄弟、小马奔腾、博纳影业、乐视娱乐、中影营销、保利院线、万达影城等。合作项目方面，郜寿智表示，"首先它必须是中等规模以上的商业片，因为低成本规模的片子营销费用本身就有限；此外项目方团队的分工要比较明确，而且有较高的市场意识。"

不过，评估体系能给项目带来的价值很难定量，"不是说评估营销多投了一百万，就能创造出多少票房。"郜寿智说。因此，市场对影视剧项目评估的接受过程仍然缓慢。

同样，在电视剧领域，陈晓春也表示，相对于剧本动辄上百万的投资而言，评估的投入并不大，从两三万到十几万不等，但不管是投资方还是购片方，仍然缺乏评估意识。最严重的是专业评估人才的缺乏，陈晓春认为，这直接导致了电视台在购片上出现了不少问题。"很多好的片子，题材和类型都是大家没见过的"，陈晓春说，比如《潜伏》《士兵突击》，最初很多电视台不认可。而今，他们也仍然面临这样的问题。那么对于这些专业的评估机构来说，项目评判的结果要如何与投资方、运作方、收购方的认知度进行对接呢？

行业推动为先

"这就是我为什么要搞电视台购片人的培训。"陈晓春说，今年下半年，他将做的两大项目之一就是成立"电视剧项目评估研讨班"，他希望让电视台的购片人、影视公司的发行人带着案例过来，结合理论进行培训。同时，他还将做一个全国性的剧本征集大赛，挖掘优秀剧本和编剧资源，与资本进行对接。

"肯定会有一个过程，"陈晓春说，行业正在逐步成熟，未来对专业化程度的需求会更高，"我们的工作是有价值的。"

同样，郜寿智也认为，当市场上出现的盲目案例越来越多，大家的投资和操作也会越来越谨慎，而成功的案例会让业界看到第三方服务机构的价值。比如《让子弹飞》的早期营销策划就与专业的创意公司奥美进行了合作，同时还囊括了专业的网络营销服务商，以及线下的营销服务商。

运用机构的力量，还可以对市场进行更大的推动。据了解，目前艺恩咨询一方面积累案例，通过发布大量免费报告提供数据参考，培育业界形成依靠数据调研进行策略制定的习惯；另一方面，也在行业里做"先锋制片人和营销案例"的评选，做研讨的沙龙，比如在此前的北京电影季中，艺恩邀请海外嘉宾讲述"电影产业机构的整体趋势"。

"环境不改善，我们再怎么做评估也没用。"郜寿智说，而推动整个产业环境的前行，对于第三方评估机构来说，亦是"功夫在诗外"。

(《综艺报》2011年第14期)

在确定了节目市场、节目类型、节目内容后，制片人可能会收到来自内部工作人员的若干节目选题。哪些选题更符合社会潮流与消费者的口味，哪些选题更具新颖性与独特性，哪些选题对投资人和广告商更有号召力，这就需要一个专业策划班子来把关。

专业策划人之所以能策划影视节目，并非他们有多么聪明，而在于他们长期从事这一行，已经对节目市场极其熟悉。市场上已有些什么样的节目，这些节目的收视情况和消费者的反映怎么样，赞助商和广告投放商的态度怎么样，市场的前景怎么样，这个专业群体对此都是非常熟悉的。在选题确定后，紧接着就会有故事梗概、故事大纲、节目策划书、节目商业计划书等方案相继出台，制片人此时要做的事情就是与策划班子共同商议，并听取他们的建议。一般说来，制片人在将要策划制作一个新的节目时，会将部分策划人吸纳进自己的创作班子，从他们那里得到关于节目市场需求的第一手资料，共同打造节目。

四、测 试

这种方式比较适合用于了解动漫节目中角色形象设计是否受欢迎。动漫产品中的角色形象设计是非常重要的，它关系到以后衍生产品的开发，关系到对这个形象的巨额资金投入的回报，若是这个形象不受人们的欢迎和喜爱，就意味着这个产品彻底失败。这种因形象设计不受青少年喜爱而导致整个产品失败的例子，在我国的动漫产品生产中数不胜数。

测试的具体做法是将已经设计好的动漫剧中的角色形象展示给小朋友们看，看小朋友们对所看到的角色形象是否接受或喜欢，从他们的眼神、面部表情、兴奋程度可以了解该角色受欢迎的程度，从而帮助制片人确定应当采用何种形象设计。

五、参考收视调查数据

收视调查数据能帮助电视剧制作者了解观众收视心理。

【案例2】

金鹰卡通最新收视表现

数据来源：央视索福瑞，2012年11月1日—11月15日

一、全天收视整体排名：

金鹰卡通全天时间段在央视索福瑞全国网中，11月上半月，

P4+（目标人群4岁以上）人群平均收视率为0.111%，市场份额1.005%，居所有频道排名第17位，较10月排名提升3位；居省级卫视第7位，较10月排名提升3位；

P4-14（目标人群4—14岁）人群平均收视率为0.357%，市场份额3.686%，居所有频道排名第4位，居省级卫视第2位；

F25-39（目标人群女性25—39岁）人群平均收视率为0.126%，市场份额1.28%，居所有频道排名第15位，较10月排名提升2位；居省级卫视第7位，较10月排名提升2位。

目标名次	P4+			目标名次	P4-14			目标名次	P25-39		
	频道	收视率%	市场份额%		频道	收视率%	市场份额%		频道	收视率%	市场份额%
1	湖南电视台卫星频道	0.556	5.046	1	少儿频道	1.588	16.376	1	湖南电视台卫星频道	0.735	7.474
2	中央电视台综合频道	0.553	5.016	2	湖南电视台卫星频道	0.629	6.489	2	中央电视台少儿频道	0.553	5.626
3	中央电视台少儿频道	0.492	4.465	3	中央电视台综合频道	0.436	4.493	3	中央电视台综合频道	0.379	3.855
4	中央电视台新闻频道	0.392	3.555	4	湖南电视台金鹰卡通频道	0.357	3.686	4	江苏卫视	0.343	3.484

续表

目标名次	P4+ 频道	收视率%	市场份额%	目标名次	P4-14 频道	收视率%	市场份额%	目标名次	P25-39 频道	收视率%	市场份额%
5	江苏卫视	0.349	3.171	5	江苏卫视	0.248	2.561	5	中央台六套	0.318	3.236
6	中央台三套	0.338	3.064	6	中央台六套	0.217	2.234	6	中央台三套	0.255	2.592
7	中央台六套	0.33	2.992	7	北京卡酷少儿频道	0.186	1.921	7	山东卫视	0.211	2.148
8	中央台八套	0.29	2.633	8	中央台八套	0.182	1.876	8	中央台八套	0.21	2.136
9	中央台四套	0.262	2.375	9	中央台三套	0.145	1.491	9	浙江卫视	0.208	2.111
10	山东卫视	0.227	2.061	10	山东卫视	0.143	1.473	10	中央电视台新闻频道	0.204	2.078
11	浙江卫视	0.159	1.443	11	上海电视台炫动卡通频道	0.135	1.39	11	安徽卫视	0.151	1.54
12	中央台十二套	0.142	1.292	12	中央电视台新闻频道	0.131	1.346	12	中央台十二套	0.13	1.321
13	安徽卫视	0.14	1.275	13	优漫卡通卫视	0.114	1.17	13	上海东方卫视	0.129	1.307
14	中央台七套	0.128	1.162	14	广东卫视	0.107	1.105	14	中央台四套	0.126	1.283
15	中央台五套	0.12	1.09	15	广东电视台嘉佳卡通频道	0.101	1.041	15	湖南电视台金鹰卡通频道	0.126	1.28
16	辽宁卫视	0.113	1.03	16	安徽卫视	0.09	0.931	16	湖北卫视	0.109	1.106
17	湖南电视台金鹰卡通频道	0.111	1.005	17	中央台四套	0.088	0.908	17	深圳卫视新闻综合频道	0.106	1.082
18	中央台十套	0.11	0.997	18	中央台十二套	0.087	0.894	18	广东卫视	0.104	1.055
19	上海东方卫视	0.109	0.989	19	中央台七套	0.085	0.878	19	辽宁卫视	0.093	0.944
20	中央台十一套	0.108	0.984	20	浙江卫视	0.083	0.851	20	天津卫视	0.091	0.926

二、全国主要大中城市的收视表现（目标人群4—14岁）：

地区	市场份额%	收视率%	地区	市场份额%	收视率%	地区	市场份额%	收视率%
岳阳	23.62	1.67	九江	5.47	0.3	包头	3.31	0.19
蚌埠	21.21	1.36	武汉（M）	5.4	0.48	平顶山	2.29	0.23
温州（M）	16.44	1.24	长春（M）	5.32	0.43	济南（M）	3.24	0.38
秦皇岛	14.71	0.81	南宁（M）	4.78	0.45	哈尔滨（M）	3.13	0.22

续表

地区	市场份额%	收视率%	地区	市场份额%	收视率%	地区	市场份额%	收视率%
襄阳	14.25	1.16	成都（M）	4.39	0.39	呼和浩特（M）	3.11	0.24
宜昌（M）	14.11	0.89	金华	4.38	0.22	惠州（M）	3.04	0.34
洛阳（新）	13.2	0.61	天津（城）（M）	4.29	0.51	沈阳（M）	3.03	0.36
常德（M）	13.14	1.22	厦门	4.29	0.22	石家庄（M）	2.85	0.2
长沙（M）	12.09	0.84	泉州（新）	4.25	0.23	北京（新）	2.56	0.19
银川	12.09	1.03	唐山（M）	4.1	0.36	贵阳（M）	2.49	0.29
郑州（M）	11.37	0.87	南充	4.05	0.36	三亚（M）	2.44	0.2
烟台	10.67	0.73	济宁	3.98	0.27	上海（新）	2.33	0.12
赣州	10.66	0.6	徐州	3.91	0.28	海口（M）	2.32	0.26
西宁（M）	10.05	0.76	杭州（M）	3.8	0.34	大理	1.9	0.14
福州（M）	7.2	0.48	西安（M）	3.74	0.25	遵义	1.86	0.14
南昌（M）	6.7	0.67	昆明（M）	3.7	0.27	安庆	1.77	0.1
北海	6.2	0.47	丹东	3.47	0.3	宁波（M）	1.2	0.06
太原（M）	6.15	0.51	泸州	3.41	0.24	兰州（M）	1.18	0.1
乌鲁木齐（M）	6.11	0.57	重庆（城）（M）	3.38	0.31	深圳（M）	0.09	0.01
桂林	5.9	0.47	广州	3.32	0.29	湛江	0.08	0.01
合肥（M）	5.61	0.35	南京（M）	3.31	0.23			

三、全国主要大中城市的收视表现（目标人群女性25—39岁）：

地区	市场份额%	收视率%	地区	市场份额%	收视率%	地区	市场份额%	收视率%
北海	3.77	0.28	南宁（M）	1.41	0.11	烟台	0.58	0.04
岳阳	3.11	0.3	秦皇岛	1.41	0.15	常德（M）	0.56	0.06
银川	2.98	0.38	长春（M）	1.38	0.13	昆明（M）	0.53	0.05
丹东	2.69	0.24	襄阳	1.28	0.14	兰州（M）	0.52	0.05
西宁（M）	2.63	0.23	赣州	1.26	0.09	平顶山	0.48	0.05
郑州（M）	2.42	0.19	福州（M）	1.14	0.08	石家庄（M）	0.47	0.04
长沙（M）	2.41	0.22	济宁	1.14	0.08	广州	0.44	0.04

续表

地区	市场份额 %	收视率 %	地区	市场份额 %	收视率 %	地区	市场份额 %	收视率 %
洛阳（新）	2.15	0.18	南昌（M）	1.1	0.12	南京（M）	0.41	0.05
成都（M）	2.14	0.22	泸州	1.05	0.09	北京（新）	0.4	0.04
乌鲁木齐（M）	2.11	0.22	徐州	1.05	0.09	惠州（M）	0.33	0.02
哈尔滨（M）	2.09	0.22	桂林	1.04	0.09	宜昌（M）	0.33	0.03
泉州（新）	2.02	0.13	西安（M）	0.99	0.08	金华	0.28	0.02
温州（M）	2.01	0.18	杭州（M）	0.81	0.09	遵义	0.27	0.02
太原（M）	1.8	0.2	呼和浩特（M）	0.77	0.1	三亚（M）	0.25	0.02
唐山（M）	1.69	0.2	天津（城）（M）	0.73	0.09	南充	0.23	0.03
武汉（M）	1.65	0.17	厦门	0.73	0.05	安庆	0.21	0.02
合肥（M）	1.51	0.15	沈阳（M）	0.7	0.07	大理	0.14	0.01
济南（M）	1.51	0.18	贵阳	0.68	0.07	包头	0.08	0.01
蚌埠	1.45	0.14	海口（M）	0.66	0.06	上海（新）	0.07	0
九江	1.45	0.14	重庆（城）（M）	0.62	0.07	深圳（M）	0.04	0

四、全国主要大中城市的观众到达情况（11月1日至15日，在主要城市共计接触到4—14岁小孩764万人；25—39岁年轻女性650万人）

目标>> 地区	4-14岁 到达率(000)	平均忠实度	F25-39 到达率(000)	平均忠实度	目标>> 地区	4-14岁 到达率(000)	平均忠实度	F25-39 到达率(000)	平均忠实度	目标>> 地区	4-14岁 到达率(000)	平均忠实度	F25-39 到达率(000)	平均忠实度
广州	433	2	379	1.2	哈尔滨（M）	139	2.3	141	3.2	厦门	46	3.7	35	4.1
武汉（M）	431	2.4	641	1.9	福州（M）	136	2.8	85	2.1.	泸州	41	5	20	4.8
天津（城）（M）	426	23	49S	1.3	昆明	12S	2.1	86	1.4	秦皇岛	40	S.3	26	5
郑州（M）	400	2.6	301	1.9	惠州（M）	134	1.6	42	0.9	南充	35	4.7	4	3.2
上海（新）	294	1.6	199	0.7	石家庄（M）	107	1.7	107	1	泉州（新）	31	4.1	26	4.1
成都（M）	277	3.6	253	4	岳阳	105	6.1	40	6.5	三亚（M）	30	1.5	12	1
杭州（M）	273	2.3	247	1.8	常德（M）	104	4.7	70	0.9	赣州	28	5.3	9	3.8

续表

地区	4-14岁 到达率(000)	4-14岁 平均忠实度	F25-39 到达率(000)	F25-39 平均忠实度	地区	4-14岁 到达率(000)	4-14岁 平均忠实度	F25-39 到达率(000)	F25-39 平均忠实度	地区	4-14岁 到达率(000)	4-14岁 平均忠实度	F25-39 到达率(000)	F25-39 平均忠实度
南京（M）	260	1.9	242	1.1	呼和浩特（M）	90	1.7	61	1.8	九江	22	4.1	14	4
北京（新）	243	2	431	1.6	唐山（M）	89	1.9	77	1.9	平顶山	21	5.2	14	5.2
太原（M）	230	2.4	172	2	襄阳	88	4.8	21	5	遵义	20	3.8	5	4.2
重庆（城）（M）	223	1.9	196	1.2	温州（M）	85	4.3	64	2.6	桂林	19	4.6	10	3.9
乌鲁木齐（M）	214	2.6	263	2.1	海口（M）	83	1.7	48	1.6	宁波（M）	16	4	8	0.1
长沙（M）	206	3.1	258	2	西宁（M）	81	3.2	83	2.3	湛江（M）	14	0.6	15	0.1
合肥（M）	206	2.2	140	2.3	银川	74	5.9	33	7.4	大理	14	3.1	6	2.8
沈阳（M）	196	2.1	142	1.3	蚌埠	68	5.7	11	6.6	深圳（M）	13	1.2	5	3
济南（M）	194	2.1	193	2.1	兰州（M）	67	1.7	69	1.6	济宁	12	4.4	8	4.1
西安（M）	181	2.1	111	2.1	包头	58	5.1	4.2		安庆	10	5.1	7	2.1
南昌（M）	179	2.9	111	1.8	洛阳（新）	55	4.5	26	4.8	北海	9	6	4	5.4
南宁（M）	169	2.2	64	2.1	徐州	50	5.1	23	5	金华	9	6.3	8	3.1
贵阳	161	1.8	125	1.4	烟台	50	5.4	11	1.9	丹东	8	4.7	10	7.9
长春（M）	156	3.1	133	1.7	宜昌（M）	46	3.3	43	0.8	大连（M）	6	0.1	16	0.1

（资料来源：http://www.doc88.com/p-313748029904.html）

制片人做节目前的市场调查还可依托专业调查机构对影视节目收视情况的调查数据，明确各种人群对不同类型影视节目的收视爱好，不同类型节目在全国各地的收视率情况，知晓哪些节目已经达到饱和，哪些节目类型还是市场空白，避免闭门造车，使节目更具有针对性。

例如，美国最权威收视率调查机构"尼尔森公司"，以"任何时间任何地点的媒体测量"作为自己的口号，对互联网和移动终端等新媒体以及家庭电视等传统媒体的电视节目收视情况进行统计和综合分析，建立了跨越多种收视平台的收视率统计手段。该公司将统计报告卖给电视媒体、其他新闻媒介和广告商。广告商据此选择广告资金的流向，播出机构据此选择节目的播出内容，而对于节目内容提供商来说，尼尔森收视率也是他们节目生产的风向标。

总之，我们要强调的是，对影视节目的市场调查绝不是仅仅为了收集一些冷冰冰的数据，而是通过这些数据去分析消费者的心理需求，分析他们对于生活的企盼与愿望，这涉及我们提供什么样的内容及形式的产品去满足人们的精神需求，用什么内涵的产品去引导人们的精神追求的问题。

第二单元内容要点

市场调查是做好影视节目的准星。

影视节目内容的生产由市场决定。

影视节目的市场包括：政府机构、电视台、院线、新媒体等。

影视节目的市场调查的内容包括：节目的消费人群、观众的消费能力、节目的投入产出比例、社会脉搏及消费者的精神需求等。

影视节目市场调研的方法包括：问卷调查、访谈、与策划班子交流、测试、参考收视调查数据等。

补充阅读书目

马连福，张慧敏：《现代市场调查与预测》，首都经济贸易大学出版社2012年版。

范冰，范伟达：《市场调查教程》，复旦大学出版社出2008年版。

袁岳：《打破坚冰的深度访谈》，机械工业出版社2010年版。

单元能力测试题

开放式书面作业：

1. 制作影视节目的重要依据是什么？
2. 做一份关于大学生影视节目市场调查问卷，实施调研并撰写调查报告。
3. 剖析一部热播节目，分析其满足了消费者的何种心态。
4. 案例分析：从央视索福瑞媒介研究公司的收视调查数据，看人们的收视习惯。

单元技能测试记录表

鉴定内容		鉴定方法		鉴定人签字		
鉴定成绩		鉴定时间		被鉴定人签字		
关键技能		评价指标		鉴定结果		
				通过	未通过	

鉴定者评语：

课 程 评 价 表

姓名：_____　　　日期：_____

当你完成了本单元的学习，我们希望你能对下面的项目提出你的建议

请在相应的栏目内打钩	非常同意	同意	没有意见	不同意	非常不同意
1. 这一单元给我提供了关于影视节目市场调查的调查内容和调查方法综述					
2. 这一单元帮助我理解了影视节目市场调查的理论					
3. 我现在对尝试做影视节目市场调研更有自信了					
4. 该单元的内容适合我的要求					
5. 该单元中进行了实作					
6. 该单元中不同的部分有机融合					
7. 教师待人友善、愿意帮忙					
8. 该单元的教学让我做好了参加评估的准备					
9. 该单元提供的信息量正好					
10. 评估与鉴定公平、适当					

你对将来改善本单元的教学有什么建议？

_____

_____

能力单元三

怎样才能使影视节目受到欢迎

任务一 认知策划的作用

案例导入

中央电视台第一台春节联欢晚会的策划

1982 年深秋，中央电视台领导将搞春节联欢晚会的任务交给了黄一鹤。黄一鹤接到任务后，与几位朋友搭档共同商讨，集思广益，收集了以下几点意见：

1. 舍弃惯用的录像播出方式，改用现场直播。
2. 取消报幕员，设节目主持人。
3. 设热线电话，沟通观众情感。
4. 请国家高层领导参加，实现与民同乐。

台领导接到初步方案后当即拍板认可。于是，作为中国电视文艺一种主要节目样式的春节联欢晚会就从此拉开了它的辉煌序幕。

谈话类电视栏目《实话实说》的策划

1995 年下半年，中央电视台新闻评论部调集包括杨东平、郑也夫、乔艳琳、关秀玲等人在内的台内外一批极富创造性的年轻人，开始筹划一种对于中国的电视观众来说是里外全新的节目。筹划组用了将近半年的时间，攻下了三道"难关"——其一，是为节目定位；其二，是为节目起名；其三，是为节目选主持人。结果，由于定位准确，名称别致，主持到位，1996 年 3 月 16 日首推的电视栏目《实话实说》，作为中国版的"脱口秀"，很快声名鹊起，独领中国电视节目一代风骚。

如果说在制片人的指挥下,通过市场调查完成了做什么类型节目的首要目的,那么,接下来就要做另一件重要的事情——策划。

策划是解决经营者所生产的产品是否能受到消费者欢迎的关键环节,也是一个影视节目正式进入创作的首要环节。

在影视节目的制作中,如果说市场调研还可交由专业团队实施的话,那策划则是每一个未来的节目制作人必须掌握、并且要亲历亲为的最基本的技能。

一、策划的分类

根据电视节目生产和运作的过程,影视节目策划可分成前期策划、中期策划和后期策划。

根据策划的主题和目标,人们又常常把影视节目策划分为选题策划、摄制策划、播出策划和销售策划。

但不管是哪一阶段哪一种策划,策划者都要把握最关键的一点,即影视节目策划的创意。从这种意义上说,策划永远不应等同于计划,因为它包含了某种创意,某种新的尝试、新的追求和探索。

二、策划的作用

策划的作用从大的方面讲,是确立符合市场的内容、形式、盈利模式及收益回报率,负责对该节目是否受消费者欢迎进行分析,承担着该节目是否能吸引、说服投资人对其投资的功能。从小的方面讲,同样一个类型的节目,可以有若干个选题,可以从若干个角度切入,也可以表达不同的主题。此外一个节目有若干可以产生利润的潜在的衍生产品,有若干环节可以获得利润,这些问题都需要在策划环节中得到明确的解决。

策划就像是从摆在我们面前若干条通向目标的迷宫一般的道路中,指出一条最近、最安全的道路。制作人是否有一个好的策划,将决定一个影视节目的成败。

三、什么是策划案

策划案就是对即将采取的行动提供系统支撑的方案。

"行动"是指策划者所想要做的一件事情,而且这个事情一定要是有创意的,是其他人未曾想到的,这是策划的核心。那么为什么要做这件事情,有何目的及意义,目前是否具备做这件事情的条件,有何风险,有何优势,这事该如何做,谁来做,应与谁合作一起做,在什么时间段内结束,前景如何等,对这些问题的分析解答其实就是一个论证过程,这个论证过程也就是为成功实施这件事情提供的"系统支撑"。这些问题全部都阐释清楚了,就形成了一个完整的有目的、有规划、有计划、有可行性的指导行动的"方案"。

按照这个定义,将"行动"和"系统支撑"的内容阐释清楚,一份策划书就产生出来了。

四、策划案的作用

制作人在决定做一个影视节目时,都有明确的目的,即通过做一个文化产品而获得效益和利润。为了实现这个终极目的,制作人就必须要启动这个项目。而要启动项目,制作人就要通过详尽的方案说服相关机构或相关人员同意共同参与,得到其支持。这就是对策划案的要求,也是策划案的具体作用。

在影视节目的生产过程中,很多项目通常尚未启动就夭折了,很多美好的创意无法转化为商品与观众见面,这不能不说是一个遗憾。其原因就在于制作人没有明白和发挥策划案的作用。

每一个个体或机构,在对待一个项目时都有其对自身利益的考虑,这些考虑或是经济的,或是政治的,或是无形资产的。制作人在项目启动前必须考虑关系到项目能否启动或能否成功的因素,比如政府(企业领导)是否理解支持,投资人是否有兴趣投资,合作者是否会参与,这几方主要想得到的是什么,几方的责、权、利怎样划分等。这些问题若不能解决,制作人也就无法实现其欲获得利润的终极目的。此时,制作人就要通过策划案来进行"纸上谈兵",通过策划案所提供的详尽内容来说服相关机构或人员并得到他们的支持,以达到启动项目之目的。

简单地说,一个好的策划案应当起到这样三个作用。

(一)说服大家共同做一件事情

策划案的根本目的是让大家对制作人所提议想要做的事情感兴趣,然后下决心参与其中共同来做这件事情。

为此，制作人提出并希望别人参与的事情，就应当具备一定的优势。在策划中，制作人就要从这些方面去发掘项目的优势，并将其阐释清楚，便于合作方下决心参与。

1. 项目的唯一性

目前影视节目的竞争十分激烈，跟风制作倾向十分明显，就电视节目来说，一旦某电视台播出了受市场欢迎的好节目，马上就有电视台或制作公司模仿生产出一批无论是形式或内容都同质化的节目充斥市场，形成恶性竞争。若要让竞争对手无法跟风制作，无法形成竞争局面，或者希冀在同质化节目中脱颖而出，那就必须使项目具有唯一性。

项目的唯一性体现在几个方面：

（1）项目的独占性。

影视节目能否吸引消费者和广告商，能否引起巨大的社会反响，这在很大程度上取决于项目的独占性。所谓独占，就是说制作人所提出的项目只有自己能做，而别人不能做，或者无法做。比如有些节目选题由于题材的特殊性或敏感性，对制作单位的背景、资格要求很高，一般制作单位无法做；有些选题因涉及历史名人，需家属特别授权，其家属对制作单位有很高要求，一般制作单位也无法做；有些选题的行业性极强，与其无关系的制作单位更无法做；有些项目需要得到版权方特别授权，无法得到授权的制作单位也无法做；更多的情况是制作人所策划的选题从内容到形式都策划得非常巧妙，甚至还有独特的运作模式，这就为项目设置了很高的"门槛"，让人无法模仿。这些都是构成项目唯一性的因素，也是合作各方对项目感兴趣并愿意参与合作的前提。

（2）团队的知名度。

除了要体现内容、形式、授权上的优势外，项目的唯一性还体现在该节目的创作团队（比如制片人、编剧、导演、主要演员等）是否在行业中具有很高的知名度和辉煌的业绩，是否有市场号召力，这是投资人和节目发行播出机构最看重的基本条件。在目前的影视节目市场，优秀的制作人、编剧、导演、演员并不多，属稀缺资源，在一定阶段内，与你合作的同时就不能与别人合作，客观上形成了垄断，保证了节目制作的高水准。

有了好的内容，有了优秀团队的介入，投资人会主动给节目投资，节目发行机构或播出机构也会主动与制作人接洽节目交易的事宜，以至于出现在节目尚未制作完毕，销售资金就已经成功回收的结果。

因此，若有好的项目，在策划时就应当考虑聘请优秀的创作团队，既突出了项目的唯一性，增加了对投资人的吸引力，又可加强项目成功的保险系数。

（3）资源的丰富性。

前面说过，影视节目的制作是一个在制作人指挥下的复杂的工业流程，其过程涉及文化公司、经纪公司、地方政府、投资人、广告赞助商、媒体等资源，而要做好一个影视节目，就必须要有很丰富的资源才能达到预期的效果。

① 从节目制作的角度来讲，需要创作人员、艺员，这就需要与这些人员所属的经纪公司打交道；有些节目制作涉及地方政府，要与其沟通联络；有些节目涉及部队题材，要与部队联系，争取部队派员支持。

② 从宣传的角度来讲，一个节目在制作过程中要与媒体互动进行宣传，通过媒体的传播力量将节目广而告之，引发潜在的消费群体对该节目的关注，关注的人越多，影视节目的收视率和上座率就越高，节目的利润也就越多。这就要求制作人要与媒体有密切的联系。

③ 从节目的销售角度来讲，做节目不是目的，将节目销售出去获得利润才是目的，那就要求制作公司与电影院线、电视台、网络等放映播出平台有紧密联系，否则节目所投入的资金就是一堆不值钱的拷贝或磁带光盘。

④ 从回收投资的角度来讲，节目需要广告赞助商的赞助，这种赞助或是冠名，或是植入，对于节目的资金回收都有着十分重要的意义。那么这些广告客户在哪里，可以通过什么渠道找到他们（或者找到其代理商），这也要求制作人有畅通的渠道。

⑤ 从节目投资的角度来讲，一个节目策划出来后，能否找到投资人对此投资，这关系到节目能否顺利出生。很多好的节目构想往往是因为无法找到投资人而夭折。制片人有几个投资人朋友或投资机构，是其最大的资源。

在策划时，制片人要考虑自己做此项目在这些方面都有哪些优势资源，这些优势资源对项目的哪些环节能够发挥什么关键作用。具备了优势资源也就是增加了项目成功的砝码，增加了获得投资人青睐的可能性。因此，制作人具有什么优势资源应当在策划案中提出，并给予特别强调，以增强对投资人的说服力。

2. 项目的独特性

一般来说项目要做到唯一性很难，并非每个制作单位都有那么雄厚的实力或那么好的运气可以垄断某些项目。所以通常制作机构就只能在项目的独特性上下工夫，以获得自己的竞争优势。

（1）何谓独特性。

所谓独特性是指自己所策划的项目与其他制作机构项目间的差异。

作为重要精神产品的影视节目，人们对其的需求是丰富多样的。原因在于人们生活在同一的社会生活中，却处于不同的生活层面，有着不同的生活境遇，以及不同的生活状态，必然会通过各种能引起他们共鸣的文化产品，来转移、宣泄自己在生活中的压抑；渴求通过这些影视节目体验在生活中不曾体验到的生活；或通过节目中的角色来表达自己想说而没有说出的话。影视节目已经成为人们情绪的外射。

人们这些不同的需求决定了影视节目的多样性与丰富性，同时也为节目制作人寻求项目的差异性提供了广阔的社会及心理基础。

（2）如何寻找独特性。

制作人在组织策划选题时要考虑所策划提出的选题是否是别人没有想到的；或者别人想到了，但自己却从一个全新的角度切入；或者是从大家平时都见惯不惊的现象中，提炼出了新的创意；或者所策划的项目虽然从节目类型、甚至题材上与其他制作单位都是一样的，但却从内容到形式，从故事走向到人物关系，从运作模式到赢利模式都与其他制作单位不同。这就形成了差异，细分了市场，避开了竞争，赢得了先机，占据了主动。

这对于策划案来说，非常关键也非常重要。在众多的选题中，只有那些让相关人员眼睛为之一亮的选题，才有可能引起他们的关注及兴趣，才会有后面的合作的基础。

3. 项目的针对性

如果说要求项目的唯一性和独特性是制作人的独门武器的话，那么对于社会生活中人们所关注、热议的热门话题，保持本能的敏锐与反应，有针对性地策划选题进行节目创作，则是制作人取胜于市场的另一杀手锏。

中国目前正处于经济高速发展阶段和社会经济转型时期，各种社会矛盾层出不穷，尤其是与民生相关的诸多问题（诸如教育、住房、婚恋、医患关系、社会公德、司法公正、腐败现象、农民工等）在尚未得到彻底解决前，会始终成为人们关注的焦点。这些现实生活中具有普遍意义的焦点问题,应当成为制作人不回避的选题。这些社会话题承载着人们对社会不公现象的拷问,承载着人们对清明美好社会的向往,人们希望在影视节目中看到对这些问题的解决方案。面对如此大的需求市场,制作人应当有职业敏锐,有针对性地去策划一些项目,电视剧《蜗居》《医者仁心》《裸婚时代》所获得的巨大反响就是典型案例。

(二)阐明做这些事情有什么利益

当大家对制作人提出的选题充分感兴趣后,才有可能考虑参与合作,但这还不足以让各方下决心参与合作。事情虽有创意,但他们最关心的问题是:自己能从中获得哪些社会效益及经济效益。所以策划案接下来要阐明的第二个问题就是要让各有关方面明白共同参与合作该项目能够获得什么收益,这就要求制作人在策划案中以充分的理由对参与各方晓之以"利"。

在一个项目中,每一个参与方都对参与该项目抱着自己的目的。政府部门偏重于项目所产生的宣传效应和政治影响力;投资人考虑的是能否有经济收益,有多大的收益;企业领导考虑的是该项目是否能给企业带来社会及经济的效益;创作团队考虑的是该项目能否一炮打响,使自己在获得片酬的同时,也获得相关奖项,提升自己的知名度。制作人在策划案中,要站在投资人、政府部门、企业的角度,充分考虑各方的利益,并就他们所关心的利益问题给以详尽的阐释。如该项目实施后,可能产生多大的影响,有何宣传作用;可能产生多大的经济效益,合作各方都有那些责、权、利。策划案要以准确的数据,详尽的分析,说服政府领导,说服投资人,说服合作者。有了他们的支持,项目才具有可操作性,否则就是束之高阁的几张纸页。

(三)说明做这件事情有什么保障

制作人在策划案中将前两个问题都阐释清楚了,并得到了投资人及合作者的赞同,这只解决了问题的一半。投资人接下来更关心作为实施者的制片人将以什么手段来保证项目的顺利实施,并达到预期的目的。这就要求制作人在策划案中要阐释清楚:将会以什么手段来保障项目的顺利实施。这些手段包括起用什么创作团队,对项目的市场分析及利润预测,发行渠道及发行价格,制作计划与生产周期的预计等。

总之,将不同类型节目的制作计划与销售手段阐释清楚,让投资人从理论上认可项目的可行性与可控性,直到与制作公司签约,项目策划才算是完成了使命。

任务二 怎样写作策划案

在明白了什么是策划以及策划的主要作用后,将进入具体策划案的写作练习。一个节目从市场调研到最后的销售,这整个过程都会涉及策划,或者说策划伴随着影视节目从无到有再到呈现给消费者的全过程。因此,写策划案是制片人进入节目创作(制作)的第一个环节,也是最重要的环节。

策划根据节目的不同生产阶段,可以分很多类别。如项目策划、融资策划、宣传策划、营销策划、招商策划等。项目策划案是从总体上阐释节目的各相关问题,相当于交响乐的总谱,其他的策划则是依据项目策划案生发而来,相当于分谱。有了总谱,其他策划案也就好写了。在这一节里,我们重点学习项目策划案的写作技巧。

策划案可以检验制片人对节目的生产环节是否清楚;对消费者的精神需求是否了解,是否有创新思维,对节目的赢利点及赢利模式是否清晰,对自己做此节目的优势劣势是否清楚,能否准确地将自己的思考表达出来并传递给他人。亲自动手写策划案,是一个优秀的制片人应当具备的最基本技能。

一、明确策划对象

1. 策划案写给谁看

启动一个优秀的影视节目的关键环节是做一份有明确针对性的策划案,有了策划案也就相当于有了一份项目设计施工图,后面的节目制作只需照"图"施工则可。

那么怎样才能制作出这样一份好的"设计施工图"呢?

其中的奥秘就在于我们必须明确策划案是写给谁看的。

我们在做策划案之前,一定要反复考虑:该策划案到底是做给谁看的?是企业领导,是创作团队,是投资人,还是政府相关部门;我写这份策划案是希望达到什么目的等。给不同的对象看的方案，有不同的内容；自己希望达到什么目的，也有不同的侧重点及核心诉求，甚至在行文风格上都有所不同。

2. 策划案的目的是什么

写策划案的目的是为了得到读策划案的人的赞同和支持，这种支持或许是政策，或许是资金，或许是智慧。这个支持就是我们写策划案的目的。只有明确了策划对象，策划案的内容才会有针对性，才有可能说服策划对象，策划者也才有可能从他那里得到支持，实现目的。

二、策划案的基本构成

（一）阅读者想要了解什么

明确了策划案给谁看的问题后，我们将进入策划案的具体写作。写策划案其实并不难，只要掌握了策划案的基本结构及方法，每一个学习者都可以写出优秀的策划案。

那么策划案都由哪些内容构成？这些内容可以由策划者随心所欲地写吗？很多初学者都会提出这个让他们十分困惑的问题。在前面说过，在写策划案之前，我们一定要明白这是写给谁看的，我们希望从他那里得到什么具体的支持。总的来说，项目策划案是写给投资人和项目合作者看的，这个投资人也许包含了政府或政府的相关部门，包含了制片人的所在企业。每一个合作方都想对一个项目有最基本和最深入的了解，才能下决心是否进行投资。

因此，投资人就项目想要了解的内容，就是我们策划案中应当进行阐释的内容。

（二）策划案的基本构成

投资人在决定对一个影视节目进行投资前，有若干关心的问题需要制片人给予明确的解答，制片人应围绕节目的背景、题材、内容、市场、投入、收益以及要达到的预期目的，自己有什么保障措施等问题进行详尽地梳理与解答，这些内容就是策划案的基本构成。

我们写项目策划案可以按照下列顺序逐一撰写，也可以根据自己的需要进行局部调整，只要前后内容有逻辑联系就行。

1. 项目概述

【案例1】

电视剧《桃李》项目概述

2002年有一部人民文学出版社出版的长篇小说悄无声息地发行了50万册，受到广大读者的好评；

2002年有一部长篇小说在全国各大重量级媒体上频频亮相，引起了专家学者的关注和交口相赞；

2002年有一部长篇小说的影视改编权受到了以中央电视台为首的全国众多影视制作机构的争夺；

这便是重庆著名作家张者所创作、被评论家称为现代版《围城》和"校园《红楼梦》"的长篇小说《桃李》。

多年以来，人们对高等学府的认识是教授们是兢兢业业地教书，又穷又迂腐，整天低头钻研理论；学生是循规蹈矩，认认真真学知识，但《桃李》却为我们展示了一部不同于以往的教授和学生知识分子的形象。

张者的《桃李》成功地把握住了社会转型时期知识分子的生存状态，中国文学大师杨绛先生对这部小说给予了很高的评价。她说："钱先生写出了一部《围城》反映二十世纪三四十年代知识分子的生存、生活状态；我写了一部《洗澡》反映五十年代青年知识分子的生存、生活状态，对予二十世纪和二十一世纪交替期间青年知识分子的生存和生活状态，我了解不多，看了张者的小说，我很惊奇……"

可以这样说，这部小说改编成的电视剧，将是第一部反映校园知识分子现状的里程碑式的作品。

（摘自电视剧《桃李》策划书）

用简洁的语言告诉别人你策划了一个什么项目，是电影、电视剧，还是其他类型节目，其内容和价值如何等，让人对此有良好的第一印象，激发其产生继续读下去的欲望。

项目概述的表达方式很多，但目的只有一个：要能迅速抓住阅读人的注意，引起其好奇心，继续将策划书阅读下去。

2. 项目背景

【案例2】

电影《巫溪好人》项目背景概述

目前的中国，老龄化现象日益普及，如何保障老年人生活及赡养老人问题，因其涉及相关制度的建设和人们的社会责任感，而逐渐成为社会所关注的焦点问题。《巫溪好人》正是从道德和人性的层面，对这一社会现象进行了深刻的探讨和反思。

在三峡深处，有一个农民共产党员吴显才，十多年来，他将自己的爱心都倾注在乡里四邻无人照料的孤寡老人们身上。他倾其所有，不求回报，先后赡养了四十多位孤寡老人，供给他们的吃穿，照料他们的生活，为他们养老送终。他赋予给老人们的爱，就像默默奔流着的三峡流水，绵绵不绝。

这样一位普普通通的农民，一名普普通通的共产党员，十几年来就是这样做着这些普普通通的事情，默默地为社会尽责任，为他人尽孝道。他所做的一切，尽散出人性的光芒，无疑是为我们这个社会树起了一面敞亮的镜子，照出了一些人贪婪难填的猥琐；照出了一些人传统道德观念的淡薄；更照出了一些人精神境界的高下。

他无私而圣洁的行为，给我们这个处于社会转型时期，充满精神道德困惑的人们带来了巨大的冲击，让人们看到自己在追求物欲过程中的道德缺失，让人们感受到中华传统文化美德的巨大震撼力，更让人们看到什么才是代表我们这个社会荣辱观的精神楷模。

影片《巫溪好人》正是根据他的事迹加工创作而成。

（摘自电影《巫溪好人》策划书）

项目背景是一个项目实施的环境。项目背景就是项目生存、生长的土壤和气候。这个环境若有助于项目的实施，则项目就有成功的保障。

策划案首先要阐释清楚的就是项目背景，这关系到项目的价值取向，关系到项目的生死。

项目背景有三层含义：

（1）政治背景。

影视节目是核心文化产品，自然带有鲜明的国家意识形态的特性，在策划案中制作人要阐释清楚所策划的项目是否符合国家意识形态的要求，这是该项目能否顺利"出生"的大前提，与国家意识形态相背是绝对不能去碰的红线。

（2）政策背景。

作为影响力很大、传播范围很广的影视节目，会受到政策的一定制约，制片人在策划项目时，要考虑项目是否会受到政策的限制，如影视剧中的反腐题材、公安题材、穿越题材、综艺节目中的选秀题材等，都有很多限制条件（如题材审查严格，播出时间为非黄金时段等）。介绍项目背景时要说明自己所策划的项目是属于受政策鼓励的，方可给投资人以信心。

（3）社会背景。

策划案中的项目背景更多属于这类。社会生活是丰富多彩的，社会问题也是层出不穷的。尤其在社会处于转型或遭遇金融危机时，诸多平时看似小的问题，会突然激化爆发出来，如医患关系、教育问题、就业问题、司法公正问题、婚恋价值观问题、住房问题、家庭伦理关系问题、社会道德问题等。制片人在策划节目时，要对这诸多社会热点问题进行筛选，从中找出哪些问题是当下最主要的倾向，是人们最为关注和关心的，并要阐明自己将要策划的项目与此社会问题有何联系。

这样做的目的，是为即将要创作的节目提供广泛的社会意义和消费群体基础，使投资人相信项目一旦实施投放市场后，一定会受到消费者的关注和良好的收益。

总之，阐释背景就是阐明本项目有一个适合其生长的土壤与气候；是在朝着一个正确方向前进；有明确而广泛的消费群体；有广泛而美好的市场前景。

3. 题材分析

【案例3】

电视剧《英雄豪杰》的题材分析

本剧是根据重庆著名作者欧阳玉澄的小说《巴水苍茫》改编。

这是一部全方位反映长江沿线重镇码头生活的风俗小说；是一部反映川江船帮在外国资本和官僚资本夹击下艰难发展的历史，是一部深刻而准确揭示人性的小说，也是一部全方位反映重庆二十世纪三十年代历史生活状态的画卷。

根据此小说改编的电视剧描写二十世纪二十年代初到三十年代末，长江沿岸万州鱼泉古镇船帮、袍哥首领、陈氏家族的内部恩怨，船帮与白酒帮、榨菜帮之间的争斗，以及他们与英国太古洋行之间的抗争，直到抗日战争爆发，几家帮派后人摒弃前嫌，出川抗日，献身于惊天地、泣鬼神的民族伟业的故事。

该剧塑造了陈家"英、雄、豪、杰"四兄弟由为家族利益的争斗到为大众向洋人、官府进行抗争，直到为了保家卫国而英勇献身的川东血性男儿的形象。

其间矛盾冲突激烈，川东汉子刚烈硬朗的个性，真实的历史事件，浓郁的民俗风情，构成一副完整的长江沿岸小镇的历史风情画卷。

更为重要的是，本剧所着力挖掘的"英雄"主题，具有很大的现实意义。在当今社会转型时期，人们有太多的困惑，太多的挫折。以至于形成人们精神上的困惑，沮丧，甚至"阳痿"，人们太需要英雄的激情，太渴望精神的榜样，从电视剧《激情燃烧的岁月》《历史的天空》《亮剑》受观众欢迎的程度，可以看出人们对英雄的崇拜，因为人们实在是渴望在现实生活中做一个强者，做一个响当当的男儿。而电视剧《英雄豪杰》将塑造的也是一群生长于长江边、充满阳刚之气而又骁勇的血性男儿，可以满足现实生活中人们对英雄的憧憬和向往。

本题材的另一看点，是剧中写了鲜为人知的袍哥生活内幕。袍哥原是中国历史上一个反清复明组织"洪门"在四川的分支，袍哥的行为方式与活动方式十分奇特，语言对白具有很强的戏剧感，加之剧中几个帮派间早期的争斗十分激烈、精彩，因而该剧也可以说是一部中国电视版的《教父》。

（摘自电视剧《英雄豪杰》策划书）

当制片人对项目背景作了宏观分析后，可以让投资人明白本项目是否有政治风险，是否有广泛的消费群体，是否有市场，但还不够，制片人还要对所选择的题材进行分析。分析该题材是否紧扣此背景，以进一步证明题材选择的正确性。

题材分析就是对节目要反映的诸多社会问题中的具体问题的准确定位。

一般从以下几个方面进行：

（1）告诉投资人为何选择此题材。

影视节目有很多不同类型的题材，为何要选择这个题材而不是选择另外的题材，制片人就得告诉投资人这样选择的理由。

制片人选择题材一定是有针对性的，当人们经历下岗、创业，需要激励；当人们经历痛苦，需要安慰；人们有了压抑，需要宣泄；有了艰难，需要鼓励；有了幸福，需要分享；有了困惑，需要指点。人们的这些经历，这些心态，这些需求，就是制片人可选择的题材资源。至于从中选择哪一种题材，制片人要结合项目背景，分析这个题材与社会生活以及与消费者的关联程度，消费者对此关心的程度，以及该题材将受市场欢迎的程度。

（2）市场上是否已经有此类题材。

① 是否有同类题材。

在题材分析中，制片人首先要弄清楚目前市场上在做的或即将要做的节目中，是否已有同类的题材。若没有，制作人则可在策划案中充分强调此题材的独特性或唯一性；若发现已有同类题材，策划案对题材的分析重点则应放在寻找题材的不同切入点上。

② 同类题材如何寻找切入点。

无论什么题材都具有相当丰富而宽泛的表现方式，讲一个故事可以从头至尾细细道来；也可以从某一个片断讲起；讲一个人可以讲他的一生，也可以讲他在某一年或某一月所发生的事情。每个制片人（或策划人）的生活阅历、知识水平及理解程度不一样，对同一个题材从不同角度、不同高度去审视、解读，可以读出完全不同的意义与结论。题材的这些特性给了制片人一个巨大的创造发挥空间，完全可以避免因题材相同而创作出"孪生子"的现象。

如电视剧《新三国演义》，是全景式地讲三国的纷争历史，而电影《赤壁》和《关云长》，则从三国纷争中截取了一个片断，一个是写三国纷争过程中的某一次战役，一个是写三国纷争中众多将士中的关羽过五关斩六将的故事。都是在表现三国纷争的题材，但各自选择的切入点不同。选择不同的切入点，自然就有了不同的故事，故事中就会出现不同的人物和不同的结局，节目也就有了不同的特点与看点，这就拉开了同类题材的差距，制造出了自己节目的看点，避免了题材的同质化。

浙江卫视热播的电视节目《非诚勿扰》和上海卫视热播的节目《丈母娘看女婿》也是我们所说的同类题材。二者都属于相亲类节目，但两个电视台在策划节目时选择了不同的切入点。前者是以青年男女相互提问，通过当事人面对面问答式的了解，男女嘉宾自己就可以做出牵手对方的选择；而后者则主要让丈母娘提问，丈母娘认可后，男嘉宾才有可能得到女嘉宾进一步提问并得到牵手的机会。在前一个节目里，相亲的重点在于男女嘉宾相互间的碰撞，而后一个节目相亲的重点则在于准丈母娘与男嘉宾之间的较量。

两个相亲节目就这样分别找到了自己的切入点，以不同的内容及效果找到了自己的收视群体。

同类题材可以从很多角度寻找切入点，找到了这个切入点，就找到了所选择题材的特点，也就找到了能区别于其他同类题材的不同内容，找到了自己的观众群体。

4. 内容分析

【案例4】

电视剧《幺妹加油》内容分析

在中国，"50后"与"80后"的代沟已经形成，"50后"绝大多数人由于历史的原因，他们的一生无论工作、生活、就业、分房，通通被有计划地安排好，并已经习惯于这种安排。所以他们也习惯性的要为下一代安排好一切。而"80后"的年轻人则喜欢以自我为中心，习惯以自己的好恶来处理一切事情。

两代人在生活中，就这样在安排与不服从安排中产生着无数的冲突。

处于青春期的女主角，在对父母的反抗中，往往以叛逆者的形象出现，她不想按照父亲为自己设计的路子走，而要按照自己的爱好学习拳击，在是否能将拳击作为终身职业的问题上，两代人发生了激烈的冲突，拳击成为她宣泄不满和反叛的手段；随着父亲对她的宽容与关爱，她对父亲的理解与悔悟，亲情成为她学习拳击的动力，拳击成为女主角回报父爱的形式，她发誓要拿到冠军回报父亲的关爱，为此付出了一般人难以承受的努力；当父亲因病去世后，女主角一度失去奋斗的动力而灰心地离开拳坛四处打工，后在教练四处寻找和悉心启发下，对拳击产生了全新的认识，将拳击融入了自己生命，而更加自觉地学习拳击，最后终于成为中国女拳王。

故事围绕着"叛逆""关爱""奋进"这样几个段落层层展开，展示女主角找寻自我存在价值及人生目标的成长过程，符合"80后"观众的心态与人生成长轨迹，将会引起他们及家长的共鸣。

（摘自电视剧《幺妹加油》策划书）

（1）什么是内容分析。

在策划案中，项目概述和题材分析是告诉投资人该项目的大致轮廓，内容分析是告诉投资人项目的具体故事内容构想。

内容分析是题材分析的细化与深化，也是项目价值的内在体现，更是打动投资人的细微之处。内容分析得越翔实，就越能支撑题材选择的正确性，也越能体现出项目的社会及经济价值。

（2）内容分析的基本构成。

内容分析的要素包括：

① 概述围绕男女主角所发生的故事的大致内容及结局；
② 分析并阐明男女主角的行为以及最后结局的社会意义；
③ 分析此内容可能会得到哪些观众群体的关注；
④ 对该故事能否打动观众进行预测。

将这些问题分析得越透彻，就越能说服投资人，而制片人自己也就对项目的赢利越有把握。

5. 市场分析

【案例5】

电视剧《幺妹加油》的市场分析

■ 题材独特

在中国的电视剧类型中，很少有体育励志片；在不多的体育励志片中，还没有关于拳击的类型片，更没有关于女子拳击的类型片。这个独特的题材既是市场空白，又是本片的市场优势；加之2012年奥运会女子拳击资格赛将在中国举行，奥运题材将格外受到政府的关注，随着声势浩大的宣传和比赛，也势必会引起更多的观众对拳击运动的关注，对这类题材电视剧的关注。

■ 商业元素丰富

剧中诸多的拳击场面，天然就是吸引观众眼球的商业元素，其将成为本剧的一大看点。

拳击是最具观赏性的运动，而女子拳击则更有其看点。剧中的拳击场面不仅仅是力量的象征，更是女主角在人生不同阶段、不同情景中的情感爆发，会给观众带来巨大的情感冲击力。

由于本剧题材的独特性，有机地将拳击的力量冲击力和情感冲击力结合在了一起，将商业吸引力和艺术感染力结合在了一起，大大地增强了本剧的商业性。

■ 目标定位有针对性

该剧的定位是青春励志片。

在世界经济危机大背景下，女主角的奋斗和成功，其意义对处于经济萧条中对生活快失去信心的人们无疑是一副强心剂，可增强人们应对生活的信心；一个草根都可以通过自己的拼搏而走向成功，这对于一大批大学毕业后即将面对就业、创业的大学生来说，更具有极强的激励作用；对于"80后"的年轻人来说，剧中女主角青春的叛逆，对人生目标选择的迷茫与修正，对实现目标所做出的努力，以及坚持到最后的成功，这既是他们自身生活状态的写照，又是他们所渴望实现的人生目标，本剧无疑会对他们正确认识生活起到积极的引导作用。

这个定位将会吸引大批的年轻观众（包括网络观看者），为市场营销奠定基础。

■ 目标观众群大

据中央电视台调查，中国有4 000万拳击迷，这是本剧的基本观众；另一方面，由于本剧在表现女子拳击手幺妹的成长过程中，有大量篇幅是写她的亲情、爱情，以及与队友，与教练的矛盾冲突，写她在人生道路上的坎坷，使得故事曲折动人，这又会抓住相当一部分喜欢看情感剧的电视观众；此外，由于本剧所展示的是"50后"家长与"80后"子女的代沟与冲突，因而这部分观众将构成本剧最大的观众群体。

■ 政府支持力度大

由于WSB长期落户重庆，这对于增加其文化产业的整体实力、提升重庆的城市形象，有着积极的意义；而宣传WSB的电视剧《幺妹加油》故事又发生在重庆，随着电视剧在全国的宣传与播出，这对于宣传重庆，营销重庆也是一个极好的手段，重庆市政府和各相关部门定会从政策及资金上给予大力支持。

政府迫切想提升重庆文化产业整体实力的需求，想全方位宣传重庆、营销重庆的需求，这本身就是一个巨大的需求市场，只要我们运作得当，很好地宣传了重庆，将会获得巨大的回报。

■ 销售渠道广

电视台：

国内有37家省级电视台，我们仅以25家计，平均每家售价为50 000元/集×30集，则总售价为3 750万元人民币。

网络：

目前中国网民已有六亿，35岁以下年轻人，则又占了90%，这个群体的相当一部分人会通过网络观看电视剧（如电视剧《士兵突击》《奋斗》就是由青年人在网络上观看后蹿红的），而本电视剧的目标消费群正是这些有心理渴求和消费能力的年轻人。可以这样说，这个庞大的人群也是本片的消费群体。

目前网络对电视剧的收购价已达到30万/集，制作方至少可获得900万元人民币的收益。

WSB成员国：

WSB有120个成员国，均是我们的海外销售对象。就以每个成员国为一个总代理进行销售，这也是一个非常庞大的播出平台与观众群体。

有了这样一个庞大的消费群体，本片就拥有了坚实的市场基础。

（摘自电视剧《幺妹加油》策划书）

市场的含义主要是指：一个产品有多少消费者（含现实的与潜在的），产品的销售价格如何。这两项指标的乘数就是市场大小的标志。因此，在策划案的市场分析部分，制片人要对所策划的项目按照这两项内容进行分析。

（1）分析消费者的多寡。

要了解影视节目消费者的多寡，离不开对题材及内容与观众的关系的分析。观众的多寡首先要分析题材是否具有唯一性或独特性，内容是否具备社会意义，故事内容是否精彩、曲折、感人，节目的卖点在哪里，该题材能否引起节目发行播出机构的关注，院线、电视台以及新媒体对哪些节目类型感兴趣（因为这些机构的购片部门才是最了解市场和观众口味的，他们可以视为消费群体的代表）。

（2）分析这样的题材及故事与哪些人群的生活有密切关系，这样的人群在社会生活中占多大比例等，节目播出后是否会激起他们的共鸣与反响。

这些因素综合起来就是该项目观众大致的数量。

学习者在写这部分内容时要注意，这部分内容与题材分析、内容分析看似有相交叉重复的地方，但仔细分析，可以看到这两部分内容又各有偏重。题材分析、内容分析部分的重点是分析其意义与价值，而在本节内容中，则是偏重分析题材、内容与观众、与媒体的关系，在于阐明媒体及消费者对其的接受程度。只要抓住了这个分野，就不用担心出现一定内容上的重复。

（3）分析节目的市场销售价格。

每个节目都有其相应的市场价格。制片人在做策划案时，要充分考虑节目的销售。在这部分内容里，可以将节目的销售价格及销售渠道进行简洁的说明。即告诉投资人，该节目将在哪些城市院线或电视台、网络发行，是否还有海外机构购买，大致的价格是多少，总销售利润是多少。

当然，关于节目销售的问题，在这部分内容里只是简单的概述。一旦投资人决定投资后，随着节目制作进度的推进，制片人还将制订详尽的销售计划。关于销售方案的写法，将在后面的章节中讲解。

但这些问题都是制片人事前应当熟知并考虑的，这关系到该节目制作出来后，能否归还投资人的投资及帮助其获得相应利润，能否替制片人所在公司或自己获得利润。

总的来说，项目概述、背景分析、题材分析与内容分析这几部分内容，是告诉投资人制片人要做的是一件什么事情，这件事的方向是否正确，这件事情有多大的市场需求。

而后面的内容则是告诉投资人，制片人将会以何种手段来保证该节目的艺术质量及工作进度，让其知道制片人将怎么做。

6. 投资资金

在对节目的内容有了明晰的了解后，制片人就要提出做此节目的大致成本费用，这既可以让投资人考虑自己是否有此投资能力，也可让投资人测算投入产出比例。确定投资总额最大的作用是制片人将以此作为成本控制的依据。

在这一部分中，我们只能提出一个大致的概算，但这也需要制片人认真对待，要对节目的费用构成进行比较详细的测算。算低了，后期再让投资人追加投资是很困难的事情，算高了，会令懂行的投资人对制片人产生不信任。

因此，制片人应以同类节目的基本行情为依据，再根据自己所要聘请的演职员的知名度及身价，以及所做节目的具体情况（如古装、现代、农村题材影视剧，动漫节目，电视栏目的制作费用是完全不一样的）和特殊制作要求，对制作经费进行大致估算，使制作方和投资人对此都心中有数。

7. 制作团队

（1）确定制作团队的意义。

制片人在确定了节目内容后，就要考虑聘用哪些优秀创作及制作人员一起共同参与节目的制作。一个优秀的制作团队是节目的艺术质量及市场价格的基本保障。制作团队的确定有以下意义：

一是可以让投资人放心，凭借这些优秀制作团队以往所制作节目的业绩，该项目若由其负责创作及制作，其艺术质量和市场是有保障的。

二是可以让播出或放映平台放心,有了这些优秀团队的加盟,凭借其知名度和市场号召力,其制作的节目是有票房及收视保证的。一般情况下,只要制作机构有了好的项目,又确定了优秀制作团队,播出机构甚至可以预付节目款。

三是可以找到更多的优秀演职员加盟。因为好的演职员都愿意跟随好的导演、编剧、摄影师合作。

四是在节目制作过程中,还可以找到合适的广告赞助商提供赞助(或植入广告)。广告商提供赞助的前提是看节目以后播出的社会影响力是否够大,而好的项目和优秀团队是其最基本的条件。

(2)聘用优秀团队的条件。

聘用一个优秀的制作团队既然对节目的制作、销售可以带来如此多的好处,那么是否优秀的制片人都可以找到呢?答案是:不一定。

聘用一个优秀团队是有条件的。首先,项目要好。如果项目本身有质量问题,就不能吸引优秀团队加盟。其次,资金要有保障,聘请优秀团队,就意味着大投入,没有雄厚的资金做支撑,是请不来优秀团队的。再次,制作机构要有一定实力,此处说的实力并非经济实力,而是制作机构的制作业绩、制片人的经历与能力,管理人员的业务能力等,否则会出现要么是请不来,要么是请来后出现"客大欺店"的尴尬局面。因此制片人在考虑请哪些优秀团队时,首先要想清楚自己是否具备了聘请他们的条件。

8. 节目销售

项目策划书中,关于节目销售的内容有的是单独列为一段的,有的是将其合并在市场分析一节里,这取决于制片人是否想突出此项内容,若想突出,则可将其单列为一节,写得稍微详尽一些。若不想作为重点内容,则可写得简略将其并入市场分析一节里。但不管将其放在哪里,制片人都应当将节目通过什么渠道销售,销售价格如何,总体销售利润如何等具体事项体现在策划案中。

(1)销售渠道。指国内电影院线、电视台、网络、音像制品公司,以及海外节目代理机构。

(2)销售价格。指节目的销售单价或票房收益,如电视剧在电视台或网络是多少钱一集;动漫、纪录片、综艺节目是多少钱一分钟;电影要发多少个拷贝,要在多少个城市的影院放映,能分到多少票房。

(3)销售预测。是指对节目最后的总体发行利润的大致预测。

一般说来，在项目策划案中，关于节目销售的内容是写得比较简单的，主要是告诉制作公司或投资人一个大致的投资回报，该节目可能有多大的收益，投入产出之比例是否符合影视产业的一般规律，是否有投资价值。

9. 宣传计划

【案例6】

电视剧《幺妹加油》宣传计划

因本剧的拍摄制作、放映及宣传与WSB赛事的举办紧密相连，故我们拟采用以活动带动宣传的宣传思路，围绕WSB赛事设计、组织相关活动，从活动中找到观众和媒体都感兴趣的新闻点进行宣传，在宣传中扩大WSB的影响，让更多的人参与其中。如可组织或搭乘以下活动：

1. 举办拳击宝贝选拔赛；
2. 在电视台开设拳击宝贝或相关内容栏目；
3. 拍摄女主角接受拳击训练时的纪录片，并在电视台播出；
4. 在全国范围内征集国家队队歌暨电视剧主题歌；
5. 拍摄电视剧拍摄花絮，并在电视台和赛场大屏幕播出；
6. 在赛场张贴巨幅电视剧宣传海报。

所有的活动中分为两个阶段进行。

第一阶段重点宣传WSB赛事。

这一阶段要整合各种媒体，对WSB赛事进行介绍，并结合相关活动进行宣传，对让更多的人了解WSB赛事，关注拳击运动，也有利于体育彩票的宣传发行，时间为6~8个月。

第二阶段重点配合发行进行宣传。

在电视剧拍摄制作完毕，于播出前三个月内，集中力量在各媒体和赛场内进行宣传，使更多的观众关注本电视剧。

（摘自电视剧《幺妹加油》策划书）

宣传是节目销售的重要手段，在节目营销计划中占有很重要的位置。在项目策划案中，宣传可以单列为一节，制片人可根据项目的特点，找出宣传炒作点，将其按阶段在策划案中列出即可。但一定要注意，既然宣传是销售的重要手段,那么宣传就一定要配合销售,传统意义上的销售是节目制作完毕后才开始,而一个优秀的制片人对节目的销售,则应当是从节目开始策划、制作时就开始了。同理,宣传活动也应当跟随节目的每一个环节而展开。

宣传活动可以让广大消费者和播出媒体知晓节目的动态,而他们对节目的关注也就是销售的开端。

10. 制作计划

【案例7】

电视剧《牺牲》制作计划

1. 剧本创作期(2011年12月31日前完成)

剧本创作分两个阶段:

第一阶段为创作阶段(含故事大纲、分集提纲、剧本创作),约四个月时间;

第二阶段为修改定稿期,由重大题材办和亲属提出修改意见,并举行剧本研讨会,摄制组将根据意见反馈进行反复修改直至最后定稿,约两个月时间。

2. 剧组筹备期(2012年4月完成)

落实导演(导演修改剧本并完成工作台本)、摄影、美术、演员等主要创作人员。

3. 拍摄期(2012年5月—8月完成)

4. 后期制作(2012年11月完成)

5. 审查修改(2012年12月完成)

6. 播出(2013年5月)

7. 宣传发行(3个月)

(摘自电视剧《牺牲》策划书)

所谓制作计划,就是对整个项目实施的时间设定。

一般来说,项目分为前期、中期、后期三个阶段。

(1) 前期为项目策划、创意期。

在此阶段,要完成项目的选题、内容、故事的市场分析及调研,要落实资金,要进行剧本创作,要策划设计衍生产品,要考虑节目的盈利模式,要设计节目的营运模式等相关问题。前期一般时间较长,需要半年甚至一年的时间。在安排时间时,可按照市场调研、选题策划、剧(脚)本创作、剧本修改等项内容进行计划。因节目的类型不同(如动漫、栏目、纪录片等),前期筹备的内容应进行相应调整。

(2)中期为节目拍摄制作期。

这个阶段一般为半年(电影的时间可能会长一些),可按照剧组筹备、开机拍摄、后期制作等工作进行时间计划。

(3)后期为节目的宣传销售期。

这一时期所有的工作都是围绕销售进行,应精心策划一些宣传活动,为销售造势。宣传活动可根据节目的特性寻找宣传炒作点,并将这些炒作点分阶段实施,使宣传活动形成持续不断的社会影响力,引起媒体及观众对节目的关注,达到销售之目的。

在时间安排上,可根据宣传内容的多少,将宣传活动分为几期。每项活动的周期为几天,由制片人根据情况确定,但要在计划中体现出来。

11. 结束语

策划书就像写一篇文章,文章写到最后就应当有结尾。文章的结尾有各种写法,但策划案的结尾所要表达的意思只有一点:欢迎对影视产业有认识的,愿意在影视产业领域有所发展并愿深度介入文化产品投资的各界朋友,一起共谋大业。

上述内容就是策划案的基本内容。其目的就是告诉投资人,制片人要做什么事情,这件事情有多大收益,将采取哪些措施保障这件事情的实施与成功。

在一个项目中,制片人要写的方案很多,但只要掌握了项目策划案这个主要方案的基本内容及写作方法,其余融资、营销、宣传等方案都可以从项目策划案中派生发展而来。

根据策划案的基本构成对一部知名电影进行剖析,写出策划案。

任务三　策划案要点1：盈利模式的策划

影视节目是对电影、电视剧、动漫、纪录片、专题片、栏目、综艺节目等各类别的统称，前面谈到的策划案的写法包含了这些节目的项目策划的写法。也就是说，无论制片人要做什么类型的节目，首先得从项目是否立得住、是否可行这个角度进行阐释、论证，才能说服制作公司或投资人参与。从这个意义上讲，影视节目的项目策划是具有共通性的。

但是，除了对节目中那些带有共通性的内容必须要写清楚以外，制片人更应当注重对不同类别节目从经营的角度考虑策划内容。这个道理很简单，制片人不仅仅是节目制作人，还是节目的经营者（或运营者）。他必须对自己所在公司负责任，对投资人负责任，不仅要将节目的艺术及技术质量做好，还要将节目成功地卖出去，并且获得利润。制片人希望凭借项目寻求投资时，都应当从这个角度去做这样一个策划案。

一、策划影视剧的赢利点

所谓赢利点，是指节目可能获得利润的来源。一个节目从内容策划到制作环节的过程中，赢利点是很多的，这就要看制片人是否善于发现。一般说来，一个优秀制片人在节目尚未开始制作时，就应该对该项目的赢利点做到心中有数。掌握住这些赢利点可以帮助制片人在节目经营上立于不败之地。

在策划影视剧的过程中，要注意从经营的角度去策划其赢利点，以确保节目多方面的收益。

（一）植入广告

【案例1】

《杜拉拉升职记》被植入广告精心算计

徐静蕾的新片《杜拉拉升职记》，广告植入已经占到总投资的2/3，以至于老徐可以在上演前神定气闲地说：现在电影赚一毛是一毛了。

电影一开始就一下子塞进来七八个广告，杜拉拉一气之下猛吃的巧克力和刷光了卡买的跑车都是为广告植入添加的情节，杜拉拉和王伟开着跑车过隧道简直就是现成的汽车广告。再加上动不动晃过的银行招牌，招聘有智联、喝茶要立顿、订机票和房间要找12580，至于年假要到泰国芭堤雅更是一个大广告，把这个小岛拍了个透。

如果说《非诚勿扰》中对广告植入还有挣扎，有选择，到了《杜拉拉升职记》，感觉就是导演彻底投降了。区别在于，以前植入广告是甲方，拿钱来找投资商，掏多少钱露多大脸。现在风气变了，植入广告成了乙方，你光有钱还不行，还得看你能为电影带来什么，这是《杜拉拉升职记》的导演张一白透露的。"我们不是平白无故拉广告，"张一白说，"我还要利用产品的广告资源来推动我的电影宣传。"也就是说，现在掏完钱事儿还没完，还得看你的产品能接纳多少观众，人家才决定要不要你的钱。

表面看电影植入广告从甲方变成了乙方，处于下风。事实上，看来胜券在握的电影导演却不知不觉变成了被乙方捆绑的甲方。电影创作与资本的博弈一直存在，而电影植入广告只不过是资本的化整为零。当资本这条粗绳索细分为小绳索，密密实实捆绑上来的时候，你在这些划定的格子中间能跳出什么精彩的舞蹈？

说到底，《杜拉拉升职记》是一部被植入广告精心算计的电影。

（《深圳商报》2010-04-13）

1. 植入广告的作用

电影和电视剧故事内容丰富，题材涉及面广泛，有很多与人们生活紧密相关的商品可以进入剧情，或成为拍摄环境，或成为主角使用的生活物品（如手机、电脑、服装、酒等），这些物品或环境形成剧情的一个有机组成部分。观众在看电影或电视剧时，已分不清自己所看到的商品究竟是在做广告推广，还是剧情需要的道具。广告商的产品随影视剧的放映或播出，潜移默化地向观众进行了有效的推介。

2. 植入广告的收费依据

此时的影视剧已然成为了一个广告载体，制片人当然就应当考虑向广告商收取广告赞助费。而对收取费用多少的计算，则根据其商品在剧中出现的时间长短、次数、是否出现在剧情的关键时刻以及该剧的整体影响力等因素而定。这是影视剧在制作过程中重要的也是最主要的赢利点之一。作为制片人要有意识地在剧本策划及节目制作过程中去找到这些能与节目内容形成有机整体的商品广告，并与广告商谈妥价格及相关事宜。

（二）拍摄地赞助

【案例2】

新《西游记》剧组疑贫困县索赞助

本报综合报道 4月初，新版《西游记》剧组外景拍摄基地考察贵州省织金县织金洞旅游区，被指向当地索280万拍摄赞助费。导演张某某昨天否认剧组索要赞助费，同时称剧组不是扶贫组织。

织金是国家级贫困县，同时也是国家级4A级景区，曾被评为中国最美洞穴。

织金洞旅游管理局局长何某某介绍，与剧组协议商定，交纳280万赞助费，新版《西游记》会在每一集结尾处为织金洞景区做5秒钟广告，且在电视剧协办单位上署上织金洞旅游管理局名字。

何某某认为，织金洞是"天下第一洞"，织金洞提供景点和相应服务，剧组也应该在织金洞取景。

据新版《西游记》外景宣传总监何某某介绍，新版《西游记》预计要投资1.5亿元，到各地拍摄进行转场、过路都会产生费用，280万元主要是为制作费用补差。

"中国这么大，哪里会找不到合适的洞穴？"总监何某某说，织金虽是贫困县，"但拍电视剧不是搞慈善，也没有扶贫的义务。"

（《新京报》2009-04-25）

由于影视节目传播的广泛性以及巨大的影响力，很多地方对有名导演、名演员、名制片人参与的影视剧拍摄，报以极大的热情，其原因就是地方欲借摄制组在该地的拍摄，媒体的跟踪报道，形成对拍摄地的宣传效应，更想凭借该节目的放映、播出，让更多的人知晓这个地方，以提升当地的知名度，促进当地旅游发展。

拍摄地的赞助一般分为现金赞助与出资修建拍摄景地两种方式，这样的赞助方式在影视节目的拍摄制作中极为普遍，如杭州的西溪湿地，重庆的武隆，重庆的永川竹海等地，都为冯小刚、张艺谋等导演拍摄的影片提供过现金赞助或出资搭建拍摄景地。有的地方为了拉到知名摄制组，甚至不惜重金打造一个影视城，如云南、浙江为张纪中的古装片《天龙八部》和《射雕英雄》搭建了影视城。通过这种方式，当地既在摄制组拍摄期间通过媒体得到了广泛的宣传，又借助摄制组的力量，为当地开发出新的旅游资源。

（三）制作费用赞助

在影视剧的拍摄制作中，各项制作费用是一笔不小的开支，为了让节目制作有充裕的资金，不出现捉襟见肘的窘况，制片人一方面要"开源"，即寻找赞助，另一方面还要"节流"，即节省开支。节省开支，并非不花钱，而是要找人替你出这个非花不可的钱。比如影片的音乐制作费用，在电影制作中是一笔不小的开支。制片人可以通过与音乐制作及发行公司商定，以音乐版权的让渡，或一定期限的音乐使用权的让渡，让其为摄制组出资进行音乐制作。

（四）企业赞助

有些影视剧剧情涉及某些行业或企业的内容，对这些行业或企业可起到宣传作用，有的企业会投入一定资金赞助摄制组。制片人在策划选题时，要考虑选题若涉及某一类行业或企业时，是否能得到他们资金上的支持，若有可能，就一定要去争取，这也是一个很重要的赢利点。

（五）政府资助

目前我国正在大力发展文化产业，政府非常重视并着力扶持作为核心文化产品的影视业的发展，会有选择地对一些重点影视企业或重要影视项目给予资助。

有些影视剧取材于某地独特的历史事件或历史人物；或取材于发生在当地的好人好事，或感人的英雄人物事迹等。通过影视作品的创作，可以极大地宣传当地深厚的历史文化资源，或颂扬社会转型时期正逐渐消逝的浩然正气，地方也可凭此作品争取获得各类奖项，以此提升当地的文化影响力。拍摄影视剧已经成为一种城市营销的手段。制片人所策划的选题若与此有关，则应当抓住机遇，与地方政府进行合作，获得其资金及政策上的支持。

总的说来，制片人要充分挖掘影视剧的赢利点，为所制作的剧目做好充分的资金赞助准备。这种赞助是双赢的。一方省了资金，一方做了广告，各得其所。优秀的制片人要善于找到这种双赢的切入点，若操作得好，节目还未销售就已经收回了投资。

二、策划动漫产品的赢利点

作为动漫产品的制片人,应当清醒地知道动漫产品的赢利点在哪里。

(一)设计形象

【案例3】

喜羊羊、米老鼠的形象设计符合小朋友口味

《喜羊羊与灰太狼》的形象设计摒弃了传统的极端好与坏的区分:聪明却也有缺点的喜羊羊、总想坏点子却对家人很好的灰太狼、懒惰又可爱的懒羊羊……这些角色贴近现实生活,都有其各自的优缺点,非常适合儿童口味,形象也更加贴近生活,因而很容易赢得小朋友的喜爱。

米老鼠的形象特点:性格外向、淘气,善解人意,喜欢恶作剧,也喜欢打抱不平,有些急躁粗心,也有机智,常常使自己身陷险境,最后也总能化险为夷。总之,米老鼠的形象非常立体丰满,优点缺点很鲜明,所以很容易赢得天真无邪的儿童的喜爱。

【案例4】

关于机器猫的美好记忆[①]

这是一部任何场合都可以看的漫画:桌洞、操场、厕所……随时看,随时可以会然于心地笑出来,无论看过多少遍。

从1969年机器猫第一次出现在小学馆的漫画中,后来又改编成电影、电视、游戏和各种玩具,至今已有近四十年,但几个小主人公至今仍活跃在我们心中的小世界里,自成一格:大雄始终是没有什么出息的小学生,机器猫无所不能,小夫一直尖酸势利,静香依然温柔贤淑,胖虎的母亲天天在自家门口训儿子……

从1980年开始,《机器猫》几乎每年都会拍一部剧场版,电影总免不了谈一些宏大主题,比如环境保护、人类命运……但对于我们这些曾经手

[①] 摘自花之静:《钢铁是怎样炼成的》,原载于《读库0804》,新星出版社2008年版。

捧漫画的人而言，其实《机器猫》的魅力完全在于从儿童的视角看世界，没有英雄大义，没有救世情结，只是一个平凡人家小孩都有的日常烦恼和白日梦罢了。

1. 动漫形象设计至关重要

动漫产品的特殊性在于其盈利模式与一般影视剧的盈利模式不一样，不是依靠在一定时间内的节目放映或播出一次性收回投资，而是塑造一个家喻户晓的人物或动物形象，再通过对此形象进行授权经营而获取巨额利润。

因此，对于动漫产品的形象策划设计至关重要。

2. 如何设计动漫形象

那么应设计什么样的形象才能达到以后的授权经营目的呢？形象可爱、贴近人性、深入人心、成为偶像是动漫形象设计的最高目标。制片人首先应当做好策划案，与玩具公司、出版社、电视台等机构联系沟通，征求其对故事、形象设计的意见，以达成合作意向，获得资金支持。在日本和欧美等动漫产业发展成熟的国家和地区，早在动漫项目立项初期，电视台、出版社以及音像玩具等开发商就参与进来，讨论造型设计和剧情发展，并注入资金。动漫节目在推出市场之前就已经收回大部分投资。在这种合作中，合作各方都各得其所：制作方获得资金，玩具公司获得玩具形象开发权，出版社获得图书出版权，院线和电视台获得优质动漫节目。

（二）树立品牌

【案例5】

品牌打响才能做强衍生产品[①]

有关专家表示，在现行条件下，动漫的价值在于由动漫作品衍生出来的玩具、服装、食品、饮料等衍生产品以及广告形象代言的使用授权，虽然宁波动漫产量高，但能延伸产业链的少。

宁波既是文具之都，又是服装之都，玩具生产也颇具规模，如何将动

---

① http://news.cnnb.com.cn/system/2013/06/07/007746702.shtml.

漫与当地产业对接？如何延伸产业链？为此，宁波众多动漫企业当家人作出了战略选择：按照动漫产业普遍认同的"动漫生产—动画片播出—衍生产品开发、销售—收益—再生产"的盈利模式，构建相互支撑的动漫产业链。

在胡天民看来，这种模式没有错，但宁波所走的"弯路"就在于，在没有品牌时就盲目开发衍生品，从而忽略了动漫作品本身的雕琢和品牌推广。他认为，只有好的动画产品才会有高收视率，才能形成品牌，宁波动漫产量虽高，但缺乏像《喜羊羊与灰太狼》和《熊出没》这样的原创精品。

"这次去深圳，最大的收获是理念上的。大家都认为做动漫要通过内容来做品牌，品牌有了，衍生产品开发就是水到渠成的事。在动漫产品占据世界动漫市场65%的日本，从《灌篮高手》《宠物小精灵》到《海贼王》等风靡一时的动漫形象及其衍生出的庞大'动漫帝国'，无一不是如此。"胡天民这样说。

动漫产品的核心赢利点是品牌，有了响亮的品牌，其统率下的诸多产品便不愁出路，这也是与一般影视剧盈利模式不一样的地方。因此动漫节目的制片人要重点考虑的事情就是如何调动各种手段，将动漫产品的品牌树立起来，达到吸引投资人购买品牌使用权开发衍生产品之目的。

1. 种植品牌

动漫产业是由漫画、动画、衍生产品三个产业环节共同构成，三者的关系简单地说就是：漫画为动漫产品提供经过市场检验的可供改编的故事，培养作者、读者、市场，降低动漫产品的投资风险，是种植品牌。

2. 强化品牌

动漫产品通过播出平台传播，提升产品的知名度，强化在观众心目中的印象及地位，扩大产品的市场影响力，以吸引潜在的投资人购买节目的使用权进行衍生产品的开发，是强化品牌。

3. 营销品牌

有了品牌，就有投资人投资进行衍生产品的开发、销售。而衍生产品在长时间的销售过程中，又完成了对动漫产品品牌的强化和营销推广。因此可以说衍生产品的开发营销就是营销品牌。

（三）开发衍生产品

【案例6】

衍生产品市场：打造高品质、完整的产业链①

与播出市场同步的是衍生产品市场的开发，其关键之处就是产业链的拓展。对动漫产品来说，从动画片的制作、播出，动画图书、音像的出版，再到相关衍生产品的开发就是一条完整的产业链，而且，每个环节之间都要相互连接配合才能纵深发展。对此，《喜羊羊与灰太狼》（以下简称《喜羊羊》）亦开创了自己独特的方式。

首先，在衍生产品开发上实行开发授权。《喜羊羊》一改传统动漫公司自己开发、自己销售的方式，采取授权开发、共同开发的创新模式，成立衍生品授权部，寻找一线授权商，和他们一起共同策划、共同开发，这种强强联合、共同发展的开发模式不仅开拓了市场整合的空间，同时也对提高未来品牌的知名度和长期发展极其有利。

其次，在营销模式上进行深度价值开发，创造新的赢利点。比如在移动增值服务领域，《喜羊羊》开发了手机下载、手机游戏等增值服务；而在衍生品方面，其种类从图书、玩具、服装，扩展到了文具、日化、食品、QQ表情、手机屏保等等，几乎应有尽有，无所不包。更为重要的，这些深度价值开发的利润相当可观。据报道，《喜羊羊》漫画书的销售额已经突破了4 000万元人民币，毛绒玩具的销售额也达到了1 000多万元人民币。

当动漫产品有了一定的品牌效应后，制片人就要考虑怎样去开发衍生产品。

动漫产品与电影、电视剧的盈利模式不同，绝大部分电影和电视剧通过放映和播出即可收回投资并盈利，其衍生产品的开发只是获取更多利润的一种补充手段。但对于一个动漫产品来说，能否开发出衍生产品，衍生产品的盈利与否，直接关系到该动漫产品的生死。从另一个意义上讲，耗费巨额资金做成的动漫产品，仅仅只是做成功了一支艺术性很强的广告，远非该产品的终极目的。其终极目的是在这"广告"的宣传效应下，源源不断地开发出有巨大经济价值的衍生产品，获取长期稳定的经济效益。

---

① 《论中国动漫产业的"羊"模式》，http://media.people.com.cn/GB/22114/52789/168070/9988905.html。

由于可开发的动漫衍生产品品种多,销量大,利润实在难以预计,可谓一本万利。例如:美国迪斯尼公司制作的动画片《狮子王》,投资 4 500 万美元,到目前为止,其动漫衍生品的收入已经高达 20 亿美元。

可见,衍生产品的开发是动漫产品获得巨额利润的重要途径。

那么,衍生产品的具体含义是什么呢?简单地说,动漫衍生产品是指利用卡通动漫中的故事及原创人物形象,经过专业人员的再创作,衍生开发出的一系列新形态的产品。如电影、电视剧、舞台剧、各种游戏、玩具、书籍小说、动漫形象模型、音像制品等。

(四)授权销售

【案例7】

中钞国鼎获迪士尼授权 "黄金喜羊羊"问世[①]

喜羊羊抱枕,美羊羊书包,灰太狼信用卡,自 2005 年《喜羊羊与灰太狼》推出以来火遍大江南北。经过授权的"喜羊羊"衍生产品已经超过了 100 种,涵盖了玩具、食品、服饰、游戏、文具等多个大类。在今年六一,喜羊羊和好朋友们终于走上了黄金产品,国内贵金属领域的领导品牌中钞国鼎近日宣布,独家获得喜羊羊系列产品的贵金属领域权威授权,独家推出了"喜气洋洋"系列黄金精制纪念章。

作为中国动漫历史上具有里程碑意义的作品,《喜羊羊与灰太狼》几乎已经成为中国动漫作品的代名词,这部故事结构类似于迪士尼《猫和老鼠》的动画片,不仅在中国大陆迅速蹿红,就连香港和台湾,甚至东南亚地区也是风靡一时,即使是在国际动漫强国日本的全国动画协会办公室里也有几只喜羊羊和灰太狼的公仔。

据了解,此次推出的"喜气洋洋"是喜羊羊系列的首款黄金产品,分别采用了人气最高的喜羊羊、懒羊羊、美羊羊和小灰灰的经典形象,采用 Au.999 纯金材质,采用镜面、磨砂、彩色压印等国家级造币工艺,造型细腻可爱,质感鲜活动人,童趣盎然的同时也体现了鲜明独特的艺术气质,确实让人爱不释手。另外,此款精制纪念章不仅本身设计完美,并配赠有

---

① http://www.ccdy.cn/chanye/dongman/201306/t20130604_673369.htm.,中国文化传媒网,2013-06-04。

佩戴功能，吊坠和包装独具匠心，既可收藏又可佩戴，因此也受到了儿童和家长的热烈推崇和喜爱。

中钞国鼎相关负责人表示，作为国内最具知名度和影响力的动漫品牌，喜羊羊、美羊羊、懒羊羊、小灰灰等角色深入广大家长与孩子们的心，这部动画片一直宣扬的主题也迎合了众多消费者弘扬正义、和平、友爱的价值观，这也是为什么许多家长很乐意为孩子购买带有喜羊羊、美羊羊，小灰灰等形象周边产品的原因。

而此次推出的"喜气洋洋"系列精制纪念章，均采用1.5克重设计，是市场上非常少见的小克重题材类产品，在近期金价下挫的大背景下，现在购买价格非常合适，且是市场上独一无二的独家授权喜羊羊黄金产品，无论是作为给孩子的奖励还是作为礼物馈赠亲朋好友的都是百搭选择。

据了解，此次精致纪念章由喜羊羊衍生品全球独家授权商华特迪士尼（上海）有限公司权威授权，中国印钞造币总公司权威铸造发行，中钞国鼎总经销。同期上市的还包括迪士尼"挚爱"系列和"优雅公主"系列产品，"挚爱"系列包括两款产品，分别是米奇和米妮，白雪公主和王子，"优雅公主"系列纪念章则分别选取了深受欢迎的迪士尼白雪公主，仙蒂公主和爱丽儿公主的经典形象。

1. 授权经营是什么

动漫产品一旦形成强势品牌后，其最大的一个盈利点也就出现了，这就是授权经营。

授权经营是不同于衍生产品开发的一种赢利手段，其原理就是拥有动画形象版权的一方，在向要求使用该动漫形象的一方收取一定费用后，允许对方在一定时间范围内在自己的产品上使用其动漫形象，达到使其产品增值的目的。

2. 授权经营的范围

授权经营的范围非常广泛，服装、饰品、饮料、食品、保健品、玩具、袜业、鞋业、文具等行业，都能进行授权经营。国内三辰集团的"蓝猫"产品，已授权出17大类，6 600余个品种，授权产品收入超过20亿元（人民币），是其投资成本的22倍。

授权经营不仅可以涉及各类行业，可以衍生到更广泛的领域，比如：主题餐饮、漫画咖啡馆、主题公园等旅游产业及服务行业等。并且在同一行业还可以再细分进行授权,比如服装行业可以细分为休闲装、童装、男装、女装等。

3. 授权经营如何获益

动漫企业通过授权,可获得巨大的收益。既可预先收取使用方的最低形象版权使用费,提前回收投资,还能获得使用方的销售收入提成。按照国际惯例,版权方可平均每年按 8%～10%的比例提取使用方的销售收入。可谓一本万利。

对这些动漫产品的盈利模式及不同阶段的赢利点,制片人应当在动漫节目制作之前通过策划做到心中有数。

三、策划电视节目的赢利点

在提倡制作与播出分离的今天,电视节目(含栏目、综艺节目)的市场化程度正在逐步提高。靠着电视台以及电视台广告中心这个平台,电视栏目的盈利点比较多,也比较容易落实。

赢利点一般来自以下几个方面:

(一)节目冠名

列举三个你所熟悉的电视节目的冠名。

节目冠名是电视节目的最大赢利点。

电视台做电视节目,播出周期一般比较长,有的电视节目连续播出一年(每周播出一次,重播一次),有的集中在某一段时间内播出(一般 3～6 个月),一旦该节目形成了收视热点,对冠名企业的宣传力度极大。若节目办出了影响,电视台还会以举台之力,在各个频道对该节目进行广泛宣传,无形中又会增加对冠名企业的宣传力度。

若节目前期策划得好,制作团队的执行能力又强,仅冠名权一项就可收回节目制作成本。

（二）广告赞助

列举三个你所熟悉的电视节目的广告赞助。

广告赞助是电视节目的基本赢利点。

电视台一方面是播出平台，另一方面也是一个特殊的企业。电视台利用内容集成相对垄断的区域优势向社会提供服务，生产注意力和影响力。以注意力吸引观众，将影响力卖给广告商。

一个电视台若有了固定的收视群体，广告商就会将广告以节目为载体传递给观众。这就是节目的广告收益。节目制片人要充分考虑的是应当怎样去展示这些广告，以作为对广告商的回报。

（三）奖品赞助

列举三个你所熟悉的电视节目的奖品赞助。

奖品赞助的回报一般是在电视节目中展示奖品影像和主持人通过口播形式，向观众传递奖品提供企业的广告信息。由于颁奖是在节目进行中的关键时刻，很能抓住观众的注意，故企业愿意为有影响力的节目提供实物赞助。

（四）电信服务

列举两个你所熟悉的电视节目的电信合作商。

很多电视选秀节目实行观众与演员互动的形式，为了充分发挥观众的参与性和维护节目选举结果的公正性，节目组精心设计了通过手机编号发送短信的形式，并与电信机构约定利润分成比例，这是一种相当可观的赢利方式，也是增加节目收益的赢利点。

怎样才能使影视节目受到欢迎 | 能力单元三

分组讨论：阅读以下案例，讨论该案例是从哪些方面策划赢利点的，取得的收益有哪些？

揭秘"超女"赢利模式："超女"也是财神女

● 核心提示

8月12日，超级女声"6进5"的比赛将众多青年男女吸引到电视机前。其实，从3月份开始至今，超级女声不仅赢得了15万报名选手，更有超过2 000万观众每周热切关注。伴随着超级女声的火爆，是外行人都能看出的湖南卫视与商家的"大赚其钱"，但是到底能赚多少？有关报道则充斥着从各种渠道来的随时变化的数据，时常令人一头雾水。日前，本报记者为此再次采访了湖南卫视、蒙牛乳业和天娱公司。

蒙牛乳业1 400万做了3 000万的事

■ 投资调查：为超女投资1 400万

有消息称：这次为购买"超级女声"节目冠名权，蒙牛乳业投入了2 800万元，后来还有8 000万的追加投资。这么巨额的投入，蒙牛能收回成本吗？

8月11日，本报记者电话采访到了蒙牛乳业副总裁孙先红，他告诉记者一些更具体的数据——蒙牛此次在湖南卫视《超级女声》投入的资金为1 400万元，远远小于此前外界传说的2 800万，其中包括了蒙牛酸酸乳的冠名权还有角标、比赛现场的广告牌等一切在电视上播出的内容，湖南卫视还赠送了蒙牛15秒的广告。孙先红认为，这个投入是物超所值的，1 400万做的事实际上需要3 000万才能完成。

《超级女声》五个分赛区的选择也是由蒙牛和湖南卫视协商决定的，蒙牛考虑到之前在成都的销售一直很弱，于是选择了成都作为其中一个分赛区，希望加大品牌在该地的知名度。

■ 收益调查：酸酸乳销售增加2.7倍

孙先红表示，此次与湖南卫视《超级女声》的整合营销所产生的效益绝对是 1+1>2。孙先红给记者举例说，蒙牛计划今年推出 20 亿袋印有"2005 蒙牛酸酸乳超级女声"的产品，相当于为湖南卫视发了 20 亿张广告传单，当记者问到蒙牛今年的目标是否就是 20 亿袋时，孙先红表示只是举个例子，实际要比这个数字高。

当然，蒙牛最满意的还是此次整合营销给企业带来的销售额增长，孙先红告诉记者，蒙牛今年前半年的销售额已大大超过预期目标，但预期目标究竟是多少他则以商业机密不方便透露为由拒绝回答。不过他说："我可以告诉你个数字，今年 1 到 6 月，蒙牛酸酸乳在全国的销售额比去年同期增长了 2.7 倍，这个统计还不包括有 20% 的销售终端出现供不应求的现象。如果加上这些，增长应该超过三倍，我们对此非常满意。"

针对媒体有关"蒙牛又追加 8 000 万投资"的报道，孙先红表示，每个企业都会有包括电视广告、网络宣传、户外广告、促销活动等追加的产品推广费用，但蒙牛此次的产品推广费用大约只占了销售额的 6%，投入产出的比例非常小。

湖南卫视　广告短信双丰收

15 秒广告费炒到 11.2 万，一场短信收入上百万元。

■ 贴片广告：现在有钱也做不到

为超级女声等品牌后续运作，湖南广电集团专门成立了天娱公司。在湖南卫视网站上，超级女声全国总决选的广告报价已达到了 15 秒 11.2 万元。对于这个数字，天娱公司董事长王鹏在接受采访时曾说"太夸大了"，总决赛的 15 秒贴片广告价格，最高不过两三万元。一场接近 3 小时的十强赛直播，湖南卫视究竟能卖出多少广告？王鹏表示，"几百万元总会有的"。

本报记者以做广告的名义联系到一名广告部的杨先生，他告诉记者："超级女声 15 秒的贴片广告，网上炒到了 11.25 万元每次，但我们的实价是 2 万元每条每次。"但随后，杨先生又无奈地表示，目前所剩场数有限，广告早已经爆满。"我们广告部的人员都已经在外面休假，不再接新的活了，所以你想作广告已经没可能了。"杨先生说。

在 8 月 12 日播出的超女"6 进 5"比赛中，记者做了一个详细的记录。在 2 个半小时的节目中，共插播过 4 次广告，全部广告时间超过 30 分钟。

如果按照湖南卫视广告部人员提供的每15秒2万的收费标准粗略计算，这场"6进5"的比赛广告时间超过30分钟，得到的全部广告收入可以达到240万元以上。

■ 短信投票：一场收入至少百万

至于众多媒体热捧的短信收入，王鹏表示，"短信收入还不够舞台成本呢。"下一场总决选光舞美的投入就在200万元左右，一场比赛的短信收入分到湖南卫视的名下不过100万元左右。

据了解，"超女"迷要给支持的选手投票，首先要花一块钱定制短信，收到后回复才能投票，每投一票需要1毛钱。因为铁杆的"超女"迷一人都投15票，所以相当于每15票2.5元。但是当你定制之后，它会在一个月内给你发15条"超女"花絮，一条1元。因为不知道有多少人投一票，多少人投15票，多少人投完后退定，所以总收入不太好算。

8月11日，晨报在长沙现场采访"超女"的记者获悉，对于"超女"广告与短信收入情况，湖南卫视将于8月15日专门在新浪等网站刊登计算公式。但是8月15日当天，记者没有发现有相关公式刊载出来。

天娱公司　超女品牌价值几个亿

《超级女声》如此火爆，那么伴随"超女"出现的天娱公司是否也是大赚其钱呢？

"我们是超级女声这个品牌的所有者。"上海天娱传媒董事长王鹏接受媒体采访时表示，由电视产生的收益并不是天娱传媒的着眼点，其重点操作的领域在于超级女声品牌延伸的产业链。

同时，董事长王鹏也得意地表示，超级女声的品牌目前值几个亿。记者了解到，美国电视综艺类节目总收入中约有40%来自于广告收入，剩下的60%来自于对节目品牌的延伸营销。因此，由电视节目品牌所带来的延伸性的相关品牌产品的开发才是节目投资方关注的战略重点。

记者联系到天娱公司，负责运营的胡女士向记者解释说，他们虽然是湖南卫视控股的公司，但运营上彼此独立，广告和短信等收入都归湖南卫视所有，但超级女声的品牌是天娱公司的。

"目前我们与搜狐合作网络超级女声，结合网络特性，参照电视的成功之处，这也会引起大家的关注，"胡女士告诉记者，"目前我们把主要精力投入进电视的超级女声中，也是为了进一步扩大这个品牌的知名度，利用品牌我们可以做的后续工作相当多。"

胡女士进一步向记者透露了他们的后续安排："我们会挑选一些有潜力的选手包装，出唱片或者拍电视，今年9月初会集结10名人气旺盛的选手出一张超级女声的专辑，10月初再联合10名受欢迎的选手进行全国巡回演唱会。"

（《北京晨报》2005-08-16）

四、策划影视节目的宣传炒作点

（一）何时策划宣传内容

宣传活动是节目销售的开始，节目销售的好坏，与宣传做得好坏有着直接的关系，而这一切，都需要制片人精心策划。

节目播出前的几乎所有宣传内容其实都是事先策划好了的，并非是节目做完后，再来找宣传炒作点。一个优秀的制片人在前期策划时，就应当明确自己要做的节目有哪些主要炒作点，这些炒作点在什么时机宣传最好。一般来说，当剧本策划（或创作）完成后，制片人的宣传计划也应当制订完毕。

（二）宣传活动贯穿节目进程

随着节目进程的推进，宣传也分阶段开始了，如新版电视剧《红楼梦》的宣传计划就策划得相当好。制作公司从宣布要做此题材开始，其炒作热点就没有断过。先是题材与另一家制作公司撞车，再是导演换人，然后是在全国对新人进行海选，最后是导演与投资方对角色认定的分歧，角色造型热议，开机前投巨资修建大观园，开机后资金断链等。而制作方之一的北京电视台以及国内媒体随着这些话题所进行的宣传炒作，使该剧吊足了国内各电视台的购买欲望，吊足了观众的观看欲望。这就是宣传策划的作用。

剖析一部电影，分析其中的植入广告是否与剧情融为一体，并就此写出一份广告植入方案。

提示：产品植入、故事情节植入、对白植入、场景植入、适合行业等。

任务四　策划案要点2：电视剧内容的策划

一、策划故事

【案例1】

电视剧《金婚》创意来源[①]

那天，85岁的父亲从老家打来电话，说："和你妈闹矛盾了。"于是郑晓龙开车回家劝架，听老两口互相翻旧账，78岁的母亲向儿子抱怨："年轻时他对我可好了，可现在不再像年轻时那么关心我了。"老父亲也有怨言："一会儿说我这样，一会儿说我那样，太挑剔了。"

郑晓龙听着老小孩一样的父母唠叨着这些说过很多遍的话，只能在中间"和稀泥"，两边劝着架，"年轻的时候我爸总让着我妈，老了就不让了，一有矛盾不再像年轻时那么有自控能力了。"

劝完架，郑晓龙开车回北京，一路上想着父母的婚姻，想着他们吵架的那些事，突然想到，如果拍一部电视剧，讲两个人的婚姻，把婚姻中的方方面面都反映出来，每集拍一年，拍五十年，那不是很有意思的事情？这些想法就是《金婚》的雏形。

等回到北京之后，郑晓龙开始找编剧，试图把自己的灵感变成剧本，投入拍摄。

一部电视剧，最初一般是由策划人或制片人提出故事构想，再由策划班子进行补充完善，策划班子可以由导演、制片人、专家以及专业策划人组成。当制片人与编剧甚至更多的人一起交流、补充、完善这一选题时，这部剧就诞生了。

二、策划主题

【案例2】

电视剧《金婚》主题策划[②]

郑晓龙的初衷是通过一部编年体的电视剧一网打尽婚姻中的问题：夫

[①] http://book.sohu.com/20071030/n252957021.shtml，搜狐读书，2007-10-30。
[②] http://book.sohu.com/20071030/n252957021.shtml，搜狐读书，2007-10-30。

妻地域、文化差异问题，孩子教育问题，婆媳关系，性的问题，情感出轨问题……但婚姻中的问题包罗万象，即使长度到了五十集，还是无法一一涵盖。有的观众提意见说《金婚》中的吵架太多了，但是郑晓龙觉得他们是在通过吵架来沟通，虽然这并不是主动沟通，而且在吵架中伤害了感情，但总比不沟通来得好。他还引用了一句俗语："吵吵闹闹一辈子，不哼不哈长不了。"郑晓龙特别有感触地说了一句佟志的对白："你们觉得我们不幸福，可我们这几十年过得有滋有味的。"郑晓龙觉得这句话当中有一种无奈，而婚姻就是要承受这种无奈和痛苦，因为婚姻并不都是甜蜜的，而是有滋味的。

"但是我们缺失如何经营婚姻的教育。"郑晓龙说。他觉得不管是家庭教育还是学校教育，都没有教给我们为将来的结婚要做哪些准备，夫妻性格不合该怎么办，性生活不协调该怎么办，有孩子之前该怎么准备，有了孩子之后怎么教育，和婆婆如何交往，和丈母娘如何相处……婚姻中会面临的所有问题事先都没有得到指导，"所有的一切好像我们自然会懂的一样。确实，我们在婚姻的相处中可以慢慢摸索，但有的时候感情也就在打打闹闹中磨掉了。我觉得这些应该早点让我们知道并了解，这样才能让婚姻变得美满长久。"

家庭教育在婚姻指导的教育上是完全缺失的，甚至，家庭教育造成了孩子在结婚之后处理夫妻关系的不足。郑晓龙觉得自己是一个不够自信的人，而这和父母从来不夸奖他有关，"年轻的时候没有意识到这个问题，也没有意识到和父母的教育有关，后来才慢慢地意识到了之间的联系。"他的父母都是军人，和大多数的中国父母一样，吝于表达情感，在这样的家庭教育之下，郑晓龙说："我们都不会表达情感，很多时候都忍着，但是我们不表达别人怎么会知道呢？"而这，或许就是婚姻问题的症结。"写《金婚》有一种补偿心理。"

从《金婚》的主题策划案例中，我们可以看到制片人与编剧是如何提炼主题。每部现实题材的电视剧都会根据现实生活中人们的境况和题材的市场需求，提炼概括出一些具有代表性的问题来，让更多人的困惑与问题得到充分的展示，让更多的人去关注它，这就是主题。在制片人和编剧都有共同的生活感受时，这些问题也就成为大多数观众也同样面临着的问题。那么以此作为探讨观众心中的困惑的途径，就能使电视剧成为精准投放的"炸弹"，去搅动观众内心的那"一池春水"。

三、策划细节

【案例3】

电视剧《金婚》细节策划

《金婚》的编年体写作,五十年五十集,对于王宛平来说是个很大的挑战。

为了做到真实,剧组的"策划班子"集体贡献各种亲身经历,比如剧中佟志生了三个女儿后终于生了个儿子,一高兴,差点把儿子摔在地上,就是郑晓龙出生时的真实情景。但剧中更多的是王宛平自己的生活,比如筒子楼里的灯绳一拉就断这种"鸡零狗碎"的事情。而剧中妻子"文丽"这个角色,也有她身上的许多影子,"比如小资、浪漫、洁癖、比较简单、怕老,可能就是我自己的性格"。

对婚姻,每个人都有感受,导演郑晓龙和编剧团队每人贡献一点自己生活中的细节,逐渐确定了《金婚》的人物和故事框架。[①]

正是策划团队中策划者的群策群力,才使得电视剧中充满了大量真实而生动的细节,更准确地把握住了剧中角色的内在冲突与外在表现,以及剧中人物在不同情景下的角色反应。

任务五 其他类型影视节目的选题策划

就给观众提供详细信息而言,相较于报纸等纸媒,影视节目的能力是非常有限的,但是,它有着纸媒不可比拟的优越性,那就是能以声画的形式表现鲜活的生活。不过,在一定的时间容量里,影视节目只能提供有限量的生活图景。所以,影视节目的策划,就是选择和取舍的艺术。

一、纪录片选题策划

(一)选题类型

选取具有市场潜质的题材,这是纪录片获得成功的关键一步。

---

① http://www.china.com.cn/book/txt/2007-11/20/content_9259218_4.htm, 2007-11-20。

1. 人物与社会类

关注人物的性格、遭遇和命运变迁，思考剖析社会与时代状况。这类题材内容丰富，选题时应该注意以下几个方面：

（1）时代性。指题材能够反映特定时代的面貌，触及时代的矛盾，揭示时代的本质，体现时代的精神。

（2）新鲜性。具有人们所不熟悉但又普遍感兴趣、有别于事物常态的性质的选题，是比较好的选题。

（3）复杂性。题材所提供的内容有一定的容量，材料要足以支撑所要表达的主题和相应的时间长度。纪录片需要有一定的深度，一定的典型意义和艺术性。

（4）人文性。题材的性质应该蕴含人类普遍的生存价值和道德，应该引起人类普遍的情感体验和审美感受。

人物与社会类纪录片的代表作，国内有《三节草》《英和白》《最后的马帮》等。

2. 自然与环境类

这一类选题要注重知识性、观赏性和寓意性。

自然与环境类纪录片发展的一个显著趋势是具有科教和信息功能的同时，也具有极强的娱乐性。美国探索频道品牌已成为"最佳纪实娱乐"的代名词。2003年，我国中央电视台《探索·发现》栏目也提出了"娱乐化纪录片"的理念，明确提出要拍观众喜欢的纪录片。

自然与环境类纪录片的优秀代表作有法国的《迁徙的鸟》《微观世界》、我国与英国BBC公司联合拍摄的《美丽中国》等。

（二）结构类型

1. 人物类选题

关注人物的生活遭遇，对人物性格与命运的关注和思考。

2. 事件性选题

选取已经或正在发生的重大事件，以事件的开端、发展、高潮、结局作为基本结构框架，突出事件的新闻性、矛盾性和冲突性。

3. 纵向取材

选取历史进程中有价值的段落，记录和揭示其中的人物、事件，具有史料价值。

4. 横向取材

通过交叉或平行展现的方式，记录同一时段不同地域的人和事件，表达对社会和人生的哲学思索。

（三）选题策划步骤

1. 资料收集和市场调查

资料收集和调查研究是纪录片必需的环节。这个环节往往会需要大量的时间和资金成本，但是，这部分工作落实得越好，对题材内容所掌握的资料越翔实，片子成功的把握性就越大。

（1）题材内容的调研。

题材内容是纪录片的基础材料，特别是调查类纪录片，扎实的调研工作能有效保证以客观真实为灵魂的纪录片品质。加拿大拍摄的纪录片《性革命在中国》，43分钟，却经过了5年的调研；加拿大一位年轻华裔拍摄的反映三峡题材的纪录片《沿江而上》，90分钟，花了两年时间调研；台湾拍摄的一部老兵滞留大陆的纪录片，经过了3年调研，预案计划书有37页；国产纪录片《祖屋》在开机前，中国国际电视总公司对该选题进行了广泛的研究，在取得了大量的国内外市场调研后，才最终决定投入较大资金拍摄。

（2）对播出平台的调研。

国外的经验是制作人一般会先了解自己的题材适合哪些媒体，然后根据对方节目的具体要求来调整自己片子的制作长度、尺寸及内容。大部分纪录片是先确保有市场后，或者说他们至少已经为将来走向市场搭好桥后，才开始拍摄。因此，他们很注意播出平台的要求，针对性很强。这种操作方法要比那些先拍摄出成品，再苦苦等待销售的做法更得到认可。

2. 前期采访

与拍摄对象的沟通交流。一方面了解其景况、个性等，另一方面让对方了解该片大致拍摄目的，取得相互信任。必要的时候可以考虑签署一份拍摄许可合同。

采访之前应有初步构想，采访内容力求全面、详细、清楚明白，特别是涉及事件的时间、地点、人名、数字等。

3. 题材的可操作性评估

（1）是否适合用镜头进行表现，要知道，影视节目是靠影像和声音进行表达的，纪录片是以真实性为标志的，并非所有题材都适合拍摄纪录片。

（2）是否具有普遍适应性、提供新的视角、给人某种颖悟和发现。

（3）是否涉及法律和道德方面的问题，如果必须回避，采取什么样的方式来进行消解或弥补。

（4）对选题社会价值和历史价值、哲学意义和文化价值、民族特色和地域特色的评估、论证。内容重要、新奇，故事动人，可望产生热点效应等，都是题目入选条件。

（5）场地使用、人际协调等问题。

4. 前期策划

【案例1】

导演范立欣谈纪录片《归途列车》的策划

工业化的社会，资本和资源（包括劳动力资源），要能够自由流动，中国的工业化进程当中，人口大量迁徙，这是一个社会变革必然导致的。这种人口迁徙又是跟中国传统式的家庭价值观念截然相反的，所以我希望发现这个社会的变化是怎么把一个家庭撕裂的过程。

有很多人问你怎么找到这个拍摄对象的？我希望把我看到的这些观点在未来的故事当中反映出来，所以就会找家里有这样的孩子，有这样的家人的家庭，要经历了整个中国改革开放的过程，孩子要在这种临界点上，他是留还是走，这个家庭的未来都是处在一种临界点上，我是找这样的家庭。

我带着这些目标出发，找角色，进行拍摄。

（《青年电影手册》2012 第五辑）

选题策划往往需要集思广益，许多作品职员表中的监制、策划、顾问、制片人、编导等人员，都在不同程度上介入了策划。

先期策划包括主题策划和效果策划，对基本创作方法的构思，比如使用跟踪拍摄还是综合手段；对片子的基本表现形式，比如说拍摄者是否出镜、是否使用解说词和音乐等，进行考虑。先期策划对内容、结构、形式的策划则可以比较宽泛，以便为采访拍摄以至后期创作留下充分的余地。

5. 经费预算

经费预算是选题策划不可少的部分。对经费筹措渠道也应进行通盘考虑，争取赞助人、基金会或者电视台等机构资助。

6. 市场预期

市场预期要明确。从市场细分到选择目标市场再到产品定位，都要合理科学。

Discovery要投入一个节目，在概念构思过程里就已经跟每一个播出地区的前线工作人员或者广告的销售人员去研究，这一类节目是否有市场，是否有广告，甚至细致到中国是否会买这个版权，美国是否会买这个版权。这样投资就会有保证。

（四）策划文案

如果片子需要获得公司或机构的资金支持，首先必须写作一份策划文案，让对方确信你已经为制作的各个环节做了足够充分的准备。策划文案一般包括以下几方面的内容：

（1）预计的片名。

（2）制作的缘由：选题的原因、选题的来源、选题的社会文化和心理背景，试图揭示的内容和阐发的主旨。

（3）拍摄对象的主要特征介绍，比如人物的心理动机和行为方式、事件的因果关系和进展转折、环境的空间特性等。

（4）对片子的初步构思：片子的主干部分以及大致结构方式；片子的行进推动方式；片子的风格、切入角度等。

（5）已作的前期准备，包括已查找的档案材料、已拍摄的内容、与被拍摄者的联络情况等。

（6）预计拍摄周期。

（7）该片的主创人员，包括导演、摄影、录音等人。

（8）拍摄制作预算：调研费、拍摄费、后期制作费、人工费等。

二、电视栏目的策划

（一）了解市场，树立"受众本位"意识

欧美的广播电视业很早就有"受众本位"的意识。他们一直重视对受众的研究、分析，目的在于了解受众市场的详细需求。所以在美国和西欧，新的节目样式不断出现。

在我国，上星节目的增加，有线电视带宽的增加，新媒体的崛起和电视节目市场化运作，这一切，都为观众分层、分赏，即节目的市场细分奠定了基础。敏锐感知市场需求，找准了节目的目标观众，就能为栏目进行准确定位。

（二）电视栏目策划的目标和原则

1. 目标

策划目标的明确性：栏目风格、节目风格、预期效果、主要人物相关情况要明确。

策划目标的可行性：与电视节目生产和运作的外部环境相适应、相协调。符合生产和运作具体实施者的实际条件和能力。

策划目标的伸缩性：如果环境发生变化，策划方案应随机应变，随时修正和调整。

2. 原则

电视栏目策划的最基本原则：实用性原则、创新性原则、效益性原则、权变性原则。

效益性原则是指社会效益和经济效益。社会效益是首要原则，指通过策划的节目，对人们的思想情感起到宣传、教育、启迪和熏陶作用。经济效益是指通过策划和生产的电视节目，获得经济上的回报，通过电视媒介的经营获得效益。

（三）策划文案

整理策划成果，形成策划方案。对"创意"和"点子"进行整理选择时，

注意挖掘"三性":唯一性(避免雷同)、排他性(增加高度、力度、精度)、权威性。

提交策划方案:向决策层提交策划方案,向决策者和具体实施者阐释策划方案,监督策划实施和总结策划得失,从而积累策划经验,以便今后把策划工作做得更好。

文案要素:指导思想、艺术构思、结构形式、市场调查、收视预期、成本回收和盈利分析等。

【案例2】

《实话实说》的创意策划[①]

第六期《实话实说》,我和小乔命题为"儿童游戏"。计有铁环、弹球、烟标、弹弓、攻城、沙包、跳房子、羊拐、毽子、纸飞机、砸驴……我说,这节目好看,演一遍就行。小乔说,也有意义啊,游戏多强身健体,现在不兴全民健身吗。题目说给也夫,他也喜欢,遂定下他做本期策划,也夫塞给我一本书,他写的,让我好好看看,看完再谈。

也夫这样说"儿童游戏"——他说,游戏的功能是增强体魄,开发智力,促进交往,带来欢乐。游戏是儿童模仿社会生活的启蒙老师。最简单的游戏也有规则,所以,儿童在游戏中最先懂得遵守规则,学会扮演角色,履行职责。儿童在游戏中产生了最初的集体观念,知道了合作与交换、权利与义务,并且在竞争中初次体会胜利与挫折。游戏在刺激儿童的主动性和进取心。儿童必须在与同龄伙伴玩耍、打闹、博弈、友情、冲撞以至恶作剧中锻炼。一个健全的人需要的不仅是理性的知识,而且是人格的发育和情感的成熟。后者只能在"游戏竞争"中获得。游戏与工作不同,工作追求结果与收获,游戏只追求过程中的快乐。关于游戏的安排,实际上个人能力有时非常小,一个家长可以给孩子买钢琴,但很难为孩子添置一个操场、10个伙伴和11个对手。席勒说,只有当人充分是人的时候他才游戏,只有当人游戏的时候他才完全是人。赫因加说,文化是以游戏的方式产生的,文化从一开始就是游戏着的。

——我的天哪,我看得昏头胀脑,这是我说的弹弓子那回事吗?……夜深时,我读完也夫的书,目光呆滞,掩卷沉思。如果我们每个节目都要

[①] 崔永元:《不过如此》,华艺出版社2001年版。

承载这样重的知识负担，非出人命不可。即便如此，你自认为已经懂了，他们也未必满意。

果然，第二天也夫听我汇报完读书心得后，随口说，还行，你基本上入门了，不过，你还得去北师大找一趟桑新民教授，他是系统研究儿童游戏的。我的天哪……

无知时，我们无畏。沾了知识，我们体会到重新做人真好。我们崇尚知识以后，都掸了掸肩膀，扛上一捆文化塞进节目做背景。还是那些家长里短，文化着说，就显得很有品味。

下面的节目表各位可以对照着看。（节目表面文章——讨论弦外之音）

拾金不昧要不要回报——道德与法律的关系

远亲不如近邻——固守社会传统与尊重个人隐私的分寸探讨

夫妻间是否需要"一米线"——东西文化的碰撞

捐款结余怎么办？——良心和规范

装修的滋味——尊重个性与宽容共性

家有琴童——功利与素质

村里的故事——大法与乡规民约的关系

三、专题片策划

（一）专题片的市场

专题片是一种市场化很高的电视节目类型，它最大的优势是在一定的时间长度内，能够准确、快速、生动、形象地对对象作集中展示。对于企业、城市、产品的宣传推广来说，电视专题片是一种直接、主动、精确、有效的形象推广好方法。因而专题片是一种很受市场欢迎的影视产品。

（二）专题片的分类

从风格上分纪实性专题片、写意性专题片和写意与写实综合的电视专题片。

从内容上分城市形象专题片、企业形象专题片和产品形象专题片、活动专题片、人物专题片、新闻专题片、广告专题片。

从文体上分新闻性专题片、纪实性专题片、科普性专题片与广告性专题片。

（三）专题片的选题策划

（1）需要从主题选取、拍摄技巧到后期包装等多方面进行精心策划。

（2）片子的"可视性""节奏性"和"观赏性"对吸引受众具有重要作用。

（3）形成策划书，交投资方审阅，并进行沟通。

策划书里可包括专题片的基本理念、定位、宣传重点、风格、篇章设计、表现手法等。

方案完成后必须确认：这样的思路是否能有效地表达片子的主题？有没有足够的场景和画面，足以把这个片子做成节目？节目能否有信息量和可视性。叙述的关键点在哪里，以及怎么来叙述它。

【案例3】

索菲特大酒店策划书

一、诉求点阐述

索菲特大酒店从其定位来说是超五星级商务型酒店，内部装修豪华，功能设施齐全；从文化风格上看是欧洲风情与东方文化的有机结合，其大堂、会议厅、宴会厅、各类餐厅和客房处处均流露出这种艺术韵味；而尤为与众不同的是客房——这个商务客人在里面办公、休息所待时间最长的场所，里面的每一个细节设计，都非常人性化地考虑到了客人在其中的生活方便并能满足客人的精神需求，这间一应俱全的屋子，可谓是客人在商务旅途中的一个温馨的家，可让客人在此解除一天工作的紧张，缓解身心的压力。

我们从酒店的这些品质中提炼出索菲特大酒店与众不同的特点：商务功能、文化品位、温馨如家。

故，我们将本片的诉求点定为：

商务人士高贵、温馨的家。

二、拍摄重点

索菲特大酒店中有众多的功能区和服务设施，我们将从中选择与商务客人关系最密切的"会议、客房、餐厅（酒吧）"这三个点来体现"商务人士高贵、温馨的家"这个诉求。给所有住店的客人和将要住店的客人一个直观的印象,并将这个概念深深地植入到他们的内心,使其作为酒店今后的品牌宣传定位。

三、拍摄构想

1. 拍摄要点

紧紧围绕"商务人士高贵、温馨的家"这个诉求点,在"高贵"和"温馨"上做足文章:

高贵,指装修的豪华,文化的品位,细节的精致;

温馨,指设计的人性,功能的齐全,服务的周到。

因此,我们既要拍出酒店的恢弘和文化的品位;又要拍出酒店的温馨氛围,更要拍出这种氛围传递给客人心灵的抚慰。让每一位客人看到这个片子,都会感受到一进入索菲特酒店就像是回到了高贵、温馨的家。

2. 艺术手段

在本片里,对索菲特大酒店的介绍,我们将摈弃常见的用旁白的做法,而是着重以流淌着的画面展现酒店本身出众的品质。因为在这个豪华、精美的酒店里,一切赞美的语言都是苍白的,任何旁白都显得多余。而且会破坏流畅的画面。正犹如面对一个正在自由嬉戏的美少女,旁人的赞美声会惊吓着她,会让她的自由展现呆滞下来。所以,我们最多是静静地在一旁用赞美的"手势"——字幕,来向客人介绍她(索菲特大酒店)的一切。

3. 片长

三分钟。

【案例4】

策划书:《三十年沧桑巨变 光影一路相伴》节选

总论:

1.《时代》

阐述:改革开放,这原本就是一场伟大的叙事,而且它还在进行之中。

1978,改革开放元年,这年冬天,十一届三中全会的召开,实践是检验真理的唯一标准的提出,中国以开放的姿态面向世界。

1978—2008,三十年沧桑巨变,亦有光影一路相伴。

中国电影也迅速地从禁锢到开放,不管是影片的数量还是质量,都迅速提高，也直接带动了中国电影的复兴。重新恢复的百花奖选票在1980年达到了150万张。众多现实题材的电影更是因为从各个方面直接触及社会的变革，直面普通人在变革下的喜怒哀乐，也无不牵动亿万观众的心。三十年来，那些在我们身边涌动的潮流，生动的面孔，闪亮的日子，让我们刻骨铭心的场景，被中国电影有意和无意的记取。

本集线索：设置四个板块《日子》《潮流》《面孔》《场景》的意图，并选取四个板块里"关键词"的精华予以呈现。

我们回首，不是怀旧，而是发现，发现我们在行走的过程中怎样进入了历史。与此同时，我们依然用开放的姿态面对世界。

三十年不管怎么变化，中国电影的镜头始终在纪录我们生活的这块土地，这个空间令人惊讶的变化，记录着人的解放，人性的解放的动人故事，纪录着一个个让我们怦然心跳的"时刻"。

结语部分：以改革开放三十年当中的"大事件"为主。比如"小平您好"，比如特区建设，比如女排拼搏精神（80年代的"士兵突击"）比如香港回归，加入世贸组织，比如抗洪救灾，抗击非典，奥运会等。

片源：

80年代初有代表性的电影《小花》《庐山恋》等。

《走出地平线》直接描述第一个实行农村承包责任制的故事片。

《天云山传奇》《泪痕》《牧马人》等落实知识分子政策，为冤假错案平反。"解放思想，实事求是"。

《沙鸥》女排拼搏精神。

《大阅兵》"小平您好"。

《他在特区》特区建设。

《我的九月》亚运会。

《邓小平》结尾部分，邓小平南行讲话。

《飞上九重天》卫星发射。

《你好太平洋》特区建设十周年。

《爱在香港》《婚礼定在回归日》香港回归。

《荔枝红了》"三个代表"重要思想。

《惊涛骇浪》1998年抗洪救灾。

《世纪之梦》三峡工程建设。

《惊心动魄》《38度》抗击非典。

《浪漫街头》申奥成功。《买买提的2008》《筑梦2008》奥运会召开。

日子篇

2. 车子

阐述：出行的方式，三十年有了天翻地覆的变化。20世纪70年代，美国总统布什曾骑着自行车在北京的街道行走。以拥有一辆凤凰牌或者永久牌自行车为荣的中国人在20世纪70年代，根本没有想象将来有一天会拥有属于自己的摩托车，小轿车，或者改为打车，搭乘四通八达"开往春天"的地铁。

本集线索。

（1）出行方式的变化。梳理三十年出行方式的改变，开头是自行车、公交车，然后有了地铁，出租车（包括面的），然后有了私家摩托车和小轿车。

（2）买车的悲欢。车子成为身份的象征，想拥有车，学车，以及拥有了车之后，人的命运和故事。开摩托车谈恋爱，开私家车谈恋爱。尤其是私家车，私家车意味着改革开放我们有了属于私人的东西。

片源：

自行车：《孔雀》工厂门口，《爱情的牙齿》胡同，《阳光灿烂的日子》胡同，《民警故事》警察上下班的工具。《电影往事》送水。《17岁的单车》自行车变成了送快递的工具和少年玩车技的道具。

公共汽车：《小字辈》《北京你早》。

摩托车：《摇滚青年》《大腕》《雅马哈鱼档》。农村题材电影也不少摩托车。

《父子老爷车》爷俩用老爷车做买卖，后来车出问题闹了很多笑话。

面的：《上车走吧》。

出租车：《女人TAXI女人》《离婚大战》当年开出租车是很时髦的职业，收入也高，现在则是郊区的开出租。《带轱辘的摇篮》《夜上海》《的士情缘》《夏日暖洋洋》《午夜出租车》《浪漫街头》《北京的哥》《天天有太阳》。

地铁：《开往春天的地铁》《左右》。

买车：《咱得有辆车》。数字电影。把买车的心理挖掘得淋漓尽致。

学车：《红灯停绿灯行》《老妈学车》（数字电影）。

拥有车后的故事：《手机》《站直了别趴下》《命运呼叫转移》。

《天下无贼》，车不好人好。以为看到宝马人就好了。

《一声叹息》一个车里出现很多电影学院的演员。

《没完没了》，傅彪将车借给葛优开；《绿茶》张弛赵薇见面，装大款开着捷达；《甲方乙方》拥有了财富拥有了车，最后厌恶了这种生活。

《时尚先生》把车烧了，后来又买了辆车，说没有车很多地方进不去。车变成了身份的象征。

（程青松 提供）

第三单元内容要点

策划就是对即将采取的行动提供系统支撑的方案。

策划的作用包括：说服大家共同做一件事，阐明做这些事的收益，说明完成此事的保障。

影视节目策划案一般包括项目概述、项目背景、题材分析、内容分析、市场分析、投资资金、制作团队、节目销售、宣传计划、制作计划等内容。

影视节目还应从经营的角度进行策划：

从植入广告、拍摄地赞助、制作费用赞助、企业赞助、政府资助等方面策划影视剧的赢利点；

从设计形象、树立品牌、开发衍生产品、授权销售等方面策划动漫产品的赢利点；

从节目冠名、广告赞助、奖品赞助、电信服务、策划宣传炒作点等方面策划电视节目的赢利点。

影视节目内容的策划：

电视剧内容策划包括故事策划、主题策划、细节策划等。

纪录片策划选题类型包括人物与社会类、自然与环境类两大类。选题策划步骤包括资料收集、前期采访、题材的可操作性评估、前期策划、经费预算、市场预期等。

电视栏目策划要了解市场，树立"受众本位"意识，应包括指导思想、艺术构思、结构形式、市场调查、收视预期、成本回收和盈利分析等要素。

专题片策划应考虑基本理念、定位、宣传重点、风格、篇章设计、表现手法等要素。同时还要考虑"可视性""节奏性"和"观赏性"。

补充阅读书目

杨健:《拉片子》,作家出版社 2008 年版。

中国传媒大学广告学院《媒介》杂志社:《中国优秀原创电视栏目宝典》,中国市场出版社 2008 年版。

阚乃庆,谢率:《最新欧美电视节目模式》,中国广播电视出版社 2008 年版。

胡智锋:《电视节目策划学》,复旦大学出版社 2012 年版。

游洁:《电视策划教程》,中国传媒大学出版社 2007 年版。

单元能力测试题

开放式书面作业:

1. 根据策划案的基本构成对一部知名电影进行剖析,写出策划案。

2. 剖析一部电影,分析其中的植入广告是否与剧情融为一体,并就此写出一份广告植入方案。

3. 写一份以学校生活为内容的纪录片选题策划案,包括策划文案、选题申报表、故事梗概。

4. 为本校策划一部招生宣传片,写作策划案、脚本。

5. 策划一部长度为 5 分钟的微电影,并写作微电影分镜头剧本。

单元技能测试记录表

鉴定内容		鉴定方法		鉴定人签字		
鉴定成绩		鉴定时间		被鉴定人签字		
关键技能		评价指标		鉴定结果		
				通过	未通过	

鉴定者评语：

课 程 评 价 表

姓名：_____ 日期：_____

当你完成了本单元的学习，我们希望你能对下面的项目提出你的建议。

请在相应的栏目内打钩	非常同意	同意	没有意见	不同意	非常不同意
1. 这一单元给我很好地提供了关于影视节目策划的综述					
2. 这一单元帮助我理解了影视节目如何以经营的角度进行策划以及内容策划的原理					
3. 我现在对尝试写作各类影视节目策划案更有自信了					
4. 该单元的内容适合我的要求					
5. 该单元中举办了各类活动					
6. 该单元中不同的部分有机融合					
7. 教师待人友善、愿意帮忙					
8. 该单元的教学让我做好了参加评估的准备					
9. 该单元的教学方法对我学习起到了帮助作用					
10. 该单元提供的信息量正好					
11. 评估与鉴定公平、适当					

你对将来改善本单元的教学有什么建议？

_____

_____

能力单元四

制作影视节目的钱从哪里来

任务一 到哪里筹集资金做节目

中国电影融资渠道多元化 直接投资仍是主要方式

第 15 届上海国际电影节公布的数据显示，上海电影节期间，各家公司达成的投资意向超过 750 项，仅国影基金、航美迅雷-壹基金、华谊战略合作、红利基金等几大基金就签订了价值 32 亿元的合作内容。作为最具投资潜力的文化创意产业投资项目之一，电影投融资金额逐年增加，方式也更加多元。

财道 1 直接投资

作为电影投融资市场中所占份额最大、最普遍的方式之一，直接投资的应用范围最为广泛。一般情况下，直接投入资金的投资方，有权分配该电影的未来收益，投资模式清晰，收效也很快。

以《失恋 33 天》为例，这部影片投资额为 900 万元、宣传发行成本 600 万元，总成本 1 500 万元。绝大部分资金来源于东阳新经典影业有限公司、北京国泰兴安咨询中心等 5 家联合摄制机构的直接投资。这部电影最终票房高达 3.65 亿元，如果加上网络版权、音像制品销售所得的 1 000 万元，按照制片收益为总票房的 30%计算，投资回报近 1.5 亿元。

电影属于"大投资、大收益"的投资类型，投大成本电影项目依然是直接投资资本的主要目标。市场上的投资资本基本上会选择已经有 2 000

万~4 000万元作为垫底、能够稳定运营的电影投资，投资方在投资前主要审查的不是电影的艺术高度，而是项目是否已经建立起来进入了实质运作阶段。

目前直接投资电影的方式主要包括债务投资和票房分成两种。债务投资会保证投资资本的利益，得到固定的收益，但资本投资电影与投资其他项目的差别不大，选择该类投资的资本相对较少。业内更倾向于按照票房比例进行分成的形式投资，按照所占股份份额获得票房收入，风险更大但收益也就更大。

财道2　银行贷款

张艺谋导演的电影《金陵十三钗》既创下了国内电影投资的纪录，更创下了国内银行给电影项目贷款的最高纪录。数据显示，总投资额6亿元的《金陵十三钗》得到了1.5亿元的银行贷款。有电影投资人透露，由《金陵十三钗》引发的电影申请银行贷款热潮也已逐步兴起，原本未打算涉足银行贷款的电影项目也开始寻求银行方面的合作伙伴。

《2012中国电影产业研究报告》（以下简称《报告》）指出，2011年，工行、建行、农行等大型商业银行先后和文化部签署协议，建立文化产业项目集中推荐机制；江苏银行、民生银行、华夏银行、招商银行等通过无形资产抵押等创新金融产品，支持了大量电影的拍摄工作。

虽然银行正在逐渐开放对于电影项目的贷款投资，但是顾彤坦言，选择银行贷款的电影项目以少数实力雄厚的大型影视公司的大型投资项目为主，因为这些企业都拥有着强大的还款能力。

顾彤强调，银行在为电影贷款前，必须找到明确的还款来源，部分影视企业选择将上一部影片的收益或者将企业的其他方面业务的应收账款作为质押或还款来源。"新画面影业董事长张伟平为获得民生银行的贷款连自己名下的房产都抵押给了银行。"顾彤透露，新画面最终拿到了3亿元左右的票房收入，民生银行的贷款已基本还清。

很多投资人都表示，目前评估、抵押都是影视公司在获得银行贷款中遇到的关键瓶颈。魏鹏举表示，电影公司或者电影项目要拿到银行贷款必须提供出银行认可的有效质押物，中小影视企业很难解决这个问题。

目前，顾彤所在的中国融资租赁有限公司等再担保公司正在积极地为影视企业承担融资担保业务，作为代偿主体间接投资电影。

"这类公司确实帮助不少影视企业解决了电影融资难的问题，但随之也为片方带来了更多的融资成本。"魏鹏举坦言，担保公司要承担担保的较大风险,所以会按照贷款额度的百分比收取担保收益,分成比例相对较大。

财道3 电影基金

电影基金作为新兴投资模式也开始广受关注。数据显示,截至去年11月,我国已有111只文化产业基金,已经披露规模的基金有83只,总规模折合达1 330.45亿元。《报告》指出,这些文化产业投资基金包括政府引导投资基金、产业型投资基金、专业PE、VC等投资机构以及产业整合投资基金几类。

在中国规模较大且较活跃的基金除了中国电影集团公司、上海电影集团公司和华谊等较早从事电影制作的投资方,基本上都是在电影产业链一个或多个环节有一定产业影响力的投资主体。不过,在近期,专业股权投资基金、产业整合投资基金逐渐发挥着更大的产业影响力。

"电影基金把不同来源的分散资金汇集在一起集中投资。根据基金内部协议不同和出资人所占比例来决定最终的实际收益分红。"魏鹏举表示。

以完美时空公司为例,其旗下完美文化传播有限公司分别投资1.1亿元和8 230万元现金入股北京鑫宝源影视投资和上海宝宏有限公司,而这两家公司主要经营影视拍摄、制作和发行业务。投资后,完美时空去年一季度营收6.25亿元,同比增长47%;净利润3.05亿元,同比增长41.6%。

财道4 广告投入

去年,我国生产故事片558部,无论亏盈,只有不足300部影片进入票房市场,其他近一半的影片从最开始就失去了竞争的机会。对于如此高程度的投资风险,越来越多的影视企业选择了稳妥的广告投入作为其投资电影的主要模式。

"从《大腕》开始,冯小刚就在电影中大量植入广告,以此获得前期收入。"魏鹏举表示,部分电影凭借广告收入和预售版权等方式在电影上映前就基本收回成本,甚至获得少量盈利。

顾彤解释,众多业外投资方投资电影不仅是因为电影能为其带来丰厚的票房收入,还因为电影作为一种传媒手段可以帮助企业扩大品牌影响力,"企业用植入或者贴片的形式,将广告融入到电影之中,大大节省甚至抵消了公司的广告费用,企业所获得的影片票房分成几乎成为其净赚的收入"。

有电影投资人向记者表示,虽然电影中出现植入、贴片广告的形式可能会影响观众的观看效果,但是大部分企业还是在乐此不疲地寻找电影为自己打广告,"当片方不遗余力地向全国观众宣传电影的同时,也已经把电影中的企业广告宣传给了影迷,企业相当于坐收渔利,投资风险也降低了很多"。

财道5 其他融资

不完全统计显示,去年我国电影制片投资主体已经超过1 200家,而在2002年,我国电影制片投融资主体只有不到70家。

除了以上提到的4种电影投融资模式之外,版权预售、政府出资等方式也被业内人士归纳为电影获得投资的主要手段。

"随着网络视频兴起,影视剧在准备投拍之前,就将版权预售给电视台或视频网站,但由于电影的投资成本高、风险大,预售版权的时机有所不同。"魏鹏举分析,电影预售版权,一般在该片资金到位、剧本完成、剧组团队基本形成之后才全面展开。另外,政府投资由于金额相对较少,一般会成为中小成本影片寻找的主要投资资本之一。

"总体来说,市场上的大成本电影因为资金量需求大,一般会选择直接投资、版权预售、银行信贷等模式,中小制作影片会主要盯准政府资金、直接投资等模式。"魏鹏举分析。

虽然电影投资方式日渐多元,但仍有不少电影制作方因为投融资困难,最终影响了电影质量。去年备受好评的电影《钢的琴》制片人胡子告诉记者,虽然开机前片方拥有好剧本、好导演,但很多投资方根本不看电影的发展前景。

"导演张猛在开机前只剩了7万元,一边开机拍摄一边筹钱,刚开拍20多天就只剩了47元,连午饭都买不起了。"胡子感慨道,现在的中小成本影片由于巨大的成本压力,必须把拍摄周期控制在30~40天之内,否则到最后只能沦落到将版权卖给其他公司,无法参与票房分账的局面,希望更多的电影投资方能够对中小电影企业和中小成本影片投入更大的信心和关注。

(节选自《北京商报》2012-07-07)

一个好的创意在制片人的努力下形成完整的策划案后,就需要资金投入将其变成产品。到哪里去筹集这笔资金来制作节目,这是很多制片人经常会遇到的难题。很多初入行的影视从业人员到这个时候,往往就会发愁。

一般制片人在考虑资金的来源时,不外乎有这样几种思路:一是用自己的钱做,一是借别人的钱做,一是说服投资人投资让你做。不同的选择意味着有不同的风险及回报,更意味着制片人融资能力的不同。

一、由谁筹资?

节目从策划开始后的每一个环节,都需要资金的投入,没有资金的介入,项目的实施就寸步难行。但节目所需资金究竟应当由谁出面筹集?又有谁投入资金呢?

在影视节目制作过程中,所有参与者都有明确的分工:艺术家及相关技术人员是节目的生产者,他们的工作重点是怎样将产品做得更好看;而制片人是节目的经营者,他的工作重点是如何融到资金,为艺术家及相关技术人员提供良好的工作条件及资金保障,以确保艺术家们可以全身心地投入创作,提升产品的艺术质量。

作为项目的总责任人及操盘手,项目所需要的资金,都应当由制片人全权负责筹集。

那么,为什么有人会投资呢?

【案例1】

资本终于在电影上嗅到了钱的味道

我们有理由相信,中国电影至少有十年以上的高速发展期。这是一个黄金年代,资本已经整装待发,但我们自己准备好了吗?

我所在的建外有一个环境优雅的咖啡厅,一天,我被一家投资公司老总约至此处见面,在等候的时候吃惊地发现周围人们谈论的议题都是自己的文化公司如何上市。

自从华谊兄弟上市之后,电影业迅即热闹起来。资本有着嗅觉最为灵敏的鼻子,他们首度在中国电影业中嗅到了钱的味道——华谊兄弟的上市从某种角度给了资本巨大的想象空间,电影产业从一个不能量化产品和产值、不能计算年固定收益率的行当,变成了可以通过上市来获得利益的载体。一时间风投、PE、甚至天使投资人和传统产业的投资人一窝蜂地聚集在表现良好的影视公司周边,他们跃跃欲试并面色红润。

圣经里有一个故事,当你看到苹果树上那只成熟的苹果时,就有理由相信整棵树上的苹果成熟之后都是那个样子。这是资本最愿意询问的一个问题:你的公司的项目标准化吗?项目有可复制性吗?

从理论上讲,关于电影的全套流程是标准化的,程序大同小异:项目定位、开发;资金组合、制作、后期、宣传发行;资金回收。最难处理的是最后的资金回收——一部电影既可以让投资商赚至钵满盆满,也可能让他们颗粒无收。产品的利润回收永远无法标准化,资本在试图了解一个电影公司的时候大都有老虎吃天的感觉,他们以往的专业知识和在江湖上积累的丰富经验在这个复杂的行业面前显得毫无用处。于是,有知难而退者,也会有激流勇进者。

电影行业是少数几个令人上瘾的产业之一,其极端名利化的属性,使得人们有一夜暴富一夜成名的机会,所以即便在行业环境最不好的阶段,欲进入电影业的投资者也前赴后继。

当今世界,随着新技术的大范围应用,全球经济政治逐步一体化。中国的政治经济地位也在国际上日益凸显,但在文化输出上,中国还未充分体现出一个大国应有的气质。当政府觉得文化必须成为一个重要的国家战略时,接二连三的文化产业扶持政策出台了,电影环境大为改观。越来越多的影院如雨后春笋般生长起来,银幕数量的剧增给内容制造商提供了无限的施展空间,所以就出现了开头的一幕:资本争先恐后进入这个行业。

不过,电影公司在这种情况下极有可能成为一个又一个贩卖概念的公司,从原来只需要从产品内容、营销方面进行运营的公司,过渡到以上市为终极目的、在整体操作上要为不同的战略合伙者编织有资本想象力故事的公司。于是,我们看到金英马、海润、小马奔腾、太和等一系列影视公司循着华谊的脚印奔向资本市场。

资本是一剂兴奋剂也是一把双刃剑,在这个群雄割据、新的产业规模和格局即将形成的年代,谁会在资本助推下快速发展壮大并最终成为中国的"八大电影公司"?这是一个令人兴奋的话题。

我们有理由相信,中国电影至少有十年以上的高速发展期。这是一个黄金年代,资本已经整装待发,但我们自己准备好了吗?

(《综艺报》2010 年第 8 期)

【案例2】

行业大佬共商多屏时代下的电视剧[①]

多屏时代下对电视剧的投资方、营销和发行，毋庸置疑，更应该要有战略眼光。克顿董事长吴涛、耀客传媒吕超、新丽传媒副总裁张文伯，这三位不同领域的专家，都在自己擅长的领域里提出了自己的观点。

克顿董事长吴涛，有很清醒的认识，他坚持从收费的群体喜好来决定是否投资，而不会从单一剧的点播费去考虑就决定投资。"首先是不亏本的买卖"，他又指出，即使是成功的《纸牌屋》，也要弄清楚喜欢这部剧的人是不是都是最终会付费的人，"所以，成本要控制在一个水平上。"以投资者的目光来看，多屏时代，胜算有多大，还是要考虑竞争风险的问题。

但来自新媒体的口碑却一定是投资时参考的衡量标准。克顿参与投资的《爱情公寓3》，就充分考虑到了网友的受众需求。而且吴涛充分考虑到了传统媒体与新媒体的核心受众是什么，再决定投资的度怎么分配。

资本的本质就是逐利。为了获得利润，资本总是流向高利润行业，通过对项目的购买、产品生产和产品售卖3个阶段，实现其增值。一个好的节目创意，可以使投资人的资本实现增值目的。

此外，制片人还应当明白一个事实，就是自己所策划出来的项目也是一笔可观的无形资产。在知识经济时代，由知识、信息等智力成果为基础构成的无形资产已经成为发展经济的主要资本。知识资本一旦与货币资本相结合，便会爆发出巨大的能量，产生出巨大的利润。

二、到哪里筹集资金

一般说来，一个有着丰富经验的制片人，在长期的制片生涯中，凭借作品、能力以及影响力，已经建立了自己相对稳定的融资渠道。手中一旦有了成熟的项目时，便会从以下几个渠道进行融资。

（一）影视机构投资

1. 基本情况

影视制作机构是影视节目投资的主体，这些机构中既有国有的，也有

[①]《行业大佬共商多屏时代下的电视剧》，http://ent.qq.com/a/20130613/001502.htm。

民营的，有合资的。无论其体制如何，除了少量的自有资金外，影视制作机构大部分资金是来自银行、企业和各类基金投资。然后用这些资金投入到所看好的影视节目中去。

他们不但有专业的制作队伍，而且对影视市场和受众喜好非常了解。生产影视剧并获得利润是其主要任务。那些有一定实力的制作机构，往往既是投资者又是生产者，通过影视节目的制作、发行、放映等诸多环节获得利润。

2. 利弊分析

影视公司作为同行，对项目的价值及市场前景是非常了解的，对项目的运作也非常熟悉，所有问题都很容易沟通，这是与同行合作的优势。但这个优势对于一个拥有项目而需要获得投资的制片人来说，却又成了劣势。一般影视公司都会要求制作双方共同出资，共担风险，并按双方出资额多少来决定对节目制作的控制权和利润分配比例，这样的合作将使制片人不仅不能完全达到融资目的，还会因此投入一笔资金，才能达到合作之目的，若不另外投入资金，仅以项目折价作为投入，则只能占很少的份额，从而失去对项目的控制权。

（二）企业投资

【案例 3】

小 心 资 本

最近两年，电影投资越来越热。如果说前两年各类资本还是像兀鹰一样在电影圈周围盘旋的话，那么现在很多都是"俯冲式"扎下来了。之前北京电影季上，眼见着一个个后缀带着"亿"的数字往外冒，真给人种盛世降临的错觉。

从媒体的立场来讲，看待所谓资本的力量还是应小心为是，因为钱多并不解决实际问题。中国电影现在最缺的是专业人才、类型等相关资源。资本密集虽然会使项目增多，可专业资源还是那些。比如一个知名的美术指导，以前可能一年也就做一两部戏，现在门口却有十几个项目拿着翻倍的酬劳在等。此种情况下，别说活儿细过以前，能不越做越糙就很不错了。

如果说前两年电影运作最大的难题还是找钱，那么当前的主要挑战则变成了如何再把钱给投资人找回来。这是属于制片人而非投资人的专业问题，不能假借资本的力量来解决。很多人似乎不相信，但迷信市场和资本其实也是一种迷信——迷信就是迷信。看看意马（Imagi）这样的，一步就登了天，紧接着一步就又下去了。

曾和熟人聊到现在的某些乱象，有句笑谈："业外资本的问题是不知道自己想要什么，而专业资本的问题是自以为知道想要什么。"以前谈到香港电影上世纪末的没落，很多人都会归咎于创作人才流失、海外市场萎缩等表面之词。但和徐克导演聊时，他提到的一点关键是资本对电影创作的行政干预增多，"90年代香港电影开始不景气，很多投资流走了，而资方市场的供不应求就变成了老板决定一切，几个高层在决定做什么电影，但这些恰恰是最没有创意的人，结果自然是跟风滥拍。"

虽然香港当时的问题是钱太少，内地目前的问题是钱太多，但二者表现确有相似之处。作为产业记者，最郁闷的事情就是眼看着该死的没死，不该死的却死翘翘。比如前不久的某古装大片摆明了是个甲方意志的产物，偏偏还就挺卖座，而另一部有心创新的中等制作却默默无闻地为市场的喧嚣所淹没。要知道榜样的作用在当前可能会是无穷的——就像上面那种情况，导演、制片会说：哦，原来玩新鲜的没活路，老板会说：哦，那咱们还是什么安全拍什么。最后大家都一溜儿跑去拍大片，观众紧跟着就得买单。

问题很明显，但眼前似乎看不到解决之道。呼唤观众理智消费无疑是不靠谱的，毕竟呼吁了这么多年也没见"上帝"们少买点儿盗版。说到底还是得电影人自己更有担当，不过很遗憾，这好像也没什么谱。前两天翻到《南方人物周刊》采访贾樟柯的一篇旧文，谈到第五代导演近来的创作，小贾说不是能力退化而是态度出了问题，"压根没把心力放上去"。但是电影可是电影人自己的"家"，别以为最终吃亏的是观众，他们就算厌倦电影了还有其他很多东西可玩；资本的本性也是流动的，大不了打一枪换一个地方。但电影人不干这个又能干嘛？所以还是想引用一句不太文雅的美语做个逆耳忠告：Don't shit where you eat.

（《综艺报》2011-05-26）

1. 基本情况

很多企业发展到一定程度后，也会考虑投资影视节目。目的之一是希望通过投资影视节目来建立企业文化，扩大影响力，随着影视节目的播映，树立企业形象和提升企业品牌，在品牌影响力作用下实现产品的营销；目的之二是通过投资影视节目直接获得丰厚利润。他们是影视节目潜在的投资人。

2. 利弊分析

从企业融资是非常好的渠道。企业需要通过投资影视节目实现企业形象和产品品牌的提升，带动产品的营销，而制片人可以获得资金制作节目，这是一种双赢的效果。这种合作一般是风险共担，制片人所承担的资金风险较小。合作过程中双方可充分发挥各自的优势，各得其所。这种合作中，制片人首先可能会感到吃力的事情就是要与企业进行多次反复的沟通，才能让企业明白项目的市场价值；其次是有些企业领导会按照自己的爱好干预制片人对演员的挑选等工作；最后是投资方会拿走近60%~70%的利润。

（三）银行贷款

【案例4】

银行贷款案例[①]

2008年5月14日，北京银行与华谊兄弟传媒股份有限公司在北京银行大厦签订了战略合作协议，以共同促进首都文化创意产业蓬勃发展。

据了解，本次双方合作核心模式是将一批电视剧项目打包、以版权质押的方式提供融资产品，这是国内金融业第一家对电视剧制作行业提供无专业担保公司担保的"版权质押"融资贷款。此次签约现场，北京银行向华谊兄弟传媒股份有限公司发放了1亿元的文化创意企业贷款，这也是迄今为止金融业为影视企业发放的最大金额贷款。届时该笔资金将重点支持华谊兄弟传媒今年开拍的包括张纪中的《兵圣》、胡玫的《望族》、康红雷的《我的团长我的团》、张涵予、罗海琼主演的《身份的证明》、邓超、范冰冰主演的《人间情缘》、李立群、车晓主演的《爱你所以离开你》，以及正在筹备中的大戏《倚天屠龙记》《梅兰芳》等14部电视剧的制作和发行。该行严晓燕行长还表示，今后该行将勇做"创意融资"领域弄

---

① 节选自北京银行网站，http://www.bankofbeijing.com.cn/contents/334/1317.html. 2008-05-14。

潮儿，全力以赴做实文化创意企业贷款，为支持首都文化创意产业发展做出更多的贡献。

【案例5】

在资本与电影产业间搭起桥梁

本报讯（记者 王海燕）岁末，贺岁影片轮番上演，在彰显文化产业魅力的同时，也带来巨大票房受益。可我国目前的电影产业与电影强国相比还有很大差距。如何突破制约电影产业发展的瓶颈？市人大代表德甄建议，上海率先建立完片担保体制，完善电影产业投融资体系，促进上海电影产业发展。

目前，电影产业正处于由传统电影产业链向"大电影产业链"过渡的发展时期。"大电影产业链"突破了影院的空间，使电影经济超越了传统的票房经济，并在艺人经纪、广告业、唱片业和游戏业等相关行业里辐射出源源不断的经济能量。但作为高投入、高风险、高回报的产业，在商业化运营过程中，将不可避免地会遇到资金瓶颈，需要金融行业的支持、服务与配套。

制约我国电影产业发展的融资难问题，实质上反映的就是在资源配置机制的转变过程中，政府、银行、投资机构和电影企业如何有机结合并融入到新的市场金融机制的问题。德甄举例说，美国拥有世界上最发达的电影产业，同时也拥有最完备的、以完片担保体制为核心的投融资服务体系。正是完片担保体制，充分调动了银行体系、创业投资机构甚至个人投资者的参与热情，支撑着一个电影帝国的正常运作。

据悉，我国电影产业的资金超过90%是自有资金，7%来源于政府投入，而社会资金投入仅占2%。造成这一局面的根本原因在于电影行业具有很强的专业性，一般资金不敢轻易问津，而我国尚未建立权威评估机构及专业担保机构，造成多数电影企业融资无门，严重影响了电影作品的数量与质量。在电影制作和发行过程中，一些文化企业也切身体会到，无论是国家扶持基金、金融资本还是民间资本，由于缺乏专业机构的引导，无法顺畅地进入电影产业。

"只有尽早建立完片担保体制，完善电影产业投融资体系，消除产业链前端出现的瓶颈，才能促进我国电影产业快速发展并焕发持久的生命力。"德甄说，所谓完片担保，实质上是保险的一种形式，其任务是确保影片按照约定时间、预算与质量完成交付。完片担保机构非常熟悉影视生产流程，并且能够对剧本质量、资金筹集、相关制作人员的素质、制作公司的还款能力、影片完成后的收益等进行全方位的评估，对影片的制作过程进行监控，汇报制片开支状况。一旦计划不能如期完成，完片担保机构将代投资方或融资方承担损失。

德甄认为，上海已具备率先建立完片担保体制，加快电影产业发展的基础。上海具有比较完善的现代市场体系、交通便捷、信息畅通，经过多年努力，形成了相对完备的金融市场体系、金融机构体系和金融业务体系，具备开展电影投融资体系创新的业务基础与能力。另外，上海也具备一定人才基础。为此她建议，在政府支持与推动下，以上海创意产业最重要的基地为试点，率先打造为电影产业服务的咨询、评估、担保、投融资与风险监控等各类专业平台，逐步建立完片担保体制，通过市场化运作，在资本与电影产业之间搭建起桥梁，确保上海电影产业获得足够资金、实现快速增长。

（《解放日报》2010-12-26）

1. 基本情况

银行贷款是投资成本最低的一种方式，银行因此成为各制作机构最想合作的对象。在国外，银行已有一套完善而周密的贷款保障体系和风险防范制度，因此任何一个影视制作机构或独立制片人，都可以通过银行贷款得到拍摄资金。

但在国内，由于影视节目的特殊性，其价值的评定和风险的把控，对银行来说还是一个陌生的课题。国内大多数银行只熟悉工业、农业及房地产等有形产品的抵押，对资产形态非常抽象，且时效性和专业性都很强的文化产品还缺乏认识，还需要一个熟悉、了解的过程，也需要一个制定和完善内部相关规章制度的过程。并且有些保障环节还涉及保险公司、担保公司等其他单位和部门。

因此，目前国内银行仅仅是对个别经营状况比较好，政府相关部门重点扶持的影视制作机构有贷款，而对一般影视制作机构的贷款，还有一个相当高的门槛。一般的中小型民营文化企业，要想从银行贷款用于影视节目的拍摄制作还有不小的难度。

2. 利弊分析

通过银行融资是理想的融资渠道。银行只按规定收取利息，不会与制片人分利。这可降低制片人的融资成本，达到利润最大化之目的。但此融资过程中制片人若没有相应的资产作为抵押，则很难贷到资金。国内商业银行一直以来做的是"典当行式"的贷款，而非"投资性"贷款。当然也可以以版权抵押贷款，但同样是有条件的。若制片人没有几部有巨大影响力的作品，即或是同意以即将拍摄的节目版权作为抵押，银行也未必愿意。目前银行变通的做法只是针对规模较大、知名度较高、收益较好的影视公司，将其几部影视节目的版权打包进行抵押，且公司负责人须承担无限连带责任，才有可能贷出资金。

（四）播出平台预购

1. 基本情况

播出平台是指电视台、网络新媒体等节目播出媒体。在目前国内媒体竞争日益激烈的局面下，一个好的、具有高收视率的节目，会受到播出媒体的追捧。为拿到首播权，获得竞争优势，播出平台会在了解剧本、主要创作班底，并与制作公司谈好购买价格后，支付给制作机构一定比例的预付款。这可降低制作机构的资金投入。

2. 运作方式

制片者首先把自己节目的计划、构想以及研究结果，向播出平台展示，通过进一步游说和洽谈把部分版权，或是在某个地区的播放权，或者是首映权等出售给投资商，获得一定数量的拍摄资金。

3. 前期准备

播出机构为了获得优秀节目，增加其竞争优势，往往会采取"以购代投"的方式，对感兴趣的节目预先投入拍摄资金。这意味着制片人将制作的节目尚未开机，就已经销售完毕，这种方式将影视节目的投资风险大大降低，也是对制片人综合能力的最好肯定。但要做到这一点，制片人要做好充分的准备。播出机构对剧本、主要创作人员、演员、管理团队等有一套严格的审查程序，通过审查后才有可能获得预付款。这就要求制片人必须要组织创作出一个优秀剧本，并能根据电视台的要求物色有市场号召力的演员。

（五）广告赞助

【案例6】

《海上传奇》广告赞助

贾樟柯，这个第一个敢于将纪录片放进暑期档的导演，昨天携新片《海上传奇》和主演赵涛来渝宣传。在环艺影城与观众见面时，对于票房这个敏感问题，贾樟柯很有自知之明地承认自己的电影肯定是同档期影片中最差的，于是期望这次用8天跑8个城市的行动来争取观众。不过，贾樟柯的"钱途"远不止票房收入这一项，本报记者在见面会前对他进行专访时，贾樟柯豪爽地表示，自己已经是中国电影在国际电影市场上的面子。

除了在国际影展上频频露脸，贾樟柯近年来的新片很难在国内市场上获得较好票房，这和影片本身的艺术性有着直接联系。但拍文艺片也能赚大钱的中国导演估计就他一根独苗了。有人戏言，谁能将史上最牛的地产广告电影（指《二十四城记》）送进戛纳影展的主竞赛单元，除了贾樟柯，张艺谋、陈凯歌、冯小刚估计都只有干瞪眼的份。贾樟柯如何赚钱，从昨天的专访中记者略知一二。

贾导直言，大众的影片只能吸引大众的品牌，只有独特的影片才能吸引到高端品牌的认同。"我找赞助，往往打几个电话就搞定了，很轻松。"就拿《海上传奇》为例，去戛纳展映时就有一家国际名表赞助了不少钱，但对方的要求仅是剧组成员戴着这个品牌的手表出席活动，并未有其他植入广告的要求。该片在法国全球首映后，法国MK2公司就购买了该片的海外版权，仅此一项拍摄成本就已收回了2/3。再者，《海上传奇》将在上海世博园驻场免费放映三个月，世博园巨大的观众流量也让众多品牌看中了其市场影响力，该片放映前的5分钟贴片广告，贾樟柯准备通过拍卖的形式让价高者得，这又是一笔不菲的收入。贾樟柯的客户们，一般不会要求在片中植入，而是会从其他方面获取回报，如组织高端客户观影专场等。

"我几乎不用植入广告，不能让它们阻碍自己的独立表达……媒体想象我们这帮拍艺术片的人很尴尬，其实我们很舒服。没有我、王小帅、张杨这些人，中国电影在国际电影市场上还有面子吗？我觉得中国电影市场该是从抢银子转到要面子的时代了。"

（《重庆晨报》2010-07-04）

1. 基本情况

广告赞助于影视制作机构而言，是最没有风险的一种融资方式。这是一种双赢的手段。广告商通过对影视节目拍摄制作的赞助，对自己的产品作了宣传广告，影视制作公司也通过在节目中植入某产品品牌而获得了资金。这种方式最直接的结果就是节目还没开拍，就已经将创意卖给企业了，或者说其制作成本就已经收回来了。但广告赞助方对所赞助的影视节目是有要求的，即：要求产品有一定的覆盖面和影响力，并且还要具有可看性。可接受广告赞助的主要是影视剧和电视栏目，动漫、纪录片相对较少。

若广告赞助运作得好，影视剧的拍摄费用基本上可回收，这种方式同时也是一种极好的营销手段。

2. 运作条件

广告商的赞助可以让制片人减少资金压力，并提前获得收益。但广告商的赞助是有条件的，并非任何题材的节目都可以获得赞助。首先要看节目是否有影响力，制作团队是否得力。其次才是看节目内容是否与自己的产品定位一致。有时为了达到自己认为的最佳效果，往往会很苛刻地要求制片人修改节目内容，甚至会提出指定演员的无理要求，给制片人带来工作上的麻烦。若节目通不过审查，而导致不能如期播出，则制片方要负责赔偿广告商的损失。

（六）政府资助

1. 基本情况

政府资助是影视节目制作机构获得资金的重要来源。

由于文化产品具有极强的宣传功能，影视节目往往成为地方政府宣传、营销城市的重要手段。首先，政府会资助那些能产生巨大影响力，对宣传城市起到重要作用的影视节目；其次，为拉动当地的影视节目制作业，政府会出台激励政策，对每一个到当地进行影视节目拍摄制作的机构进行补贴，这在国内外都有若干先例；再次，政府会资助影视制作机构制作能获得各级、各类政府奖项的主旋律影视节目。

2. 利弊分析

政府资助对于制片人来说，也是一件很好的事情。但是政府对节目内容有自己独特的要求,一是要求节目背景在当地,播映后可以拉动当地旅游;一是要求节目是主旋律或重大题材,能获得各项政府奖项。

前面介绍了几种通行的融资渠道,但这并非意味着制片人可以随便选择其中任何一种方式进行融资。不同的融资对象是有不同的条件与代价的,不同的资金来源,其成本甚至参与合作条件都是不一样的。制片人应当学会根据节目内容、类型,以及自己对节目的融资目的,从融资成本、风险大小、项目的可控程度、合作话语权以及自己所获利益的角度,将不同成本、不同风险、不同要求的资金搭配起来使用,才能做到对节目的掌控,使利润最大化,风险最小化。

(七) 各类基金

【案例7】

《归途列车》融资

范立欣:拿到了很多国际基金,比较大一点的,比如有 Telefilm Canada,这是个叫加拿大国家电影电视基金会,是政府支持电影艺术的一个基金会。

有圣丹斯基金。

有阿姆斯特丹国际纪录片电影节的基金,

有热狗(Hot Dogs),也是加拿大的一个基金。

还有 ITVS,美国独立电视机构基金,ITVS 是美国公共电视台 PBS 的一个资助方,就是 ITVS 投钱的片子,它的美国版权就是给 PBS,公共电视台播放。

最开始很艰难,在央视找了几万元钱,套拍《纪事》栏目,春运。第二年,私人借20万。

这个片子,所有这些国外来的钱,没有谁是来挣钱的,他们或者预购播映权,或者基金给你,你去做你的艺术,同时还保证你导演的剪辑权。

(《青年电影手册》2012年第五辑)

电影产业在世界范围内都是高风险行业。但在市场经济的环境下,高风险就意味着高利润,加之电影本身作为文化产业中有着巨大社会影响力的核心产品,故而引起了众多的电影基金的关注。目前,中国的电影制作资金主要来自国有电影机构,政府资助,民间、海外和境外资金以及电影基金。从协拍到合作、从单纯到中国取景到投资中国本土电影……海外资本正全方位进入中国电影产业。如今，打上鲜明国际化标牌的基金、私募、风险投资逐渐开始成为中国电影资本运作的潜流。

1. 釜山振兴计划（Pusan Promotion Plan，PPP）

PPP 于 1998 年在第三届釜山国际电影节成立。其宗旨是：为所有有电影制作计划的亚洲导演和世界级的电影发行公司、制片人、赞助商创作合作机会，促成合作投资或共同制作或对影片后期制作提供赞助。自成立以来，PPP 已经为 142 个推介项目提供了融资帮助，并设立奖项以现金方式资助了部分影片的拍摄计划。现在，PPP 已被业界公认为是"亚洲电影工业的孵化器"。

作为亚洲第一个电影融资平台，PPP 已形成了较为完备的操作体系。在 PPP 会议期间，其产业中心是亚洲各国电影公司寻找融资机会的重要场所。该中心还为参会者提供影片销售、市场放映、产业论坛、业内放映等服务和设施。其中，影片销售和产业论坛是倍受 PPP 关注的两类活动。

PPP 在对影片的推介上，偏重于艺术影片。

2. 香港亚洲电影投资会（Hong Kong Asian Film Financing Forum，HAF）

从 20 世纪 60 年代起，香港就一直被公认为世界的主要电影制作中心。然而，在 20 世纪 90 年代后期，受亚洲金融危机的影响，香港电影制作的产量开始大大减少，香港政府开始尝试出台一些举措以激励本地电影业的发展。在 2000 年，由香港电影导演会、香港艺术中心和香港贸易发展局联合组织了第一届 HAF。HAF 提出其宗旨是为亚洲电影制作人和监制提供一个平台，向世界各地有意投资的人士、融资者、发行商和发行代理介绍和展示最新的电影项目。HAF 的首要目标，就是支持亚洲的编剧、艺人、融资者、监制和导演合资经营，促成各方合作。

HAF 在对影片的推介上偏重于商业影片。

3. 韦恩斯坦亚洲电影基金

在好莱坞，最熟悉中国电影的大腕莫过于韦恩斯坦兄弟。兄弟俩是《指环王》《英国病人》等片的制片人，也是米拉麦克斯公司的创始人及经营者。当年他们出色的发行策略使得张艺谋的《英雄》在北美创造了票房奇迹。此后，韦恩斯坦公司又发行过《龙虎门》等多部华语片，非常了解中国市场的巨大潜力。因此特别设立了一个总额为 2.85 亿美元的基金，这些资金将全部用于资助未来六年内以亚洲人为主题的电影的开发、制作、采购、营销和发行。其中又明确规定，超过 50% 的资金将投资给 20 部中国影片。

4. "铁池"电影私募基金

"铁池"电影私募基金由原来在好莱坞大公司担任高级管理职位的数名华人经理人联合组建，他们计划在未来五年内投资拍摄 20~30 部中国元素的电影。据中国《财经》杂志报道称："'铁池'的资金来源主要是美国 Endgame。这是美国一家专门投资电影的私人股权投资基金，规模数十亿美元，主要投资本土电影，中国是其新的处女地。"

5. IDG 中国传媒基金

2008 年 5 月，美国国际数据集团（IDG）中国媒体基金与中影集团宣布合作，建立了一个规模达 5 000 万美金的中国传媒基金，用于扶持中国青年导演。而中影得到投资后，将会在一年内投资 15 部电影，这其中绝大多数都是第一次拍电影的青年导演作品。目前该基金投拍的首部电影《胡同里的阳光》已经杀青。值得注意的是，这是一部关注当代中国现实、非常平民化的影片。IDG 中国媒体基金总裁熊晓鸽说，其实外国人并不像我们想象中那样只喜欢古装武打题材，他们更想知道的是中国人现在的生活状态。

IDG 投资中国电影除了看好这一市场的发展势头外，还有意投资培养一批新导演。熊晓鸽认为，风险投资一是投资市场，二是投资产品，三是投资人才，他们希望通过投资电影发现下一个张艺谋，同时引进好莱坞对影视媒体资金的管理模式。

任务二　写作商业计划书

案例导入

融资前需要做的工作很多，而最重要的准备工作就是编写一份商业计划书，将项目情况、所需资金以及如何保证资金回收等举措都明白无误地在商业计划书中告诉投资人。这是说服投资人极其重要的环节。

一、商业计划书

1. 什么是商业计划书

商业计划书是制片人向所有潜在的投资人发送的关于项目投资的情况说明。其目的是使投资人明白他所要投资项目的具体内容,该内容有何特点,需要他投入多少资金,这些资金何时能回收,制片人有什么举措来保障资金的回收,投资人最后有着有多大利润等。

2. 商业计划书的用途

投资人拿到投资计划书后,在对该项目有了大致的了解后,才会与制片人会面,就自己尚还有疑虑的问题向制片人进行咨询了解。所以编写一份能打动投资人的投资计划书,对于顺利融资是关键的一步。

二、商业计划书与策划书的异同

在撰写商业计划书之前,我们先要区分策划书与商业计划书的异同。

1. 不同之处

(1) 用途不同。

项目策划书是制片人对项目内容可行性的阐释,以及如何去实现该项目的主观构想,其主要目的是在纸上对项目进行推演、论证、修改,让节目制作公司、放映播出机构、赞助方对是否实施或参与该项目进行决策。

商业计划书则是在项目策划书通过节目制作公司认同后,以其基本内容为基础所形成的给投资人看的融资工具。

(2) 重点不同。

项目策划书的内容重点在于阐释项目的意义及市场价值,主要是给公司决策者看,使项目通过决策。

商业计划书的内容重点在于阐明将如何保证项目顺利实施,以及资金回收的途径及保障措施,主要是给潜在投资人看的。

2. 相同之处

两者也有相同的地方。这是因为项目策划书提供了比较全面而详尽的关于项目的基本信息。制片人在撰写商业计划书时,除了要根据投资人所关注的资金如何回收等主要问题进行充实、强调外,还会大量采用策划书中的基本内容。这种部分内容上的重复无需担心,因为两者的根本诉求是不一样的。

三、商业计划书的内容及格式

投资计划书没有一个固定格式,只要能将事情说清楚就行。但计划书应当包含以下主要内容:项目摘要、节目内容、题材分析、市场分析、主创人员、投资金额、投资周期、投资回报、制作预算、制作计划、发行渠道等主要内容。通过这些内容,可以让投资人对该项目有比较清楚的认识和了解,对自己的投入和产出有一个基本的估算,对项目风险有一个清醒的估计。

有时制片人还要对自己所拥有的优势或项目的优势进行重点阐述,以加强投资人对项目的重视和信心。

1. 摘　要

摘要又称概要、内容提要。摘要是以简明扼要的语言介绍方案的主要内容,使投资人不用看完方案全文就能明白方案的主要内容及制片人的意图。

摘要是吸引投资人的第一个关键环节。制片人做的计划书要在最简短的时间里,抓住投资人的注意力,让其有兴趣继续看下去,这就是摘要的作用。

2. 节目内容

制片人可根据自己所要制作的具体节目进行内容的阐释。如果是影视剧、动漫或纪录片类,则可写故事内容,如果是综艺节目、栏目类,则可写选题内容。节目内容的目的是要让投资人知道你将要做的是什么事情。

3. 市场分析

市场分析就是论证该项目的节目选题、内容都是受特定消费群体欢迎的。在写作过程中,具体内容可用项目策划书的相关内容。

4. 主创团队

任何事情的成功都要靠人来执行。主创团队是节目成败或艺术质量高低的关键。投资人往往最看重的就是节目的制作团队。制作团队中每个人都曾参与创作（制作）过什么作品，这些作品都曾获过什么奖项，所产生的影响力如何等，都是投资人所关心的。事实上一个节目组不可能将所有最优秀的人才聚集在一起，因此制片人应当有目的地去介绍自己的团队，或突出导演，或突出主演，或突出摄影，或突出制片主任（制片人），总之要给投资人信心：这样的团队是一定能制作出优秀节目来的。

5. 投资金额

制片人要明确告诉投资人，该节目的总投资是多少，这笔资金是由一个人投资还是由几个投资人共同投资，每个投资人各自所占的投资比例是多少。这些问题都需要制片人事先设计好。投资人喜欢以资本说话，制片人要么只与一个投资人合作，要么就以商谈约定的投资份额来平衡好各投资人的关系。

6. 投资周期

投资周期是告诉投资人所投资金需要多长时间才能回收完毕，以便让投资人计算投资回报率。同样一笔资金，占用一年和占用两年的投资回报率是完全不一样的。制片人需要对节目从制作开始到销售完毕，以及资金到达账户的时间进行相对准确的计算，给投资人一个相对合理的投资周期。

7. 投资回报

为了坚定投资人的信心，制片人需通过相对准确的计算，告诉投资人所投入的资金在一定时间内可能获得多大回报。一般来说文化产品的投资回报会远远高于一般传统行业，制片人只需按照市场行情作出略为保守的估计则可。

8. 销售计划

投资人的最终目的是通过投资节目获得利润，因此，在有了制作团队的基本保障后，投资人更加看重制片人将如何收回投资的计划。为了让投资人对投资抱有信心，制片人要在商业计划书中将自己的销售计划进行详细的说明。销售计划包含销售渠道、销售价格、衍生产品、植入广告、赞助等内容。不同的节目类型有不同的销售渠道，制片人要根据不同的节目类型，制订不同的销售计划。

9. 合作方式

所谓合作方式，就是明确双方（或多方）各自以什么作为投入，将按照什么比例进行利润分配。

在文化产品生产制作过程中，投资人以货币作为投入，制片人（或制片公司）则以项目、经营管理等无形资产作为投入，甚至还可以以自己的劳务所得进行投入，项目所产生的利润按照协商的比例进行分配，其具体责、权、利可在合同中进行详尽的约定。

制片人在商业计划书中将上述内容都说明白后，就可以交给潜在的投资人了。

四、编制预算

1. 预算的作用

预算是投资计划书的一个重要组成部分。因为篇幅较长，故往往作为投资计划书的附件，但其仍然可以作为一份独立使用的文件。

编制预算有两个作用，一是告诉投资人，本电视剧需要多大的投资，有多大的回报。国内有购买实力的省级电视台有30家左右，而同样有购买实力的新媒体平台也是有一定数量的，因此购买电视剧的总价格基本是一个定数，这就是人们常说的市场饱和度。制片人的投资预算必须低于这个市场回报，否则就没有利润。

二是制片人自己用于作为控制成本的依据。一部电视剧生产制作中，有无数个环节，只有控制好了每个制作环节的成本，才能控制一部剧的总成本，电视剧才有利润可言。

2. 编制预算的要求

编制预算一定要实事求是，切莫虚假夸大。一般情况下，投资人会请人审视预算，若预算未按市场行情制作，会影响投资人对制片人的信任，致使制片人失去潜在的投资人。

预算也不能做得比市场行情低，否则一旦剧组运行起来。资金出现缺口，剧组将会受到巨大损失。所以，制定预算对于制片人来说，是一项相当重要的工作。

制作一部电视剧涉及上百类支付科目，制片人在制定预算时，除了正常的科目要做进预算外，还要留出不可预见经费用作意外情况发生的开支。

一般说来，一部电视剧的预算科目如下表所示：

×× 集电视连续剧《××××》摄制经费预算（决算）总表

总镜头数：　　　　计划摄制时间：　　　　年　月　日

区分	成本项目	项目明细	预算金额	批准金额	说明
前期费用	剧本费	1. 文学本稿费			
		2. 剧本改稿费			
		3. 前期食宿、交通、通讯费			
		4. 资料费			
		5. 剧本印刷费			
		6. 特许权转让税金及所得税金			
	前期杂费	7. 许可证（印章）费			
		8. 招待费			
		9. 其他			
筹备及拍摄期费用	演职员费	1. 聘请演员酬金、劳务费			
		2. 聘请职员酬金、劳务费			
		3. 单位合同费			
		4. 聘请群众演员劳务费			
		5. 协拍人员劳务			
		6. 演职员人身意外保险			
		7. 所得税费			
		8. 其他			
	车辆费	1. 发电车			
		2. 运输车			
		3. 乘坐车			
		4. 临时租车费			
		5. 油费			
		6. 过路过桥费			
		7. 其他			
	食宿费	1. 伙食费			
		2. 住宿费			

续表

区分	成本项目	项目明细	预算金额	批准金额	说明
拍摄直接费		1. 美术费			
		2. 摄像费（含磁带费）			
		3. 照明费			
		4. 服装费			
		5. 化装费			
		6. 道具费			
		7. 置景费			
		8. 烟火费			
		9. 武术费			
		10. 录音费			
		11. 枪械子弹费			
		12. 特技费			
		13. 印花税金			
拍摄制片费		1. 场地租用费			
		2. 差旅费			
		3. 剧照工作费			
		4. 选景费			
		5. 现场工作器材费			
		6. 制片办公剧杂费			
		7. 观摩费			
		8. 通讯费			
		9. 公关招待费			
		10. 医疗费			
		11. 保险费[①]			
		12. 其他			
		13. 不可预见费　A 人身伤亡费　B 其他赔偿费　C 其他增加费			

[①] 保险费收费以平安保险公司保费为例，剧组为演职员每人上 1 万元的"团体意外伤害保险"，按三个月的保期计算，则每人的保费平均为 7.2 元（剧组人员的平均职业分级为：二级，一年保费为 14 元，三个月保期按 40% 计算）；若同时上"附加团体意外伤害医疗保险"的话，则每人的保险金额再加上 16.4 元（一年的保费为 41 元，按 40% 计算）。

续表

区分	成本项目	项目明细	预算金额	批准金额	说明
后期制作及宣发费用	后期制作费	1. 剪接费			
		2. 作曲、作词、演唱费			
		3. 解说、配音费			
		4. 录音、拟音费			
		5. 视频机房、设备、人员费			
		6. 资料费			
		7. 合成机房、设备、人员费			
		8. 食宿费			
		9. 交通费			
		10. 通信费			
		11. 税金			
		12. 其他费用			
	审片费	1. 审片食宿、交通费			
		2. 礼品费			
		3. 出品人、策划、监制费			
		4. 税金			
	宣传发行费	1. 宣传册制作费			
		2. 赞助方礼品费			
		3. 约稿费			
		4. 新闻发布及开关机仪式			
		5. 通讯费			
		6. 交通差旅费			
		7. 食宿费			
		8. 宣传人员酬金			
		9. 发行招待费及杂费			
		10. 税金			
		11. 其他			

全部预算金额：		全部批准金额：	
第一投资方意见：		第二投资方意见：	
拍摄领导小组意见：			
导演：		制片主任：	会计：

任务三　说服投资人

案例导入

7分钟 新片计划定生死

"看演员阵容，根本花不了这么多钱。""你这个故事拍成艺术片可能只需要 300 万元就够了，而拍成现在这种需要 1 000 万元，你怎么考虑的？""不是问你期望有哪些市场，而是问你具体怎么做？"……昨日，上海电影国际节举行的中国电影项目创投会现场，宛如一场选秀台上的答辩会，朱文、王超、麦婉欣等 8 位导演轮流上台，向海内外近 40 家影视公司推介自己的新片计划，以吸引投资，并接受谢飞、余伟国等"麻辣评委"的现场刁钻提问。据悉，明晚创投会将公布最具潜力项目奖。

A. 自我"推销"

"8 分钟约会"是流行于都市白领单身男女之间的一种交友游戏，昨日，上海国际电影节中国电影项目创投会借鉴了这种新颖模式：参加创投会的每位导演，都要在台上用 7 分钟时间介绍自己新片计划，吸引投资方。对许多习惯于幕后工作的中国导演来说，如何走出象牙塔，了解资本市场，学会与投资方打交道，还是个新课题。本次电影节前日专门全封闭为导演们进行了一场"为项目赢得投资"的电影大师班培训。昨日，与会导演们现炒现卖，表现不一。

许多上千万投资的大片推介计划做得平淡无奇，一些低成本影片反而准备得十分充分。需募集 400 万元投资的《北京烤鸭》是一个黑色幽默喜剧，在推介中，片方播放了一段非常有创意的短片，通过影像方式让投资人了解角色以及影片有哪些商业元素、笑料等，现场许多人由此记住了导演雎安奇。麦婉欣的新片《马锅头》讲述云南茶马古道马帮故事，在推介中，麦婉欣的第一句话就让海外投资人听得明明白白：当迪斯尼决定拍《花木兰》时，大家都疑惑为什么要拍这个陌生题材，但影片全球大卖。而我们这个故事，讲的是 17 岁姑娘为爱情女扮男装加入马帮的故事，就是现代版《花木兰》。

B. 精彩推介

讲故事是导演的一种基本能力，但如何在7分钟内讲好一个故事，让投资人甘心掏钱更是一门学问。昨日站在选秀台上的导演虽然见多识广，但大多数是第一次走上PK台，最具感染力的几个推荐也并非由导演亲自完成。《北京烤鸭》由制片人负责推介，导演睢安奇只负责答问。麦婉欣也因普通话原因，由执行制片人负责《马锅头》推介。制片人绘声绘色的演讲，体现出了专业优势，而在应付评委和投资人提问中，导演经常一问三不知，制片人却能提供令人满意的答案。

导演朱文是此次"选秀"中屈指可数的性格选手，他带来个人第一部商业喜剧片《闪》，他感慨："作为一名导演，有点尴尬。我感觉就像在参加超女评选，如果表现得不好呢，无法吸引投资人关注，但如果能表演得很好，就干脆直接和演艺公司签约了。"有投资人问他如何确保投资回报，作家出身的朱文回答说："我不强调赚钱，虽然能够赚钱。因为很多不赚钱的片子都说赚，我得和他们划清界限。"有投资人询问具体情况，他说："具体内容不便在这里透露，因为涉及核心商业机密，要想看到我的完整剧本，你们也要努力。"

C. 刁钻提问 "麻辣评委"不留情面

本届创投会还特别邀请到著名导演谢飞、捧红《疯狂的石头》的刘德华、"亚洲新星导"计划执行人余伟国等担任评委，他们用一系列尖锐的问题让导演们尴尬，就像我们在选秀节目中见到的"麻辣评委"。

金琛的古装大片《战国》将把孙膑、庞涓斗法的故事搬上银幕，准备邀巩俐、中井贵一、孙红雷出演，需募集1500万美元投资。金琛以前都拍爱情片，这么大的投资如何回收受到评委质疑。麦婉欣的《马锅头》准备邀请胡军、李宇春出演，遭谢飞"泼冷水"："你这个片子到底是要艺术还是商业？用明星而不用原生态非职业演员，很可能两头不讨好。"朱文在台上信心满满，但谢飞却质疑："同是这种喜剧，《疯狂的石头》投资200多万，票房2000多万，你这个片子没有海外市场，投资却是《疯狂的石头》的5倍，而且还是你的第一部商业片，你怎么能保证超过《疯狂的石头》？"问题虽然刁钻，不过导演们对前辈的坦率非常欢迎，因为这种真诚挑刺，也让双方的沟通更具效率。

（《成都日报》2008-06-17）

当商业计划书提交给潜在的投资人后，制片人要尽量利用有限的与投资人见面的时间，用你的个人风范和能力去影响投资人，使其对你产生好的印象，那么后面的事情就会更顺利。

一、做好充分准备

任何事情都是靠人来完成，投资人更看重的也是人。他会看你是否具有完成项目的能力，更会看你的为人如何，你的思路如何，你的素质如何，你过去的经营经历如何。简言之，投资人在决定与你合作之前，会对你的人品、能力进行考察，否则他是不会放心将一大笔资金交给一个自己不了解的人的。

当投资人对制片人提交的商业计划书感兴趣后，会约见制片人，希望通过面对面的交谈，对制片人有一个大致的了解。此时，制片人要做的就是坦诚相见，如实地陈述你对项目的运作思路及设想，甚至可以谈你曾经有过的失败经历及教训。投资人可以说是阅人无数，他的资金是希望交给有能力并值得信赖的人，一旦发现有人在欺骗他，那你获得投资就没有希望了。

为了让陈述更加有效，可以事先做好汇报材料，如 PPT 等，如果是纪录片，还可以把已经拍摄的素材做成片花或样片，增进投资人对项目的了解。

二、向投资人做项目阐述

【案例1】

范立欣谈纪录片的国际融资

跟国际的合作，一年半以后。跟国际合作的话，首先要有一个很好的故事大纲，要有一些素材，你可以做一个很棒的样片，那你必须得拍，纪录片来说你得拍一段时间以后，你才会有这样的东西，你刚开始什么也没有，你根本没办法去国际上做提案。我们拍了一年半以后，才去国际上做提案。但是一年半以后，素材就已经很好了，故事内容、人物、故事情节的发展脉络蛮清晰了，所以很快就吸引了国际基金。

(《青年电影手册》2012第五辑)

面谈中，投资人除了考察制片人的人品外，也会询问制片人对项目的营运思路，或者针对计划书提问。制片人此时应抓住机会，通过各种方式简明扼要地向投资人介绍项目，尤其要就投资人最关心的资金、利润、合作关系等问题进行解答。这一切，都取决于制片人对项目的熟悉程度及思考深度。

当这些都通过了投资人的考察，制片人获得投资的可能性就很大了。

以一部热播电影为例,做一份电视剧商业计划书。

根据以上商业计划书制作一份20页用于向投资人汇报的PPT,准备模拟答辩。

提示:内容包含该项目的故事梗概、资金、利润、合作关系等内容。

第四单元内容要点

影视节目的筹资工作由制片人承担。

影视节目的融资渠道包括:影视机构投资、企业投资、银行贷款、播出平台预购、广告赞助、政府资助、各类基金等。

融资最重要的准备工作是编写商业计划书。商业计划书的内容包括:项目摘要、节目内容、题材分析、市场分析、主创人员、投资金额、投资周期、投资回报、制作预算、制作计划、发行渠道等主要内容。

与投资人面谈时,投资人会对制片人的人品、项目营运思路,资金、利润、合作关系等问题进行了解。制片人应对这些问题做好充分准备。

补充阅读书目

杰克·菲利普斯:《商业计划宝典》,机械工业出版社2011年版。

王爻:《别说你懂商业计划书》,机械工业出版社2011年版。

[美]史蒂文·彼得森,彼得·简瑞特:《商业计划工具包》,机械工业出版社2004年版。

单元能力测试题

开放式书面作业:

1. 某部热销电影要拍一部30集同名电视连续剧,请为该剧编制商业计划书。内容简介可以根据电影梗概进行改编。字数不少于2 000字。

2. 根据以上商业计划书制作一份20页用于向投资人汇报的PPT,内容包含该项目的故事梗概、资金、利润、合作关系等内容。

3. 进行模拟项目阐述和答辩。

单元技能测试记录表

鉴定内容		鉴定方法		鉴定人签字		
鉴定成绩		鉴定时间		被鉴定人签字		
关键技能		评价指标		鉴定结果		
				通过	未通过	

鉴定者评语:

课程评价表

姓名：_____   日期：_____

当你完成了本单元的学习，我们希望你能对下面的项目提出你的建议。

请在相应的栏目内打钩	非常同意	同意	没有意见	不同意	非常不同意
1. 这一单元为我很好地提供了关于影视节目融资渠道选择的综述					
2. 这一单元帮助我理解了有关影视节目融资的理论					
3. 我现在对尝试制作影视节目商业计划书、项目阐述更有自信了					
4. 该单元的内容适合我的要求					
5. 该单元中举办了实作活动					
6. 该单元中不同的部分有机融合					
7. 教师待人友善、愿意帮忙					
8. 该单元的教学让我做好了参加评估的准备					
9. 该单元的教学方法对我学习起到了帮助作用					
10. 该单元提供的信息量正好					
11. 评估与鉴定公平、适当					

你对将来改善本单元的教学有什么建议？

_____

能力单元五

找哪些人来生产影视节目

任务一 不同阶段分别找哪些不同的人

编剧产业革命已被掀起 行业亟待营建编剧经纪机制

　　编剧领域的规模化和经纪化是迟早的事情，事实上已经有不少专业公司操盘编剧经纪业务，比如电视剧编剧公司"喜多瑞STORY"，就是由石康等20余位名编股东发起的联合舰队。此外不少规模化的影视公司还会以各自手法网罗名编剧加盟，比如上市公司华策影视便以授让股票配额的方式吸纳了邹静之和刘恒，而两位"千万级"的编剧大鳄反过来既装饰了公司门脸，又是公司的招财猫。

　　盛大文学此役可谓深水炸弹，十亿元基金的投入，不仅要为编剧经纪业务拓展装上喷气式马达，还将对其编剧团队的剧作进行投资。也就是说，盛大文学除了要打造编剧航母，还要染指影视投资甚至是影视制作领域；除了涉猎影视产业的上游，还要涉足影视产业的终端。

　　对于盛大文学经纪公司染指影视投资与制作，倒是没有什么可担心的，一来盛大文学平台有强大的数据可作为投入的风向标，二来制作本身也是花钱就可以解决的问题，只要资金到位，就连好莱坞的顶级团队也不在话下。令人忧心的还是其编剧经纪机制的营建。目前的消息显示，高群书、陆川、海岩、芦苇等已加盟所谓"编剧导师"团队，然而编剧队伍的培养非一日之功，预计盛大文学编剧公司暂且还要依仗业已成名的网络作家来打天下，故传统套路上的剧本定制、剧本拍卖和编剧工作室等合作模式预计一时半会儿不会被摒弃。

不管结果会怎样，一场轰轰烈烈的编剧产业革命已被掀起，这种以基金等资本运作模式对影视产业介入，手段可谓排山倒海，摧枯拉朽。山雨欲来风满楼，除了盛大文学这只倾心编剧产业的基金，各种所谓基金对影视产业正虎视眈眈，大资本对影视产业的重构势必将是下一个大娱乐时代的特征。

（《京华时报》2013-04-15）

影视节目在制作上有规模、难度、成本大小的不同，以及参与人员多少的不同。但不管有什么不同，都是需要人来具体实施操作的。制片人需要在节目的不同制作阶段，寻找到合适的合作伙伴，以保证该阶段节目的质量。节目的不同制作阶段的参与者在制片人的统筹安排下，必须都能做到尽心尽力，则节目最后的整体水准才能达到制片人的预期要求。

制片人在节目制作的不同阶段所需要的合作伙伴是不一样的。

1. 确定选题阶段需要市场调研人员

制片人需要了解观众喜欢或需要什么节目，应聘请专业市场调查公司进行调查，或亲自带领团队进行市场调研，询问身边的家人及亲朋好友，以获得市场需求信息。

2. 策划创意阶段需要策划创意人员

制片人有了比较明确的选题意图或故事核后，需要找专业策划人员或业内专业人士，对节目的选题、内容、形式、动漫形象、市场等节目要素进行系统的策划、论证。

3. 剧本创作阶段需要编剧和策划班子

当制片人获得电视改编权，或者决定了选题后，便可以开始进行剧本创作了。但这并不是说就可以放手让编剧想怎么写就怎么写，一个聪明的制片人应当有自己的"智囊团"——策划班子来帮助他完善自己对影视节目的设想。这个策划班子实际上就是制片人的外脑。制片人并不是什么都懂（当然制片人懂剧本是最好的），但他应该知道怎样去选择能干的人帮助他完成剧本（或文案）的创作。制片人会与策划班子和编剧（文案）一道，就剧本的基础元素进行深入探讨，并由此获得一个经过深思熟虑的故事模型框架，以指导编剧的创作。

4. 融资阶段需要财务及金融人才

到了节目策划方案（或剧本）基本成熟后，可找银行、证券、保险、财务等行业的专业人士，商定选择融资渠道，设计商业模式，计算投入产出比例，制定节目预算等事项。

5. 拍摄制作阶段需要拍摄制作人员

一旦资金落实后，制片人就要确定制片主任、导演（编导）、演员、摄像、美术、照明、服装、化妆、道具等工作人员，进行搭建摄制组的工作，准备开机拍摄制作节目了。

6. 节目宣传销售阶段需要宣传销售人员

在节目制作过程尚未结束时，制片人就要开始着手节目的宣传销售事宜了，这个时候就需要宣传策划、文案撰写、发行等人员介入，共同制定宣传销售方案，并开始组织实施。

在各类节目的制作过程中，制片人所需的合作伙伴都是一样的，只是节目规模大小、参与人数多少或组织工作量的大小不同而已。比如纪录片和专题片的主创人员就相对较少，而在动漫节目的制作中，除了制片人、导演、制片主任、摄像等主创人员外，其余人员都被美术人员和计算机人员所替代了。这些节目在制作上的区别主要体现在节目摄制组的构成及运行管理上，以及各自不同的经营手段上。

任务二　班子的构成

我们重点剖析电视剧摄制组的构成，这可对其他类型节目的拍摄制作及管理起到举一反三的作用。

前面说过，制片人是一部电视剧的决策人和组织者，他有权决定聘用编剧、制片主任、导演、主要演员、作曲、剪辑等主要创作人员。但这些艺术创作人才能否和谐地聚集在一起相互协作、配合进行艺术创作，能否统一在导演的意图下拍摄制作出高水准的影视节目，就全靠制片人对摄制组的搭建与管理了。

一、建　组

制片人一旦落实了投资，便开始考虑组建摄制组了。

（一）制片人

制片人是影视产品生产的组织者和经营者，他们的职责是将艺术家们组织起来，并将其艺术水准发挥到极致，将投资人所投入的资金变为利润。组织人员进行影视节目制作是制片人的主要工作。

人们通常所说的电视剧组，是一部电视剧在筹备和拍摄阶段的组织。从广义上讲，"电视剧组"应包括一部电视剧在筹备阶段、拍摄阶段和后期制作阶段这三种组织形式。不同的阶段，需要不同的部门和人员。

（二）导、摄、美、制四大部门

一般来说，按拍摄工作的大关系划分，电视剧组分为导、摄、美、制四大部门。

1. 导演部门

导演部门可辖四个组：
（1）导演组：导演、执行导演、副导演、场记、统筹等。
（2）剪辑人员：剪辑师、剪辑助理。
（3）演员组：演员组长、主要演员、群众演员。
（4）录音组：录音师、录音助理。

2. 摄像部门

摄像部门下辖两个组：
（1）摄像组：摄像师、副摄像、摄像助理、剧照、跟机员、升降移动操作员。
（2）照明组：照明组长、灯光助理、场工及发电车司机等。

3. 美术部门

美术部门下辖七个组：

（1）美术组：美术师、副美术、美工。

（2）服装组：服装设计、服装组长、服装助理、服装员。

（3）化装组：化装设计、化装组长、化装助理、化装员。

（4）道具组：道具组长、道具助理、道具员。

（5）置景组：置景组长、置景副组长、置景工。

（6）烟火（枪械）组：烟火组长、烟火助理。

（7）特技组：特技设计（组长）、特技助理（制作）。

4. 制片部门

制片部门下辖三个组：

（1）执行制片人、制片主任、制片副主任、现场制片、外联制片、会计。

（2）剧务组：剧务主任、生活制片、剧务、场工、场务、医务、炊事人员、保安等。

（3）车务组：车队队长（车务制片）、司机。

除此之外，电视剧组中还有一些工作人员，如对剧组起监督、控制协调作用的监制，以及对剧组工作起外围辅助作用的宣传、法律顾问人员等。

在导、摄、美、制四大部门中，导演和制片主任是剧组的两个最高负责人。导演负责艺术创作和艺术质量，即负责"这部戏怎么拍"，而制片主任则负责安排生产计划，即"利用并创造条件去保障各个部门实现导演的想法"。其他所有部门和人员都应服从他们二人的领导。而导演和制片主任则直接对制片人负责。

制片人对导演和制片主任有监督权和处置权，他甚至可以解除不称职的导演或制片主任的合同。制片部门是直接控制节目的资金、进度、质量，以及法律风险的部门，这关系到节目是否能顺利地按时、按质的制作出来，更关系到节目能否销售出去的核心问题。因此，目前制片人对剧组的控制权越来越强，责任也越来越大，这是从计划经济向市场经济转型的必然趋势，也是影视剧生产在市场经济的制约下所发生的必然变化。

虽然影视剧组的组成有相对固定的规律和做法，但不同节目类型的摄制组，由于资金预算、设备档次、拍摄规模、专业化程度以及拍摄目的不同，在人员编制和部门设置上会有很大区别。甚至可以说，没有两个编制和人员分工完全相同的剧组。这要取决于制片人根据每一个节目的不同情况来具体确定。剧组人员的编制表应和剧组的预算一道由制片主任草拟后呈制片人批准。

二、各部门人员职责要求

电视剧组是一个功能齐全、机构完整的团队。剧组中各部门相对独立，又相互协作配合，共同完成电视剧的拍摄制作工作。不同部门工作人员的工作职责也各不相同，摄制组必须对各个部门工作人员的工作职责制定出严格的标准，方可进行管理。下面对电视剧组主要工作人员职责要求作简要介绍。

（一）制片主任

摄制组是一个临时的集体，因此需要一个具体的组织者和领导者，这个领导者和组织者就是制片主任。

制片主任是制片人最主要的助手，代表制片人行使影视作品生产期间的行政管理权利。他的职责主要是八个字"督促、检查、指导、协调"。他要调动和安排好制片班子的工作，发挥各部门的积极性和创造性。要熟悉影视节目生产、制作、管理的程序、方法和特点。

（1）熟悉当前国内影视作品生产、制作、管理的程序、方法和特点。有良好的信誉和高度的敬业精神。

（2）根据剧组的不同情况，制定和组织落实剧组的日常行政管理。亲自编制剧组预算，制订整体拍摄计划，选定剧组驻地，参加选景工作并及时处理重要的外联工作。指导和督促剧组统筹及时制订、下达阶段拍摄计划和逐日拍摄计划。

（3）有很强的组织管理能力，善于科学、周密地进行组织管理。对急、难、险、重的镜头拍摄必须亲自到场协调组织，注意观察了解并善于发现剧组各部门管理工作中存在的各种问题和隐患，及时帮助、督促、协调各部门加以解决。

（4）严格把好剧组财物收支关，在后勤采办、道具购租、服装定制、办公用品报销等各个环节，充分运用个人经验，采取各种有效措施，坚决杜绝贪污和浪费。

（5）注意关心全组人员的生活，做好伤病的防治工作。对导演和主创人员及主要演员的在组日常生活,更应经常过问,亲自交代,在住宿、就餐、乘车、休息等方面给予适当照顾。

(6)遇事主动与导演协商,保证导演在拍摄现场的权威,定期向导演和制片人征求意见,自觉接受剧组领导小组和本剧监制的监督。善于听取各部门演职人员的建议,努力营造团结和睦气氛,不断改进工作。对少数剧组人员的不合理要求,坚决按原则、规章办事。

(7)指导处理好各种公共关系,维护剧组的外部形象。

(二)导　演

【案例1】

导演参与票房分红　保证电影制作品质

《杜拉拉升职记》的制作成本近 2 000 万元人民币,导演徐静蕾仅拿一定比例的制作费,最终通过票房收入与投资方进行分成,类似"保底分红"。降低制作成本,也就降低了电影的投资风险,同时,让导演参与票房分红,可以保证电影的制作品质。

【案例2】

导演王超谈电影《天国》拍摄情况

因为这案子发生也就两年多,我们很容易了解到当时情况。我是带着先前的两个做纪录片的青年,我们开始找延安的合作伙伴,通过延安的合作伙伴来找我们的演员,我们找的演员就是当地人,他们帮助我们更深地了解这个冥婚民俗的传统及当下的变化。

延安的副导演,他说他家亲戚是延安的说书剧团的。这些人不唱戏的季节都是农民,也是民间的演员,对演戏这件事情还算是熟悉,同时又有活生生的生活气息。后来就整个跟他们团合作,这几个演员都是他们团里的人。

(《青年电影手册》2012第五辑《天国——从现实恶的日常纹理出发》)

导演是影视剧制作过程中整合全部艺术元素的艺术生产负责人。导演组织剧组内的创作人员、技术人员和演出人员，发挥他们的才能，使众人的创造性及劳动融为一体，是影视创作中各种艺术元素的综合者，是一部影视剧的灵魂指导者。导演职责包括：

（1）熟悉电视剧拍摄、制作全过程和技术要求，准确把握剧情背景的人文特点和全片的风格基调，正确指导演员和各创作部门完成角色表演和场景拍摄。导演对拍摄进度和全剧艺术创作负主要责任。

（2）在合同期内，切实做到全职为聘方服务，全心投入拍摄和制作工作，在计划资金和时间内充分发挥主观能动性，高效、节俭、富于创造性地完成摄制，不为摄制工作之外的事务分散精力和占用时间。始终保持旺盛的创作热情，确保剧作成为精品。

（3）根据编剧和制片人所定剧本，编写导演工作台本和分镜头剧本，主动与制片人或编剧联系，交换对剧本改动的意见和设想，善于集思广益。组织各部门的创作人员和技术人员，研究有关资料、分析剧本、统一创作意图，力求人物和画面的完美。

（4）根据各方面推荐和提议与制片人充分协商，准确选定主要演员。

（5）根据美术和制片部门的建议，指导和完成选景工作。

（三）制 片

制片相当于制片主任助理，对制片主任负责，没有独立决定权。主要负责协助制片主任抓好剧组的日常行政管理制度的落实、车辆的计划使用、现场拍摄工作的协调和组织保障。熟悉影视制作的详细过程和有关法规及本剧组各项规章，有丰富的现场工作经验和很强的组织管理能力。责任心强，思考问题全面细致、富于条理，并特别注意讲究工作方法。吃苦耐劳，年富力强，做事讲究效率。

制片部门的制片分工很细，按照工作性质分为以下几类：

1. 现场制片

（1）在制片主任和导演的领导下工作。主要负责协助制片主任抓好剧组的日常行政管理制度的落实、车辆的计划使用、现场拍摄工作的协调和组织保障。在外联制片不在现场时，负责组织消除现场所有临时出现影响拍摄的因素。

（2）熟悉影视制作的详细过程和有关法规及本剧组各项规章，有丰富的现场工作经验和很强的组织管理能力。责任心强，思考问题全面细致、富于条理，并特别注意讲究工作方法。吃苦耐劳，年富力强，做事讲究效率。

（3）注意尊重导演、主创人员和主要演员，在乘车、食宿等方面的安排上注意给予照顾。主动和剧组各部门搞好团结，建立良好的工作关系。

（4）以身作则，模范遵守剧组的各项规定。认真做好安全事故的预防工作。

2. 外联制片

（1）在制片主任的领导下工作，主要负责协助制片主任完成选景地的使用报批、签署协议，与驻地公安、消防、劳动等部门通报和商洽有关剧组工作的拍摄问题。提前于剧组赶赴外景地联系安排食宿、交通保障等事宜。处理剧组与外部的各种纠纷及事故的善后等工作。

（2）有丰富的社会经验和良好的公关能力，讲究仪表，注意形象，并善于从保障剧组拍摄连续进行的目的出发，灵活、果断地处置外联工作中的各种问题。

（3）有较高的个人信誉和廉洁的工作作风。外联工作中涉及场地租金等问题时，不以收取回扣等谋取个人利益为目的提高场租、虚开发票，损害剧组利益。自觉自愿地接受剧组账务和领导小组的各种审核和复查。

（4）注意请示和汇报。由于外联工作的重要性和单独性，要求外联制片应注意随时保持通讯联络畅通，对有关的谈判和处理意向，应按有关规定及时向制片主任或剧组领导小组其他成员请示。

（5）在大场面或其他难度较大的镜头拍摄时，应尽量到现场协助各部门组织和协调有关工作。同时负责处理现场中各种影响拍摄的外部因素，完成制片主任和导演交给的其他工作。

3. 生活制片

生活制片是为摄制组的吃喝拉撒睡进行服务的工作人员。

4. 生产制片

生产制片是对剧组的场景的制作陈设等进行管理的人员。

（1）在制片主任和导演的领导下工作。主要负责协助制片主任抓好剧组的日常行政管理制度的落实、车辆的计划使用、现场拍摄工作的协调和组织保障。在外联制片不在现场时，负责组织消除现场所有临时出现影响拍摄的因素。

（2）熟悉影视制作的详细过程和有关法规及本剧组各项规章，有丰富的现场工作经验和很强的组织管理能力。责任心强，思考问题全面细致、富于条理，并特别注意讲究工作方法。吃苦耐劳，年富力强，做事讲究效率。

（3）注意尊重导演、主创人员和主要演员，在乘车、食宿等方面的安排上注意给予照顾。主动和剧组各部门搞好团结，建立良好的工作关系。

（4）以身作则，模范遵守剧组的各项规定。认真做好安全事故的预防工作。

（四）摄像师

（1）熟悉所用摄像器材的性能和使用方法，熟知各种摄像手段的表现特点和运用时机，准确把握镜头节奏，能胜任各种风格的剧情拍摄。负责制订摄像组预算。

（2）善于理解和尊重导演的创作思想，和导演共同检查演员的表演，参加选景工作，积极提出各种拍摄方案和建议。善于以创造性的镜头语言表现人物性格、场景氛围及画面构图。

（3）熟悉各种光效的制造和特点，善于同灯光、服装、化装、置景部门的工作相协调，努力营造完美、富于变化的色彩造型和灯光效果。

（五）美术师

（1）组织美工部门根据剧情、导演要求和摄制经费对全剧的场景进行气氛设计和美术加工，以精致和谐和富有典型意义的美术造型，努力提高画面的表现力和感染力。在各部门的配合下实现导演各种实物造型的创作意图。

（2）熟悉剧情时代背景的人文特点和历史自然风貌，及时指导美术组员为置景和道具部门提供加工制作的设计蓝图。

（3）与外联制片密切协同，按照拍摄计划及时选择多种场景供导演选定，不间断地保障拍摄用景。选景应根据剧组实际需要进行，不以选景谋私，收取回扣。

（4）勤奋敬业，精益求精。模范遵守剧组的各项规章，注意各种设计图纸底样的保管和登记。

（六）统　筹

熟悉影视筹备和拍摄工作的全过程及各环节的细节特点，熟悉剧情，有较强的组织计划能力和较高的文字制表水平。

（1）负责根据总计划及各场景特点、拍摄难度、天候季节、保障能力和导演要求，制订出科学周密的阶段计划和逐日拍摄计划，并在请示获准及时传达到全组各有关部门落实。努力缩短摄制周期，提高摄制效率。

（2）与各部门建立密切的工作关系，主动及时了解拍摄进度和各部门准备工作情况，随时掌握中、短期和当日天气预报。工作一丝不苟，细致入微，无特殊情况一般应力争现场协调、现场计划、现场传达。

（3）充分运用工作经验，努力帮助解决影响计划执行的各种问题。遇有大场面拍摄时，应到现场协助现场副导演和现场制片搞好组织管理工作。

（4）统筹人员计划工作应遵守以下工作程序：

① 了解和分析各方面情况。

② 制订计划。

③ 亲自交导演、制片主任、美术师等人签字同意。

④ 亲自复制（复印或复写）交制片部门传服装、化装、道具、置景、灯光、特技、美术、摄像、烟火等各部门长及有关人员（签字）执行。特殊情况，可使用电话通知。

⑤ 亲自誊写黑板，并将最新的计划贴于剧组驻地固定位置。

⑥ 模范遵守剧组的各项规定。主动协助剧组各部门处理各种临时出现的问题。

（七）副导演

电影导演的主要助手，在导演的具体领导下工作。认真完成导演交给的各项事务，协助导演完成影片的艺术创作和拍摄工作。

副导演按工作划分为两大类，选角副导演和现场副导演。

1. 选角副导演

在导演（执行导演）的具体领导下工作。认真完成导演交给的其他各项事务。

（1）有丰富的演员工作经验，掌握较全面的演员情况，熟悉各类演员的形象、表演特征，负责对剧中各主要接戏演员提出多个人选方案供导演和制片人考虑。

（2）按导演通知单和阶段拍摄计划，及时准确地通知演员到组，保证拍摄计划的顺序完成。积极帮助演员熟悉台词和剧情。

（3）善于领会导演的创作意图，善于集思广益。对导演和制片人既定的演员人选，应无条件接受，积极取得联系，促成双方合作。

（4）认真做好演员的情况登记和展示，按标准制表规范填写，认真保管，方便本剧有关部门人员随时查阅。拍摄结束后按合同要求将演员资料原件或复印件及时上交甲方。

2. 现场副导演

在导演（执行导演）的具体领导下主要负责协助导演的现场拍摄工作。

（1）协助导演完成搜集资料、编写分镜头剧本、制作场景表、选外景、配音及混合录音的检查等工作。剧组不设统筹时，下达导演通知单。

（2）熟悉剧情和导演的创作风格，当好导演的参谋，适时、主动地提出群众场面拍摄的合理化建议。

（3）负责群众演员的现选、通知、现场组织、表演处理和一般服装、化装、道具问题的协调和检查。保证群众演员调度有序，和群众演员建立良好的工作关系。

（4）做好群众演员的情况登记。拍摄结束时注意配合各部门做好对群众演员人数及使用的服装、道具、物品的清点。协助制片部门做好群众演员的乘车、就餐、候场等管理工作。

（5）严格按剧组的规定、标准给群众演员结算报酬，不私自贪占、克扣群众演员的劳务费。

（6）协助现场制片处理现场意外事故。

（八）场　记

在导演的具体领导下工作，前期负责协助完成场景表的编制、场景人物统计；拍摄中负责填写场记单、拍板、台词揭示、保管拍摄用空白带和素材带。如有必要，填写拍摄日志。参加后期工作中，负责查找素材、抄录时码、编制完成台本。

（九）服装师

在导演和制片主任领导下，在美术师的指导下，依据本剧造型的总体构思，负责对剧中人物的衣着服饰进行设计，提出服装制作保障预算，并负责整个服装组工作的具体组织和落实。

（1）有一定的文化艺术修养，有相当的造型能力，熟悉剧情背景时代的人物服装服饰等点，并有服装剪裁和制作的技能。

（2）有较强的组织管理能力和工作责任心，认真组织全组制作和购租服装的工作，指定组员按场景、人物对服装进行编号登记。在场景或镜头跳拍的情况下，特别注意人物服装的衔接及效果服装和特殊服装的保管。周密组织群众演员服装的准备、发放、回收、修补和保管，严防服装丢损、渍水和失火。保证拍摄质量与进度。

（3）以对剧组和个人信誉高度负责的态度，在服装置办的各个环节确保质量，努力降低成本，不虚开发票，不以收取回扣或获得个人私利为目的以少充多，抬高定价。自觉自愿接受剧组账务部门和领导小组的监督审核。

（十）道具师

在导演和制片主任的领导下，根据美术师的总体造型设计意图，负责全剧道具陈设的计划、预算、组织制作、租购、保管、布设等工作。

（1）熟悉剧情背景时代的人文生活特点，具有一定的文学艺术修养和历史知识，能够透过道具反映当时历史时代典型人物的生活情趣和精神风貌，并善于在尊重历史的原则下创造性地理解、发挥、制设戏用道具，充分实现导演的创作意图。有较强的制图、识图能力。

（2）主动接受美术部门的指导，并充分发挥个人的经验，积极主动地开展工作，当因创作问题产生分歧时，应尊重美术部门或导演的意见。

（3）有较强的组织管理能力，对道具组人员工作和管理负主要责任。在道具保障的各个环节，注意抓好人员管理，讲究安全生产，做好保管登记，严防道具被盗被损。

（4）善于根据拍摄计划，有预见性地开展工作，同时当计划由于各种情况发生变化时主动协助，全力保障拍摄进行。

（5）以对剧组和个人信誉高度负责的精神，厉行节约，节省开支。报销结算中不虚开发票，不以少顶多，不私取回扣。自觉接受剧组财务和领导小组的监督审核。

（十一）化装师

在导演和制片主任的领导下工作，并接受美术部门的建议和指导。负责根据全剧的主题风格、剧情结构、演员的体貌和总体造型要求，对剧中人物的化装造型进行设计。完成全剧人物的试装和定型，编制化装部门的预算，安排购租、制作各种化装造型用品。拍摄阶段，负责保持人物造型的连贯性，并能够随着人物性格、情绪、年龄、环境等因素的发展变化给予相应准确的变装。

（1）有一定的艺术素养和历史、社会生活知识，有较高的绘画、雕塑等方面的知识和技法。能娴熟地掌握化装的全部技法和技巧，工作一丝不苟，精益求精。尊重导演的创作意图。

（2）有较强的组织管理能力和丰富的实际工作经验。善于根据计划，科学地组织和安排演员化装，与其他部门的工作有机衔接，保障拍摄的顺利进行。

（3）注意抓好本组人员管理，搞好内部团结协作，注意提醒和检查本组化装员的化装质量和接戏问题，对定妆资料和化装品及工具的购置、消耗应做好保管登记。

（4）在化装经费的使用中，应在确保质量的前提下努力降低开支，杜绝贪污和浪费，并自觉自愿地接受剧组财务部门和领导小组的监督审核。

（十二）剧　务

剧务对制片负责，处理制片部门的杂务。

为一部影视节目的拍摄，写一份建组计划。

任务三　怎样选择合作伙伴

案例导入

宋某某（甲）与宋某某（乙）"舌战"升级　争出行业乱象

　　南方都市报讯　关于《美丽的契约》一剧的编剧宋某某（甲）和主演宋某某（乙）在网上针对修改剧本而产生的"舌战"又有新进展，3月16日0时左右，南方都市报记者联系到了刚忙完新戏定妆的导演余某。作为电视剧《美丽的契约》的导演，他以导演视角全面回应了此事。余某认为宋某某（甲）所写《美丽的契约》剧本质量不佳，不得不改，并称宋某某（乙）是被冤枉。余某还希望宋某某（甲）能原原本本晒出剧本，让公众做评判。针对余某导演所述情况，南都记者多次致电宋某某（甲），其手机始终处于"已启用来电提醒状态"，几次发短信求证，对方也未回复。记者同时采访了宋某某（乙）近期主演的另一部剧《我的儿子是奇葩》制片人王某某，他也表达了自己对演员和导演修改剧本的看法；另一位著名的电视剧制片人则表示，这件事情不应该把注意力放在"舌战"上，应该关注到这是国内目前电视剧制作乱象中所呈现出来的问题。

(《南方都市报》2014-04-18)

　　影视节目的制作是由若干人共同实施的系统工程，制片人对参与者的选择尤其重要，找到了好的合作伙伴，就意味着节目成功了一半。因此，要搭建一个和谐的创作班子，应当找哪些人合作，以什么标准对他们进行选择，这是制片人要慎重考虑的。

　　作为制片人，最重要的工作就是选择合适的合作伙伴共同完成节目的拍摄制作。在一个影视节目中，最为重要的合作伙伴有两个，一个是编剧，一个是导演。这两个合作者选择好了，节目就已经成功了一大半。这里所说的编剧不仅是指影视剧、动漫的编剧，也包含了纪录片、专题片的撰稿或文案人员。

一、选择编剧

【案例】

对编剧王宛平创作风格的分析[①]

- 王宛平的生活工作经历

在安顿的《绝对隐私》风靡中国书市的时候，婚姻问题成为了当时我们社会最为关注的现象之一，当时王宛平在"三月风"杂志社工作，发表了很多情感纪实类文章，书商的嗅觉非常灵敏，主动找上门来，请她写一本关于中国人婚姻状态的书，王宛平为了把这本书做得真正有价值，有代表性，她走访了几十个家庭，深入被访者的内心，写出了《婚内婚外》这本书。在这本书中，她发挥了自己的文学才能，把那些当事人的情感经历写得入木三分。这本书后来非常畅销，她当时也被称为中国"婚姻问题的半个专家"。后来她又回到中戏教课。不过，再次回到中戏的王宛平已经不再写小说了，她继续写情感纪实文学，发表了《我的前妻》《我的前夫》等一系列作品，但终归没有太多的成就感。2001年，在史航的推荐下，王宛平参与了电视剧《曼谷雨季》的创作，随后是《幸福像花儿一样》《我的泪珠儿》《新上海滩》等，直到《金婚》大热，她开始成了大腕编剧，也被更深地定位在"婚恋题材"写作上。从此以后，导演找她写剧本的时候，也把选题主要圈在了婚恋的这个框架内，可见早期的文学创作对她以后的人生起了决定性的影响。而王宛平对于这个定位既满意又无奈，她说："实际上，关注婚恋，是没有选择的选择。""没办法，你是女的，别人就会认为你擅长写婚恋题材，就会来找你来写。"

- 王宛平对自己擅长写作的评价

"自打2000年在史航同学引荐下正式入行，这十来年，从第一部《曼谷雨季》到眼下正在写的《金婚2》，基本都是女性题材，曾经无数次叫嚣诉苦，写够了女性题材，一定要转型写男性题材！军事、战争、动作、谍战、古装、武侠、悬疑、侦破、政治都想伸手一试，但真正写起来，才发现，向往是一回事，能力是另一回事儿，所谓叶公好龙指的就是这事儿吧。""虽然《纸醉金迷》有两个非常重要的男性角色贯穿始终，我也认为，无论张恨水原著还是杨晓雄改编，都是男角写得好的，但在我这部分，绝

[①] 摘自王宛平的博客，http://blog.sina.com.cn/s/blog-593af5abo200bxsw.html.? tj = 1。

对是女角写得顺手自如,用高导话就是我写此类女性基本上游刃有余。"

● 王宛平的创作经历

《幸福像花儿一样》《金婚》《新上海滩》《甜蜜蜜》《纸醉金迷》。

王宛平的作品,无一不是将人们的婚恋情感作为故事核心进行创作,在她所创作的剧本里,无论是三十年代的角色或是当代的年轻人、甚至是中老年人,作者对他(她)们丰富的情感世界的把握都是非常准确的。而对故事的叙述、人物性格的表现、细节的捕捉,又是非常细腻而质感的。从其作品所显示出的特点来看,王宛平无疑是一个非常优秀的、擅长编写婚姻情感类电视剧的编剧。

至于她以后是否转型改写战争题材、悬疑题材,甚至喜剧题材,都有可能,但那是后话,至少当她还没有转向时,作为制片人认可的仍是她写婚恋情感类题材的这个长项。

编剧是剧本的创作者,剧本是影视剧的故事蓝图,它是通过声音和画面来讲述故事的。优秀的剧本不仅应该具备一个好故事,而且还要用影视语言表达这个故事。所以,选择编剧是重要而基础的工作。

制片人在选择编剧之前,已经对节目有了深入的认识。比如影视剧制片人,在购买作品改编权时,心中已对这部小说应当被改编成什么样的风格、什么样的故事走向、什么样的主题,有了基本的定位。所以在选择编剧时考虑的是该编剧是否具备这样的风格,是否有这样的艺术感觉,是否能接受制片人的思路。同时还要看该编剧擅长写哪类剧本。

那么要怎样才能物色到合适的编剧呢?

(一)明确编剧类型

制片人首先要确定即将拍摄的故事属于哪类创作风格。然后在该类创作风格的编剧中去遴选合适的人选。

每个编剧各有所长。制片人若想制作出一部好剧,应当对编剧的功力、风格、特点有所了解。目前,国内各电视台播出的电视剧主要有以下几种类型,我们可以从这些题材类型中对编剧的所长进行考量。

1. 历史类

要求编剧有丰厚的历史知识,对历史资料有睿智的洞察能力,熟悉某个朝代或某个历史阶段。能以历史唯物主义的观点去筛选史料，运用史料。具有把握题材宏大架构的能力。文风大气、凝重。如写《天下粮仓》的朱苏进；《雍正王朝》的刘和平；《汉武大帝》的江奇涛等。

2. 剧情类

这类题材包括了历史剧和当代剧，要求编剧具有很好的讲故事的能力和结构故事的能力。这类剧的编剧比较多，优秀的如写《闯关东》的高满堂；写《人间正道是沧桑的》江奇涛；写《康熙微服私访记》的邹静之；写《神医喜来乐》的汪海林；写《乔家大院》的朱秀海等。

3. 喜剧类

编剧要有幽默感，懂得喜剧的构成要素，善于从戏剧结构、人物关系、情节设置、人物对白、生活细节中营造喜剧效果。国内的喜剧电视剧编剧较为成功的当属写《我爱我家》的梁左、写《武林外传》的宁财神等。

4. 生活类

要求编剧要有丰富的生活积淀，善于观察生活，擅长以生活中的细节去表现人物的喜怒哀乐及性格特征，以及普通人在一定社会背景下的生活状态，而非跌宕起伏的戏剧故事。这类编剧有写《激情燃烧的岁月》的陈枰；写《金婚》的王宛平；写《家有九凤》的高满堂；写《空镜子》的万方等。

5. 悬疑类

要求编剧具有极强的编写故事的能力。善于设置扣人心弦的情节，具有极强的逻辑思维能力。能紧紧抓住观众并使其在其设置的故事框架中行走。这类编剧有写《誓言无声》的钱滨；写《暗算》的麦家；写《海狼行动》的潘军等。

6. 战争类

要求编剧有英雄情结。熟悉部队生活，熟悉战争史料，文风硬朗。目前国内比较优秀的战争题材编剧有写《士兵突击》《我的团长我的团》的兰晓龙；有写《亮剑》的都梁、江奇涛等。

（二）了解编剧经历

1. 看作品

制片人通过看某位编剧所编写的作品，可以了解该编剧对生活的理解深度，对故事的创造性，对人物关系的把握，对人物内心世界探索的深入和细微程度，以及他对某类题材的掌控能力。

2. 看生活经历

一个编剧的生活经历，往往可以作为制片人对编剧是否胜任该题材创作的重要参照。编剧生活经历的丰富与否，直接影响到他对该类题材的理解和认识程度，影响到编剧对剧中人物的认识深度。一个有着丰富农村生活经历的编剧，对农村生活，对农民的心态，才会有深刻的理解，也才会能准确地表达出来。同样，一个对婚姻、家庭有着深刻的体验和认识的编剧，才能把握得住婚内婚外的人们对婚姻的不同想法和行为。这样创作出来的剧才能触动人们内心最敏感、最脆弱的神经，引起人们的共鸣。

3. 看创作经历

制片人还要看编剧的创作经历。从编剧的作品（包括小说、戏剧、报告文学等）中可了解他的知识积累和文化底蕴，了解他的创作兴奋点和题材优势。如有的编剧长于写历史题材，有的编剧长于写近代题材，有的编剧长于写喜剧题材。

（三）考察编剧对特定题材的感觉

制片人了解了编剧的作品与经历介绍，对其能力和个性有了大致的把握后，方可约编剧面谈。面谈的目的主要是进一步考察其对制片人所确定的选题是否有兴趣，是否有感觉，是否有创作欲望，是否在与制片人交谈过程中能不时提出自己的见解与思路。优秀的编剧在首次与制片人交谈时，就可以对故事及剧中的角色谈自己的设想了。

完全附和制片人意见的编剧不是好编剧，但与制片人的想法相去甚远的编剧则是不能用的编剧。

除了从这几方面去了解编剧的业务素质外，还可询问业内人士，从侧面了解编剧的人品及合作态度。最后制片人根据这些综合因素，在诸多编剧中作出自己的选择。

（四）获得剧本

在选定编剧之前，制片人有一项重要的前期开发工作必须完成，那就是获得一个基础的故事模型。前期开发有两个途径：或者是购买别人文学作品（主要是小说）的电影或电视的改编权，或者是自己已经有了一个原创的故事核。

1. 购买改编权

根据著作权法规定，一个创意产品的著作权（也称版权）拥有者可以依法对其著作权进行使用许可转让，供其他创作者对该作品在另一个艺术门类进行再创作。制片人一般采取购买小说的电视或电影改编权进行剧本创作。我们将这一阶段的工作称为前期开发。制片人一般会采取以下几种方式购买改编权。

（1）优先购买权。

当制片人还没有找到投资人的情况下，需要由自己出钱来购买小说改编权，为了少花钱而降低风险，为了不使所看中的选题被其他同行买走，也为了有与投资人谈判的项目，一般情况下，制片人会采用购买优先购买权的方式。

① 具体操作方法：

与著作权拥有者进行谈判。假若与著作权人谈判的结果是其电视改编权为10万元人民币，则优先购买权可按该价格的5%或10%支付给著作权人，以获得该作品的优先使用权。

② 使用期限：

优先购买权的使用期限可以是几个月，也可以是几年，这需要双方进行协商，具体使用时间主要依据制片人对资金到位时间的估计，以及对该选题的市场价值的评价，即是否还会有其他制片人也看中了这个选题而与你竞争。若制片人对上述问题较有把握，则时间可以短一些，若把握不大，则时间可以长一点。

在此期限内，制片人具有购买该作品改编权的排他性权利。即在此期间，著作权拥有者不得将改编权再卖给其他任何人。在实际操作过程中，也有优先购买权到期而制片人仍然还没有融到资金的情况，这时制片人有优先续签合同的权利，当然，这个权利应当在上一份合同中就要约定好，否则就会失去这个权利。不过，制片人续约时，可能会向著作权人支付附加费用。

这些问题都弄清楚后，谈判就开始了。必须强调的是，制片人应当擅长这些谈判，否则就要花钱聘请律师或代理人。当然，无论制片人是否亲自出面谈判，其背后都一定要有一个懂得著作权法的律师。

③ 注意：

在购买优先使用权的过程中，制片人首先要确定究竟谁才是一部作品的著作权人。因为有时著作权在出版社手中，有时在作者手中，有时又是双方共同所有。这要看他们当初的出版合同是怎样约定的。

（2）全部购买改编权。

① 操作方法：这种购买方式比较简单，一次性买下著作权人的电视改编权。双方只需谈妥价格及署名等问题则可成交。

② 操作条件：

当制片人对一部作品的市场价值有绝对把握，又对资金来源也有绝对把握，或者自己具备能力支付购买著作权的资金时，可以使用这种方法。

无论是购买优先使用权，还是付全部购买使用权，其价格都需根据该作品的发行量，作者的知名度，作品的社会反应，作品的商业价值等几个方面来进行判断。因文学作品改编权的转让没有固定价格，这就需要制片人对该作品进行改编后的市场有清醒的判断，对该作品的投入产出效益有明确的判断。而这就是制片人的市场眼光与价值所在。

2. 建立策划班子制定故事框架

当制片人获得电影或电视剧改编权，又落实了编剧人选后，便可以开始进行剧本创作。但这并不是说放手让编剧想怎么写就怎么写，一个聪明的制片人应当有自己的"智囊团"——剧本策划班子来帮助他完善自己对影视剧的设想。这个策划班子就是制片人的外脑。

策划班子的作用：

一是与编剧一道，对剧本中故事的走向、情节的设置、人物关系的设置、戏剧的冲突、人物行为的合理性等进行探讨；或者是对上述事项做出规定，让编剧理解制片人的意图，便于编剧顺着这个大家都认可了的思路进行创作。在大的故事框架和人物关系结构下，编剧的工作效率会更高，所写的剧本离制片人的要求更接近。

二是当制片人针对市场需求自己提出某个选题时，策划班子可以讨论出一个原创故事的框架。这种情况下，制片人就不用购买小说改编权了。当大家一致认为该故事可行时，制片人也可寻找编剧对该故事进行创作。在许多热播的影视剧中，用这种方式进行创作的成功案例也不少。

（五）编剧费用支付

确定编剧后，应当与之签订合同，在合同中约定双方的责、权、利。编剧合同一般包括剧本完成时限、工作量确定、质量要求、稿酬数额等内容。其中，较为关键的是编剧费用的技术问题。

稿酬的支付方式通常有以下几种：

1. 分段付酬

合同约定，将编剧的工作分为故事大纲、分集大纲、剧本几个阶段。而编剧费则根据这几个阶段来发放。编剧所做的工作，哪个阶段合格，就发放哪个阶段的稿酬，若编剧的工作在某一个阶段无法达到制片人的要求，则制片人只有换人。而该编剧则只能拿到这个阶段的稿酬。

2. 先付定金

给编剧的稿酬，创作前只支付小部分定金，大部分要到开机拍摄后才能支付。这种条件的前提是编剧对自己所创作的剧本有信心，对制片人有信心，对投资有信心。

3. 折算股份

与编剧谈好价格，但不发放稿酬，而是将其稿酬折合成股份，使之成为该剧的股东，待该剧销售完毕，资金回收后，再按股份分红。这种方式的最大好处是可以节约一笔较大的开支，减少现金投入。而且一旦编剧同意采用这种方式，可极大地调动其积极性，将剧本达到最佳水平。

二、选择导演

对于一个影视节目来说，仅有好的剧本是不够的，还需要好的导演来对文本层面的故事进行影像的诠释。正如一位资深编剧所言：编剧结束的时候，就是导演开始的时候。

能请到一个优秀导演,既是影视节目质量的有力保证,也是票房号召力的一个重要指标。但不是所有项目都要与优秀导演合作,要根据投资的具体情况选择合适的导演。但总体来讲,选择导演至少要考虑两个方面。

1. 看风格

制片人选择导演首先是看其艺术风格是否与该剧的风格接近,这可以通过该导演的其他作品进行了解,如有的导演擅长军旅题材,有的擅长都市生活题材,有的擅长悬疑题材,有的擅长古装片,还有的擅长喜剧等。制片人要根据剧本类型及风格去选择导演。在初步圈定几个导演人选后,制片人可直接与导演就剧本进行交流沟通,听他对剧本的理解及创作想法,看其对剧本的认识是否到位,是否符合制片人期望。

2. 看职业素养

制片人选择导演还要考察其是否有责任感和事业心,有的导演是为挣钱,有的导演则把每一部影视剧都看成是自己的作品,创作非常投入。制片人可以通过与之合作过的工作人员或者演员,去了解该导演的艺术功底、敬业精神、在现场的控制能力、对演员表演的引导等细节,加深对该导演的认识,以便最后作出抉择。

任务四　拍摄和制作

拍摄制作是影视节目最具有行业特点的实质性操作阶段,是产生费用最高的阶段,这个阶段可能出现的问题也最复杂。所以,为保证摄制顺利,需要制定科学流程,严格做好过程管理。现以一般影视节目的流程为例,介绍常规流程。

一、制定分镜头剧本

拍摄之前,应该做好分镜头剧本。

(一)什么是分镜头剧本

分镜头剧本,又称摄制工作台本,"导演剧本",也是将文字转换成立体视听形象的中间媒介。

（二）分镜头剧本的作用

一是前期拍摄的脚本，拍摄过程中的镜头分配就是根据分镜头剧本进行的。

二是后期制作的依据，后期编辑的时候，要根据分镜头剧本进行镜头组接。

三是长度和经费预算的参考，根据每一个分镜头的长度，可以计算出成品的总时长，也根据此粗略预算片子所需费用。

（三）分镜头剧本的形式

分镜头剧本需要将文字脚本的画面内容加工成一个个具体形象的，可供拍摄的画面镜头，并按顺序列出镜头的镜号。分镜头剧本可以采用表格形式，格式不一，有详有略。一般设有镜号、景别（远景，全景，中景，近景，特写）、摄法、时间长度、画面内容、音响、音乐等栏目。一般小型影视节目的分镜头剧本可以采用如下表格：

镜号	景别	摄法	时间长度	画面内容	旁白/同期声	音乐/音效	备注
1							
2							
3							
4							

（四）怎样制作分镜头剧本

1. 景　别

（1）概述。

"景别"是指由于摄影机与被摄物体之间的距离和所用镜头焦距的长短不同，而造成被摄体在电影画面中所呈现出的范围大小的区别。景别是通过视觉所产生的。一部电影的影像就是这些能够产生不同艺术效果的景别组合在一起的结果。

（2）分类。

景别可具体划分为大全景、全景、中景、近景、特写等类别。

① 大全景画面。大全景一般用来表现远离摄影机的环境全貌，展示人物及其周围广阔的空间环境，自然景色和群众活动大场面的镜头画面。

② 全景画面。用来表现场景的全貌或人物的全身动作。用于表现人物之间、人与环境之间的关系。

③ 中景画面。画框下边卡在膝盖左右部位或场景局部的画面。中景是叙事功能最强的一种景别，在影视作品中占的比重较大。

④ 近景画面。拍到人物胸部以上，或物体的局部成为近景。是近距离观察人物的体现，能清楚地看清人物细微动作，是人物之间进行感情交流的景别，也是刻画人物性格最有力的景别。

⑤ 特写。画面的下边框在成人肩部以上的头像，或其他被摄对象的局部称为特写镜头。在故事片、电视剧中，人物的特写主要用来描绘其内心活动，道具的特写往往蕴含着重要的戏剧因素。

2. 摄　法

（1）概述。

"摄法"是指镜头的角度和运动，是摄像机拍摄基本手法。

（2）分类。

拍摄基本手法包括以下几种：

推——摄像机不动，推进焦距。景别变小。

拉——摄影机不动，拉大焦距。景别变大。

摇——机器底座支点不动，摄影机机身从左到右，或从右到左，或从上到下等摇头拍摄。

移——机器头不动，而在其底部装上滑轮，机子镜头的平稳移动。

俯——机器位置高于被拍摄物体的位置，镜头朝下，角度为从上往下拍摄。

仰——机器位置低于被拍摄物体的位置，镜头朝上，角度为从下往上拍摄。

跟——要用到很重要的摄影机稳定器"斯坦尼康"配合，随着演员的移动而移动拍摄。

追——多为身后视点，机器随被拍摄人或物体移动，是自由移动拍摄。

3. 画面内容

"画面内容"是将画面中人物的动作和对话用精炼具体的语言描述出来，必要时可借助图形、符号表达。

4. 旁　白

"旁白"是指相应镜头组的解说词，由后期配音加入。

5. 同期声

同期声是指来自现场的，画面中能看见声音来源的声音。

6. "音乐"或"音效"

"音乐"或"音效"是指相应镜头组或段落的音乐与音响效果。

较大型的影视节目，特别是影视剧，需要更详细的分镜头剧本，在每个段落之前，还标注有场景，即剧情发生的地点和时间、天气情况等；段落之间，标有镜头组接的技巧。有的还附有画面设计草图和艺术处理说明等。

二、制作拍摄大纲

拍摄大纲是对每一个拍摄场景的拍摄内容的梳理，制作出严谨的拍摄大纲是开拍前的必要准备。按照提纲拍摄，可以大大节省拍摄时间成本和资金成本。拍摄大纲需要做得尽可能详尽。因为一旦进入片场，就要动用机器设备，费用不菲，聘请的导演、摄像和其他工作人员也都需要付费，所以每一个拖延和失误都可能造成费用增加。

（1）提纲中应该把在节目中需要拍摄的东西列出，每一组镜头都要列出，无论巨细，并估算出每组镜头的大致时间长度和节目总时间。

（2）拍摄提纲的内容应包括拍摄时间、图像和声音，每个场景作为一组。

（3）拍摄提纲列完以后，需要仔细检查有没有忽略的内容。

（4）为保险起见，拍摄的材料应比计划的多出25%。

（5）计算出拍摄所需天数。列出拍摄日程和预算。

当然，在开拍以后，也可能有新东西出现，或情况发生变化，尽可能把新的发现记录下来。在编辑时可以作为调整的素材使用。

三、开拍准备

1. 现场勘察

正式开拍之前，需要到拍摄场地实地查看，以便对摄制现场有足够的了解，有助于拍摄时经济有效地利用时间。根据每个场景中拟拍的镜头，仔细观看现场。

（1）查看现场布局及光线情况，如果需要灯光，需要准备灯光并落实电源。

（2）检查现场声音情况，如果需要同步录音而现场有噪音，应设计应对措施。

（3）记下所需的特殊设备，如摄像机的特殊支架或特种镜头、效果镜头、无线话筒、野外录像所需的步话机等。

（4）寻找可能用于节目宣传所需的照片镜头。

（5）看场地时带上照相机，拍下照片，对于布景、服装、道具、灯光和音响有很大帮助。

现场勘察完成后，可以根据了解到的现场情况，对拍摄提纲进行适度的修改。

2. 落实拍摄许可

开拍前还要落实在哪些场景的拍摄需要事先得到对方许可，应该申请所有必要的许可。

（1）与拍摄对象沟通。

与拍摄对象沟通，使对方有所了解和准备。特别是有现场采访的节目，让采访对象事先了解你的采访意图，给他更充裕的准备时间，不至于出现临场慌乱的"晕镜头"状况。当然，如果是需要"突然袭击"式的曝光性质的采访，又另当别论。

如果涉及肖像权，则要考虑签署合同书，允许你使用对方的镜头。一般先是口头上征得同意，然后签署书面合同，以获得拍摄完成后的发行许可。这样能消除法律问题后顾之忧。

（2）与有关部门沟通。

提前与可能涉及的有关部门进行沟通，取得对方许可，可以避免开拍后临时出现问题耽误拍摄。包括一些特殊部门如警察、消防等有所涉及的各个方面。

（3）做好记录。

在作现场准备时，要勤于作记录，比如记录下有关数字、人物名字和身份、地址、联系电话等，以备拍摄时联系或制作节目时使用，特别是一些在现场临时得到的事例和信息，可能会启发你对节目的再度思考，激发灵感，帮助你完善对节目的构思。

四、现场拍摄

现场拍摄时，编导必须和摄制者一同到现场，与摄像师保持沟通。

1. 用好设备

（1）灯光：灯光在自然光线不足时有效补充光照，更能把注意力引向图像中的主体。当然，灯光的造型作用也能增强画面的艺术感。

（2）监视器：监视器可以使导演与摄像师建立起紧密的联系，能即时反映所拍画面情况，以便及时发现所拍图像是否合乎要求。

（3）三脚架：专业性地制作影视节目是要用三脚架的。所有的镜头都应用三脚架拍，除非有特殊的原因才用手持拍。用三脚架可能使进展的速度慢些，但更能保证得到专业质量的图像。

（4）数码相机：一方面拍摄工作照，以备存档或宣传之用，另一方面，用数码相机拍摄的图片，输入编辑系统，进行特技处理后形成的画面，有时能起到摄像机所不及的良好效果。

2. 画面拍摄

（1）注意拍摄顺序。

先拍摄节目中最重要部分的镜头。

在天气合适的情况下，先拍室外，以免天气变化造成影响。

最好事先挑出在同一个场景或同一个点上要拍的所有镜头，一个个地拍完，然后再移到另一个点去拍。

（2）注意镜头的丰富性。

每个动作都先拍一个主镜头，再拍特写和反应镜头。

适当拍一些空镜头和间隔镜头，而且要拍得足够。可供编辑时选择。

注意拍摄不同景别的镜头。

在保证拍摄充裕的常规镜头的条件下，尝试一些不太寻常的镜头，比如不平常的高度、角度或地点，这样可以让片子的画面看起来新颖有趣。

3. 声音录制

（1）同期声。

尽可能录下同期声并避免噪音。采录自原生态的现场声音资源所呈现出的真实感，在很多时候会收到比后期配音和音效更扣人心弦的效果。

现在的摄像机都带有机身话筒，在摄像的同时也录音。不过，要取得好的音响效果，仅仅依靠本机话筒是不够的，需要外接录音设备。

（2）采访。

首先要考虑该不该使用采访的形式。如果确定使用采访，如前所述，需事先与被访者进行简单讨论，让对方有所准备。提问者要在拍摄前准备好采访提纲，以免遗漏问题。

五、编　辑

完成拍摄工作只是为片子提供了加工的素材，真正的片子构架工作是在编辑制作中完成的。

编辑就是对前期拍摄的零散的素材进行组织安排，组接并整合声画资源，形成叙述段落和篇章。

1. 整理素材

首先把所有的素材都至少看上一两遍，做好记录，选择拟用的声音和图像素材并做标记。

2. 初次编辑

编辑的过程，就是将素材按需要排列的过程。编辑就是选择最好的镜头的最好部分来叙述，将画面语言的故事化。现在有多款编辑软件可供选择。初编时尽量找到每个镜头的自然长度，初编的片子一般应该长于片子计划时长，一般为百分之十到十五，为下一步的删减和修改留有余量。

3. 修　改

（1）反复观看并修改。

观看初编的片子，进行效果估价，然后进行改进。这个过程可能会重复好几次，反复的修改打磨是制作高质量片子的必要途径。

在修改过程中逐步地把长度减少到规定的长度。

（2）要注意的事情。

检查一下你是否找到了每个镜头的最佳长度。

剪接的地方是否流畅。

采访一定要选取精华部分，过场语言可以由解说词替代。

剪下的镜头一定要保留到节目完成，以留备用。

六、后期制作

后期制作也叫节目包装，是指在对素材完成了初编以后，再进行的包括标题拟制、音响合成、字幕设计、特技制作、色彩调整等工作，使成片更加精良，凸显风格和品质。

1. 后期制作的原则

在制作过程中，要本着形式为内容服务的宗旨，在"以视为主，以听为辅"的原则指导下，协调和处理好画面、同期声、字幕、解说词等方面的关系，使片子诸要素及构成诸要素的子要素之间优势互补，形成合力，共同为突出主题服务。

2. 后期制作的具体方法

（1）画面处理。

后期制作中，除了原始素材，还可以使用多种元素作为视频编辑材料。影视制作软件的强大功能支持，为片子的制作提供广阔的创作空间。充分运用影视技术技巧，比如各种特技、滤镜、漫画、动画、地图、图表、书法、绘画、照片、字幕的恰当使用，可以使片子精裁细剪，完美呈现。

（2）声音处理。

声音处理方法也很多，可以配上解说词、使用同期声，也可以使用无声片段、特定音响和声音效果，同时可以根据主题内容的需要，使用音乐，使音乐、音效与解说词、同期声构成立体效果。注意：声音特别是音乐的使用应精当，不要填塞过满。

（3）色彩处理。

片子的色彩也是可以调整的，不同的色彩表达的情绪不一样，一般在制作后期可以通过软件调色，调色能大大增强画面的表现力，在无声无息之中给片子确立一个情绪基调。

需要注意的是，片子制作的艺术表现强调真实自然，它追求异彩纷呈，但不提倡光怪陆离；要求容量和深刻但拒绝繁冗和堆砌。

第五单元内容要点

制片人在节目制作的不同阶段所需要的合作伙伴是不一样的：
确定选题阶段需要市场调研人员。

策划创意阶段需要策划创意人员。

剧本创作阶段需要编剧和策划班子。

融资阶段需要财务及金融人才。

拍摄制作阶段需要拍摄制作人员。

节目宣传销售阶段需要宣传销售人员。

按拍摄工作的大关系划分,电视剧组分为导、摄、美、制四大部门。导演和制片主任是剧组的两个最高负责人。不同部门人员职责要求不同。

制片人最为重要的合作伙伴是编剧和导演。

选择编剧要考虑的因素包括:编剧所属类型、编剧的生活经历和创作经历、编剧对特定题材的感觉。

选择导演要考虑的因素包括:导演风格及其职业素养。

拍摄制作是影视节目进入实质性操作的阶段,可能出现的问题也最复杂。

为保证摄制顺利,需要制定科学流程,严格过程管理。

开拍前需要制定分镜头剧本和拍摄大纲。

开拍准备包括现场勘察和落实拍摄许可。

现场拍摄要注意画面和声音的摄录。

后期编辑要在整理好素材的基础上进行初编和修改。

后期包装包括画面处理、声音处理和色彩处理。

补充阅读书目

[美]Alan Rosenthal 著:《纪录片编导与制作》,,张文俊,译,复旦大学出版社 2006 年版。

[美]迈耳·史雷波曼著:《制片创作大全》,黄扉,译,清华大学出版社 2004 年版。

单元能力测试题

开放式书面作业:

1. 根据拟拍摄的不同类型影视节目,写作建组计划。

2. 组织拍摄并编辑制作一部反映校园生活的纪录片,时间长度 5~8 分钟。

单元技能测试记录表

鉴定内容		鉴定方法		鉴定人签字		
鉴定成绩		鉴定时间		被鉴定人签字		
关键技能		评价指标		鉴定结果		
				通过	未通过	

鉴定者评语：

课 程 评 价 表

姓名：_____   日期：_____

当你完成了本单元的学习，我们希望你能对下面的项目提出你的建议。

请在相应的栏目内打钩	非常同意	同意	没有意见	不同意	非常不同意
1. 这一单元为我很好地提供了关于影视节目组织拍摄的综述					
2. 我现在对尝试组织拍摄制作电视短片更有自信了					
3. 该单元的内容适合我的要求					
4. 该单元中举办了各类活动					
5. 该单元中进行了实作					
6. 该单元中不同的部分有机融合					
7. 教师待人友善、愿意帮忙					
8. 该单元的教学让我做好了参加评估的准备					
9. 该单元的教学方法对我学习起到了帮助作用					
10. 该单元提供的信息量正好					
11. 评估与鉴定公平、适当					

你对将来改善本单元的教学有什么建议？

_____

_____

能力单元六

怎样将影视节目卖出去

将影视节目做出来不是目的,将节目卖出去获得利润才是目的。影视节目的销售有非常丰富的手段,对不同的节目采用什么样的营销手段,这要看经营者的智慧。

目前国内所有影视节目中,市场化程度最高、利润最为丰厚的是电影和电视剧。我们可以通过剖析电影和电视剧丰富的营销手段,举一反三地学习借鉴它们的营销方法,将这些丰富的营销手段创造性地用到其他影视节目的营销中去。

任务一　认知影视节目的营销

案例导入

好莱坞电影营销①

有资料表明,美国电影产业的总收益,20%来自于银幕营销,80%来自于非银幕营销,后电影产品开发。好莱坞的电影营销是银幕营销和非银幕营销齐头并进、互为支持的连锁式营销方法,具体表现为银幕营销、电视营销、家庭影院、网络营销和相关商品开发这"五位一体"的营销构架。电影营销不应该只是局限于影片本身,一部电影的商业运作是可以通过一个产业链做营销的。电影产品如果是强势品牌,很容易拉动商家趋之若鹜,例如《星球大战》系列的周边产品的销售收入早已经超过了50亿美元。

---

① http://news.sina.com.cn/o/2005-08-11/16406668466s.shtml。

影视节目不仅是制作出来的，而且是营销出来的，其丰富多样的营销手段体现在整个长长的产业链上。

一、不同的节目有不同的销售对象

影视剧（含动漫）的销售对象是电影院线、电视台、网络新媒体；

纪录片的销售对象是电影院线、电视台、网络新媒体；

综艺节目的销售对象是电视台、网络新媒体；

专题片的销售对象是企业或单位。

最复杂的营销是电影，虽说购片方是电影院线，但院线还要进行二次营销，而营销的对象是成千上万的消费者，到影院看电影的人越多，票房就越高，利润才越大。而要让观众们自觉地掏钱到电影院看电影，电影发行方与电影院就会绞尽脑汁，不断创新出各种层出不穷的营销手段。

二、营销的重要性

目前影视节目的营销手段十分丰富，运用包括自身平台在内的多种媒体整合营销宣传，已成为影视节目营销的通用方法。

现在，国内影视节目市场已经接受营销的概念，制作公司已经从只重视制作向同样重视节目营销转变。影视产品的竞争也已从上游的制作集中到终端的放映和播映，可以这样说：在保证影视节目质量的前提下，谁的营销手段有创新，谁的节目就有市场。

以电影为例，其竞争已经由制片转向营销，谁掌握了营销的主动权，谁就拥有了市场。业内有个说法：电影能否卖钱看制作质量，卖多卖少看营销手段。这充分说明营销对于电影是否能获得预期效益的重要性。

三、营销的环节

以电影为例，营销并非只限于鼓动消费者买票到影院看电影这个环节。让人们到电影院看电影，仅仅是完成了电影营销的一部分，或者说是完成了一个营销阶段的任务。更多的营销手段和利润还在后面。完整的营销应是从剧本的前期策划，从影片的拍摄制作就开始了，从这个意义上讲，电影的营销是一个过程，包含了拍摄前、拍摄中、放映播映前三个营销阶段。

讨论近期热映的几部电影，归纳其营销手段。

任务二　营销方法

影视节目的营销方法很多，既有相对固定的通用方法，又有根据每部影视剧独特内容而创新出来的方法。但不管采用什么方法，其目的都是为了获得利润，我们都将其分为三个阶段，不同阶段有不同的营销内容及营销方法。

一、创意和拍摄制作阶段的营销

影视剧的营销应该从创意时期开始。

（1）按照市场需求设计人物造型，为未来出品玩具、形象代言用品等丰富的周边项目埋好伏笔。

（2）注重故事编排的代入感和参与性，使影视剧的音乐既与剧情相融，又能独立出片生存，打开影视剧原声唱片的销路。

此阶段的重点营销对象是广告商，通过植入企业的产品而获得商家的资金赞助。

1. 植入广告

【案例1】

冯小刚2003年贺岁片《手机》营销

《手机》的出品方华谊兄弟从剧本筹划初期就同步介入电影营销洽谈，经过充分磋商和准备，最终摩托罗拉、中国移动、宝马、美通通信、国美电器等企业全情参与，拉开了中国电影营销划时代的一幕。摩托罗拉在影片中的植入行云流水，特制的片头字幕如MOTOA760的一个大广告片，让产品短时间内迅速浸入消费者脑海。中国移动和美通通信合作开通了短信平台，推出与电影同名的短信游戏，电影还没上映，短信的发送量就超过了 2 000 万。在捆绑式电影营销模式下，《手机》与国美携手促销，《手机》片花在国美全国卖场滚动播出，平面宣传材料触目皆是；冯小刚、葛优等一班明星穿梭于国美 12 家卖场签名售书，推广电影，辅助促销；国美的"买家电送电影票"促销活动，短时间内就送出 30 万张，反观销售全线飘红……

对华谊兄弟来说，《手机》高达 263% 投资回报率开创了业内盈利先河；对赞助商来说，在如此短时间、以如此小成本迅速实现商业目标的成功案例也不多见。

自《手机》大获成功后，越来越多的企业开始留意电影，并在预算中安排相应预算，通过电影营销的意愿大幅提高。

总体来讲，影视剧的植入营销最常用的手法有以下几种。
（1）定制剧情。

【案例 2】

电影《手机》《不见不散》的剧情定制

宝马汽车是冯小刚电影的老赞助商，为了回馈赞助商，出品方专门为其定制了一系列剧情。例如，在电影《手机》里，就根据徐帆是大学老师的身份，专门设计了一场 12 个女大学生同挤一辆宝马车返校被抓，挨徐帆批评的剧情。这个段落以一种非常幽默的方式表现了宝马车内部空间的宽敞，直接宣传了产品卖点，给观众留下深刻印象。再比如在电影《不见不散》里设计了一场葛优去找徐帆的戏，场景就特意安排在徐帆打工的宝马 4S 店，在徐帆、葛优长达 5 分钟的对话过程中，镜头从不同角度将宝马车拍了个遍，巧妙的给宝马 X5 做了个全方位展示。

（根据电影《手机》和《不见不散》整理）

定制剧情就是片方根据企业切实需求，为赞助商定制既符合商业需要，又顺乎剧情发展的场景。

这样的操作手法需要对剧本进行较大修改，必须跟片方、导演、编剧等做好沟通，如果不是首席赞助商或有长期合作关系的客户，一般较难做到。宝马之所以能在剧中定制剧情，与他和华谊兄弟多年良好的合作关系是分不开的。

（2）道具或场景植入。

【案例3】

电影《天下无贼》《杜拉拉升职记》中道具和场景植入

刘德华和刘若英合伙诈骗傅彪的戏中，刘德华偷拍用的佳能DV，既是剧情必需的道具，也为企业提供了植入的契机。

另外，诺基亚手机、宝马轿车等在该片中作为重要道具也无处不在。

在另一部影片《杜拉拉升职记》中，徐静蕾找工作时登录的智联招聘网、饮用的立顿红茶、驾驶的马自达汽车、使用的联想电脑、诺基亚手机、出入的屈臣氏、兴业银行、北京银泰中心、北京柏悦酒店等等，无不是道具或场景的植入广告。

（根据电影《天下无贼》《杜拉拉升职记》整理）

植入广告就是将赞助企业的产品或包含企业信息的物料如广告牌、门头、建筑外形、景观、商标等，作为剧中道具或剧情背景使用，从而传播企业信息。

相较于剧情定制而言，道具及场景植入被更多的使用，因为影视剧原本就需要道具或场景，只要与剧情具有关联度，操作起来很容易。

（3）旁白及人物对话。把企业名称、产品等目标信息通过剧中人物对白或旁白传递出去。

【案例4】

影片《大腕》《命运呼叫转移》的台词

《大腕》中李成儒的台词："……不是开奔驰就是开宝马，你要是开一日本车，都不好意思跟人打招呼……"虽然是一个疯人的疯话，但夸张中映射着现实社会，上口，好记，被观众口口相传。另外一部影片《命运呼叫转移》中，刘仪伟则直接介绍了酷派手机的功能，简单清楚。

（根据电影《大腕》《命运呼叫转移》整理）

植入广告已经成为影视剧的重要营销手段，艺术性地植入，可以让观众在赏心悦目中接受商业信息，达到影片与赞助商双赢；做得不好则会令人生厌，不仅达不到宣传效果，还会影响影片质量。

植入广告成功的标志是植入物与影视剧的风格定位和剧情发展和谐相生，水乳交融，观众看不出广告痕迹而接受企业诉求，植入广告的使用有一个底线，那就是不显得生硬，更不可损伤剧情。

仔细观看一部商业片，列出其中的植入广告并进行分析。

2. 片尾字幕

片尾字幕主要是针对电影制作的设备提供商或提供相关免费服务产品的服务商，比如免费提供食、宿、行、场景搭建、拍摄场地及搭景、演员服装、媒体宣传、后期编辑等条件的机构，这些费用本应由摄制组解决，有了单位免费提供，摄制组就减少一笔可观的费用，相当于获得一笔赞助，其回报方式就是在片尾署名。

3. 预售音乐使用权

针对音像制品公司和图书出版公司，可将电影中相关产品（如音乐、小说等）的使用权提前预售出去，可收回一笔投资。

这些举措，相当于影视剧在尚未拍摄制作完毕时已开始了销售，若操作得好，则有可能提前收回投资。

4. 摄制过程中的活动设计

在影视剧的拍摄过程中，可以设计一系列活动，从而引起社会关注，吸引注意力。例如请电视台或发行公司的朋友探班、发布拍摄花絮等，也是保持曝光率，形成消费期待的有效营销手段。

二、放映播映前的营销

放映播映前的营销，目的是在最大的空间和相对的时间范围内，用各种方式传递影视剧即将上映的讯息，激发消费者的观看欲望，让尽可能多的消费者观看，从而获得预期的票房或收视率。随着多屏时代的到来，影视节目的营销空间很大。

这一阶段的营销对象是直接面对消费者，所有的宣传手段都必须是与消费者密切相关，必须要充分引起消费者们对影视剧的关注，也正因为如此，此阶段的宣传手段最为丰富多彩。

营销手段主要有以下几种：

1. 活动营销

【案例5】

娱乐的次生产品

电视剧集"开播庆典"的流行，要稍晚于电影界，也吸收了后者这方面的经验。电视剧的压力因为隔着收视率和广告收益两层窗纸，不像电影票房来得那么直接，不过它也许更折磨"出品方、制片方—电视台"这一段完整的经营链。尤其是在出现了"多频道竞播""四台联播"这类畸形的竞争攻守模式之后，不只热剧播放前的包装变得至关重要，就连那些和剧集同步推出的附加型节目，也都承担了帮本台在竞争中杀出一条血路的重任。

最近的例子就是高希希的新《三国》。新《三国》开播后，几个首播上星频道所推出的促销举措五花八门：从"首映礼"到每天跟踪剧情的脱口秀；从导演、演员到电视知识分子、畅销书作者……可以说已动用了电视编导们智力范围内所能调动的一切因素。这些派生出来的附加型节目，推高了剧集的魅惑力，同时也从史实、娱乐、人文风土等不同方面，吸引住了那些对电视剧不一定感兴趣的游离性观众群。和那些电影首映礼近似，它们除了能助推主娱乐产品的收看率，自身也具有了一定的看点和广告吸纳能力。这类节目一旦增多到一定数量和频次，它们就不仅仅只是营销手段了，而是完全可以归入一个全新分类——"娱乐次生产品"。

(《综艺报》2010-05-25)

每部大型影视剧上映，都有一系列活动，如开机礼、关机礼、首映礼、庆功宴等，这些都是在为影视剧宣传造势，而这些活动具有较高的明星效应和话题效应。制片方通过活动可对影片进行很好的宣传，引起人们的观影欲望；更为重要的是举办活动本身，就可获得收益。

2. 预告片不断播出

预告片是在影视片剧正式上映前播出的，选取最能打动目标观众群的镜头和最能体现影片价值的经典镜头进行剪辑包装，重新整合，以渲染悬念，引人注意的短片。它主要针对有消费意愿的观众，同时对于普通观众也能起到引导的作用。

预告片可分为先行预告片、正式预告片、剧情版预告片、加长版预告片等类型，各有其特点及发布时段。如果预告片的制作水平很高，创意优秀，能有效吸引观众注意力。

好莱坞大制作的电影往往会花费巨资打造预告片。预告片现在已经成为影视片一种非常普遍的宣传营销工具，从各个平台上可以看到大量的预告片，一些视频网站还开辟了预告片频道或专区，专门播放预告片。

3. 海报发送

影视片的海报一般在上映或播映之前的几个月推出，将明星的名字和剧中形象做醒目展示，再加入经过精心设计的宣传语，以吸引注意。

一部影视片的海报不止一种，发行方会分阶段推出不同的海报。影视片的海报一般是限量发行或者限时发送，具有很强的收藏价值。

互联网时代，海报也随之信息化。发行方还会制作一些电子海报，如桌面、主题布景、屏幕保护等可以流传于网络的小程序。

4. 新闻事件营销

【案例 6】

影片《英雄》的新闻宣传[①]

2002 年年底在全国上映的张艺谋影片《英雄》的新闻宣传，成为中国电影市场营销的典范。创造了中国电影史上的许多个第一。其制片人张

[①] 《独家解读：中国电影前期营销 十大成功案例》，http://yule.sohu.com/20090727/n265502986.shtml。

伟平策划的一系列轰动性新闻事件，使全国媒体持续地对《英雄》保存了超乎寻常的关注，最终成功地把《英雄》炒作得家喻户晓。

我们来回顾一下新画面公司高明的新闻营销过程。

- 2002年7月13日，天津《新快报》突然曝光了《英雄》的多张剧照。
- 2002年8月2日下午3时，张艺谋携《英雄》在香港湾仔会议中心举行大型新闻发布会。
- 2002年9月9日起，一部名为《缘起》的纪录片推出，跟踪拍摄记录这部电影的成长。
- 2002年10月中旬，新画面公司打出关于《英雄》出征奥斯卡的报道。
- 2002年10月24日，《英雄》突然要在深圳首家五星影城"试映"7天。
- 2002年11月19日，由《英雄》编剧李冯改编的同名小说面市。
- 12月14日至17日，剧组主创人员乘包机前往3个城市参加首映场的见面会。
- 11月29日下午，电影音像版权在中国大饭店的宴会厅拍卖。
- 12月6日，游戏版、漫画版《英雄》火速推出。
- 12月6日《英雄》广告上央视。
- 12月14日人民大会堂举行一个首映仪式。上海和广州两场新闻发布会。
- 12月18日香港会议展览中心举行"《英雄》进军奥斯卡预映庆典"。
- 12月20日举行了"全国零点公映"活动。

或许现在来看这十几场营销策划普普通通，其实就当时而言，《英雄》创下太多的全国首次，其通过媒体所进行的营销手段，则完全当得起"创意高明"和"手段繁多"之评价，堪称是新闻营销的一部经典之作。举例说，天津《新快报》的"世界媒体第一次曝光《英雄》剧照"，"剧照泄露剧情，惹恼张艺谋"，立即有30多家品牌主动投靠《英雄》要做贴片广告；《缘起》纪录片被广州俏佳人公司买下版权，销路还出奇的好；出征奥斯卡、"奥斯卡悬念"的讨论此后几乎成为国产大片必备宣传手段。深圳"试映"引起轰动，并引发了抢票热潮，全球最有名的盗版集团齐聚深圳，想尽一切办法想进行盗版，可因为严密的保安工作而都未得逞。严格的安检让法律专家热议对此举是否侵犯人身权利；中国电影史上是第一次采用国内顶级公务机宣传——《英雄》4 天的包机费用约为 20 万元……国内电影史上的另一个先河——拍卖电影 VCD、DVD 音像版权,"天价拍卖""违反合约"的新闻持续不断;中国电影史上前所未有的在电视上以纯商业广告的形式展示《英雄》的无限风采;光芒四射的首映盛典晚会,14 条院线 42 家影院同时启动"全国零点公映"……

在媒体运作上,几乎所有的影视类通俗杂志均以大篇幅的报道和海报赠送来为其做宣传。即使是负面报道,也产生了巨大的轰动效应。更难得的是在一部影片的宣传活动上,电影界的领导和香港特首董建华等亲临现场,为其呐喊助威也算影视界的一大重要新闻的。在发行上,《英雄》找到最好的档期,借助刚启动的 30 多条的新院线,大有气吞天下之象。对观众而言,看《英雄》已经不是为了娱乐,享受电影带来的情感愉悦,影片本身的含金量已经变得不重要,重要的是它新潮、赶时髦,否则就会落伍了。总之,2002 年《英雄》的策划人员是这部电影的"营销英雄"!《英雄》在商业运作上打响了第一炮,它是中国电影市场运作成功的第一典范,也绝对是中国电影史上"新闻营销最成功的影片"。

新闻宣传目的是为了唤起观众对即将要发行的影片的关注与观片热情。

宣传营销的要点在于要能围绕影片找到或策划出能足够引起媒体关注和老百姓感兴趣的话题或事件,这些话题或事件一定要有新闻性和轰动效应,通过媒体持续的报道宣传,让影片家喻户晓,让消费者对影片产生强烈的观影欲望。

5. 传统媒体营销

对于宣传方来说,在报纸和电视等传统媒体发布广告或活动消息是扩大影视节目影响力的有效手段。通俗刊物的广告和报道的吸引对象是普通观众;而影视类专业刊物则是针对业内人士。除了版面广告和动态报道以外,一些影评家的评论文章也通常会起到软性广告的作用。

6. 新媒体营销

(1)网络宣传。

① 官方社区的建立维护。现在美国电视剧几乎都有其专门的官方社区,国内的不少影视剧也建立了自己的官方社区。

【案例7】

影片《黑暗骑士》的网络营销[①]

2008年北美乃至全球票房表现最好的电影当属《蝙蝠侠前传2：黑暗骑士》（以下简称《黑暗骑士》）。在2月20日第81届奥斯卡颁奖典礼前夕，美国华纳兄弟电影公司宣布，《黑暗骑士》的票房超过了10亿美元，成为世界电影史上第四大卖座影片。一部漫画改编的电影能够取得如此成绩，除了漫画原著粉丝、系列电影的忠实拥趸等捧场之外，主要还是得益于网络营销的强力拉动。

华纳兄弟利用"侵入式虚拟现实互动游戏"，将好莱坞电影营销完全带入了一个新境界。这种游戏通过网站、博客、短信、电话、传真机等通讯手段，将游戏者们拉到一起，共同解决一个个环环相扣的迷局。迷局的线索隐藏在网络世界或现实世界中的各个角落。ARG游戏具备很强的互动性，这种互动性给参与者和创造者带来了无与伦比的乐趣。而这种游戏和营销网站相互结合，构成了《黑暗骑士》整个营销的精髓。为了让网友能够身临其境地进入到宣传中去，华纳兄弟设计了近30个与电影情节相关的网站，这其中有哥谭市的警察局、铁路公司、出租车公司、银行、教堂、报社、电视台等等，涵盖了城市生活的方方面面。而这些网站中一个看似平淡无奇的小细节，也许就是解决下一个迷局的关键，其复杂程度和精细程度让人叹为观止。

华纳兄弟对《黑暗骑士》的营销，是将新网络营销方式，与传统的海报广告、电视广告，以及各种产品植入结合在一起，多线并进，获得了巨大的广告收益。好莱坞不仅在电影制作方面有着惊人的表现，在电影营销尤其是方兴未艾的网络营销方面也足以成为世界的标杆。

② 社交平台的引导。

[①] 中国文化传媒网，http://www.ccdy.cn/yule/dianying/201109/t20110927_108621.htm，2009-03-06。

【案例8】

行业大佬共商多屏时代下的电视剧①

新丽传媒副总裁张文伯深谙营销手法,张文伯认为多屏时代下,对于电视剧的营销来说,只有抓住这些平台里网友的喜好,定位好目标消费者的喜好,再来确定营销的内容,"这是多屏时代带给我们最大的价值。"

但即使是了解了这些手法,也不是万能的,张文伯分析道,没有任何一家营销公司可以跟时代对抗。在多屏时代,营销无法决定和管控口碑,但却可以通过社交平台做到第一时间的监控,他例举了比如在腾讯微博上查看与剧相关的十个关键词,再根据这些信息回馈去制造话题,带动营销,"从而去引导,这是可能的。"

正如上文所言,利用社交平台,可以及时获取影视节目的观众反映,并将这些信息为我所用,比如可以据此制造话题、从而引导舆论。

③ 社交网络营销。

【案例9】

中国电影日益重视微博、社交网站宣传效应②

随着微博、开心网、人人网等社交网站逐渐成为当今人们生活的一部分后,中国电影的宣传方也悄然盯上这块"宝地"。在新片上映前,开设官方微博或官方主页已经成了许多国产大片必要做法。

合肥中亿网络科技有限公司总经理余斌告诉记者,通常情况下,电影的宣传方会用片名申请一个微博账号,获得官方认证后,通过一系列台前幕后的信息发布以及与主创明星的互动交流,能吸引成千上万的粉丝。

"通过名人效应、咨询公布、网友互动和话题制造等方式推广影片是不少电影采用的固定模式。"余斌表示,电影宣传方通过这些粉丝再将一

---

① 《行业大佬共商多屏时代下的电视剧》,http://ent.qq.com/a/20130613/001502.htm,2013-06-13。

② http://news.xinhuanet.com/society/2011-10/19/c_111107795.htm。

些颇具话题性的照片、视频或文字转发出去，往往能吸引更多人关注，由此达到片方宣传电影的目的。

"有一次我给《画皮2》的微博留言，他们回复了我的问题，当时看到特别高兴！"李羽杨兴奋地说，"我觉得他们尊重我们这些粉丝，我也不断地向朋友们推荐这部电影。"

有关专家认为，相比早年单一的电影宣传发布会，电影宣传方利用社交网站微博与网友互动做宣传的方式，日益得到广大民众的认可和欢迎，各社交网站也因此逐渐成为中国电影抢占市场重要阵地。

参加10月19日在安徽合肥开幕的第20届金鸡百花电影节的多个剧组，如周渝民、徐若瑄主演的《与时尚同居》、苏有朋领衔主演的《密室之不可靠岸》，都开设了与电影相关的官方微博或社交网站主页。

2011年情人节期间上映的电影《将爱情进行到底》此前在做宣传时，曾发起过"微情书"活动，即限定格式和微博字数，向网友有奖征集情书。最终有5万多条微博参与。此外还发起征集"毕业不分手"的感人故事、"将爱体"的创意征文等活动。

负责电影《将爱情进行到底》宣传的工作人员表示，用微博互动的方式更容易建立起电影与网友间超越商业元素的情感联系。

参与第20届金鸡百花电影节新片推介会的一位制片人陈林枫告诉记者，国外的许多电影都投入大量预算，进行包括社交网站在内的网络宣传，可以让消费者在还没看电影时就期待电影上映。

"中国也逐渐向这个方向迈进，微博、社交网站在电影宣传中会发挥出更大效用。"陈林枫说。

通过微博等社交网络对影片进行营销已成为影视剧进行宣传推广的重要手段。借助微博这样的社交媒体平台，容易产生话题效应，方便直接与目标受众互动，社交平台的信息接收者同时也是信息的发布者，用户具有较高的的参与性与体验度，特别是微博、微信，因其短小，可以充分利用碎片化的时间随时发布信息，与朋友分享。而且以一传十十传百的方式，达到信息"裂变"的效果。

④ 口碑营销。

【案例10】

影片《疯狂的石头》的口碑营销[①]

2006年中国电影市场最大的"黑马"莫过于《疯狂的石头》,"200万的生意被你做成了1 000万!"这是《疯狂的石头》中的一句经典台词。现在这句台词竟然变成了现实。这个低成本、高票房的奇迹成为中国电影史的一个经典案例。

笔者在2006年《疯狂的石头》五城市做的免费放映时,与一些影评人同步观看完影片之后,立刻心甘情愿为本片免费吆喝,《疯狂的石头》本身电影质量不错,更巧的是它出现在观众对动辄耗资数亿却不知所云的国产大片产生"审美疲劳"之后,犹如一阵清风刮过。咋眼看来。首批观众囊括了全国网络论坛最活跃以及最具话语权的人,多为斑竹身份,形成话语攻势。《疯狂的石头》似乎就只是一部让人笑得畅快淋漓的喜剧电影,实则此电影中充满智慧、黑色幽默、讽刺。值得肯定的是导演宁浩没愚弄大众,凭借两三百万资金,能拍出如此表演精细、结构巧妙的故事,实在是难得。相比《无极》《十面埋伏》之类的电影,舍得花费无数金钱和血汗,却搞写不推敲的剧本来说,谁在用心对待观众,一目了然。因此,看低观众的智慧等于玩火,套用"石头"里的一句台词:你不仅侮辱我的人格,你还想侮辱我的智商?

紧接着影片不错的口碑便如潮水般涌来。笔者之后上MSN或QQ上,就有不同的朋友问:"疯狂的石头"看过没?如果你还没有看过《疯狂的石头》,那么,你已与时代脱节了!很多人将这部影片的内容和观影感受写进了自己的博客里,而本片的营销人员也没闲着,选用BBS、MSN及博客等形式进行宣传,就笔者去过汇集石头评论的博客点击率在上映时已超过30万次,搜狐等网站曾在首页做过一期《疯狂的石头》的热点话题,光半天的访问量就达过百万之多。网络时代的口碑传播在这里显示了最强势的威力,之后便无法再跟风复制的,《疯狂的石头》无愧口碑营销最广泛的影片!

[①]《独家解读:中国电影前期营销 十大成功案例》,http://yule.sohu.com/20090727/n265502986.shtml。

口碑传播营销指的是用户个体之间对产品与服务看法的非正式传播营销，一般发生在关系较为密切的群体之间，是相对简单奏效的"用户告诉用户"的营销方式，具有很高的有效性。

⑤ "粉丝"营销。

【案例11】

《孤岛惊魂》票房惊人　粉丝电影不光拼人气①

国产小成本惊悚片《孤岛惊魂》，成了今年电影暑期档率先杀出的黑马。面对《武侠》《肩上蝶》等同期强敌，上映一周多收获5 000万票房，盈利早已不在话下。除此之外，《孤岛惊魂》也已经创造了国产惊悚片的最高票房纪录。

作为该片女主角，杨幂所带来的粉丝效应，无疑是《孤岛惊魂》低开高走的最主要原因之一。

本报记者统计历年票房数据发现，明星粉丝对票房确实有相当强的拉动作用。

记者发现　"孤岛"创造"惊魂"票房

作为一部投资成本仅400万元的国产惊悚片，《孤岛惊魂》7月8日上映前并没有受到业内的重视。而首映当日，该片预售票在一小时内便宣告售罄，首周末的票房创造了2 400万的好成绩，如今总票房更是突破了5 000万大关，成为今年暑期档最大的一匹黑马。《孤岛惊魂》的不俗表现让不少影院经理感到有些措手不及。据了解，在上映初始阶段，为满足超预期的观影需求，不少影院只得临时加排放映场次。

UME 华星国际影城副总刘晖告诉记者，其实每年年底都会有不少国产恐怖片上映，但总票房一般也就一两千万，超过3 000万已经非常不错了。刘晖表示，如今《孤岛惊魂》的票房能取得5 000万的好成绩，女主角杨幂的粉丝起到了不可忽视的带动作用。

狂热粉丝三天看六遍

在豆瓣电影网，《孤岛惊魂》仅被网友给出了3.4分的低分，口碑堪

---

① http://ent.sina.com.cn/m/c/2011-07-18/15013362574.shtml。

称糟糕。但这样的电影也能取得票房成功，从一个侧面证明，粉丝效应的力量不可忽视。

杨幂仅在新浪微博上便拥有超过700万粉丝，从留言不难发现，大多数都是年轻的学生。而记者从影院了解到，目前正在放暑假的中学生也确实是《孤岛惊魂》主力观众。

北京万达影城总经理唐秀霞7月9日去了一趟天津万达影城，"早上九点多的场次，200多人的放映厅满场，全是穿着校服的学生，嘴里说的全是杨幂。"她这样告诉记者。

在影迷通过微博自发组织的"晒票"活动中，有一位杨幂粉丝称，自己三天一共看了六遍《孤岛惊魂》，为的就是支持杨幂。记者发现，类似的人并不在少数，随便联系了几位，无一例外都是中学生。而央视名嘴韩乔生微博里的一句话也表明该片深受年轻人追捧："我问儿子是否看过这部片子，儿子说我OUT了，他和同学早就看了。"

片方证实　杨幂粉丝拉动票房走高

负责《孤岛惊魂》发行宣传工作的美亚娱乐中国区宣传总监谢炀坦言，尽管当初为影片进行宣传推广的时候，就着力瞄准了年轻观众，但如今取得如此高的票房，还是大大超出了预期。

谢炀透露，之所以考虑暑期档上映，"想的就是让年轻观众在暑假的时候尖叫一下"。为了吸引这个观影群体，他们特意找来了当红偶像杨幂担当女主角。

在各地的宣传活动上，片方都会请杨幂的粉丝到现场助阵，从那时起谢炀就发现，杨幂的"粉丝效应"确实非常给力。"他们很有组织纪律性和自发性，也都有能力走到电影院去消费。"谢炀认为，杨幂背后庞大的粉丝团最终起到了拉动票房走高的作用，完成了他们最初的设想。

数据分析　粉丝营销有历史　多数片方成赢家

记者调查后发现，其实很多片方一直都在拿"粉丝营销"的模式做文章。本报对十大当红偶像明星（排名不分先后）所主演的电影票房与同期上映且成本水平相近的国产片平均票房做对比后发现，"偶像派"的号召力不容小觑。

从数据来看，李宇春的号召力最明显。2009年，李宇春主演的《十月围城》上映7周，斩获票房2.9亿元，大胜与其同期上映的两部大片《三枪拍案惊奇》和《孔子》。

周杰伦主演的几部电影都取得了不错的票房成绩,平均每部票房在7 000万左右。其中《大灌篮》在2008年2月上映,同期竞争对手只有1月底上映的《长江七号》(票房1.9亿)与之匹敌,而《大灌篮》也取得了1.1亿元的成绩。

"粉丝"发端于娱乐行业,已形成了规模宏大的粉丝经济。明星的身价随"粉丝"的数量变化。"粉丝营销"这一在中国逐渐成熟的营销模式,也获得了更多人的关注。

(2)网络销售。

① 影视节目的网络销售。网络是影视节目的重要销售对象。视频网站购买影视剧有如下几种方式:直接购买、与制作方保底分成、利润分成、资源互换等。这些灵活的购片方式,给影视制作公司提供了更多的选择,又给影片拓展了新的利润回收渠道。

② 衍生品的网络销售。影视节目特别是影视剧的衍生品无处不在。美国热播电视剧网站都有各种吸引眼球的衍生品广告,创造不少后续收入。如售卖影视剧中出现过的道具、服装等。

7. 捆绑营销

【案例12】

影片《手机》与国美携手促销

在捆绑式电影营销模式下,《手机》与国美携手促销,《手机》片花在国美全国卖场滚动播出,平面宣传材料触目皆是;冯小刚、葛优等一班明星穿梭于国美12家卖场签名售书,推广电影,辅助促销;国美的"买家电送电影票"促销活动,短时间内就送出30万张,反观销售全线飘红。

捆绑营销是指电影放映期间,合作企业与电影票房销售进行联合促销的一种方式。例如买产品送电影票,或者买电影票抽中大奖等形式。

例如,某企业原计划要在10个重点销售城市开展促销宣传活动,就与某大片出品方协商策划了"明星10城市观众见面会",围绕明星见面做文章:凡在活动期间购买该企业产品一箱,就可获得电影票两张,并有机会参与明星见面会,赢取电影限量版纪念品套装、明星签名海报、T恤等纪念品。

8. 主人公代言

借助电影热映，主角的高曝光率，请主角为产品代言，更多的吸引眼球。例如在电影《英雄》热映期间，多普达手机迅速与主要演员陈道明合作，让其为手机代言。制片方以此收取费用。

上述营销方法并非每一部影片都必须全部采用，而是要根据影片的特点进行不同组合运用，甚至在此基础上进行创新，以达到最佳营销效果。

9. 销售到其他播出平台

电影可以出售电视播放权和网络播放权，电影和电视剧可以出售网络播放权，这些再次销售行为能出品方司带来持续不断的收益。

三、影视剧后产品营销

（一）什么是影视剧后产品营销

影视剧后产品是指除影视剧本身的销售收入以外，因其提供资源而产生，并且有后续盈利能力的其他产品。影视剧后产品营销是以延长影视剧的产品链和价值链为目的的营销手段，其销售对象是影碟、服装、玩具、食品、餐饮、文具、鞋类、图书、动漫、游乐园以及其他表演形态的企业或商家，这是影视剧最丰厚的利润所在。

影视剧制作及宣传发行方通过各种手段，让人们观赏影视剧，仅仅是完成了影视剧营销的一部分，或者说是完成了一个营销阶段的任务。还可能有更多的营销手段和利润在后面。

（二）影视剧后产品营销的重要性

一部影视剧的营销往往是一个长长的产业链。在美国，一部电影的票房收益只占全部收益的 20%。而 80%的收入来自于玩具、服装之类的衍生产品。好莱坞电影营销是银幕营销和非银幕营销齐头并进、互为支持的连锁式营销方法，具体表现为银幕营销、电视营销、家庭影院、网络营销和相关商品开发这"五位一体"营销构架，非银幕营销成功更能决定电影营销成功与否。

只有完成电影的后产品营销，才可以说完成了电影产品的营销。

（三）电影后产品营销的手段

1. 电影授权

【案例13】

电影授权成功案例

电影《夜宴》在授权广告上做得较为突出，剑南春、东芝等众多大品牌，都从影片本身发掘出独特的契合点，在《夜宴》上映前和热映期间广泛投放，企业品牌随风起航，成为一时热点。

电影授权的使用很多时候是为企业市场活动树大旗、寻找发力端的，企业完全可以借助电影热潮展开精彩的市场活动。如《夜宴》热映前，丰田汽车就借影片宣传的高潮期在全国展开大规模《夜宴》道具展活动，借花献佛取得了很好的市场反响；《达·芬奇密码》上映的高峰期，佳能推出了买佳能，赠《达·芬奇密码》纪念品的促销活动，借影片热潮涌起销售高峰。

电影授权，是指电影出品方授权赞助企业，在一定时间段内，使用与电影相关的平面和影像资料作为商业用途。

每部电影，尤其是大片在上映前都会投入巨资宣传推广，在社会上刮起一阵注意力旋风。企业在这个时候，借用电影元素做宣传，会与消费者产生共鸣，能较快地进入消费者视野形成记忆，迅速占领消费者心智。

（1）电影授权的方式。

电影授权从形式上分为平面授权、影音授权和其他授权。

① 平面授权，是企业获得版权方许可后，运用电影海报、剧照等电影平面资料，融入企业形象、产品等商业信息，用于平面广告或店头宣传使用的广告形式。

② 影音授权，是运用电影片花，或者影片部分段落，植入企业信息用于电视广告等商业宣传的形式。

③ 其他授权,是指授权企业运用电影人物形象、场景等各种元素制作玩具、游戏、光盘等作为各种商业用途使用的形式。

(2)电影授权的条件。

电影授权的前提是赞助企业在做商业创意时不能擅自破坏原作品的完整性,例如在使用某张电影海报做宣传时,不能单独使用海报中的某个影星形象,而应完整展示海报,让消费者能看出这是某个电影中的人物或场景。

(3)电影授权的执行方式。

电影授权在操作执行上又分成两种形式。

一种是商业购买。双方商定价格和使用期限。

一种是置换。赞助商不支付费用,但在一定时段内在版权方认可的载体上投放一定数量的广告,既宣传企业或产品,又推广宣传电影。

2. 衍生产品营销

影视节目特别是影视剧的衍生品无处不在。利用影视剧所产生的巨大影响力,将剧中的艺术形象、服装、道具等授权给开发商开发出各类产品,如生活用品,包括服装、玩具、食品、餐饮、文具、鞋类;文化用品,包括图书、音像制品、海报、邮票等;旅游后产品,包括影视剧外景地、主题公园、游乐园等;其他类型的文化产品,如舞台剧、话剧、音乐剧、歌舞剧、戏曲、木偶剧、游戏、动漫等,通常这种衍生产品可以达到上千种,创造不少后续收入,制片方可从中长期获得收益。

四、品牌营销

【案例14】

《冬季恋歌》在日本的产业运作[①]

韩国电视剧(《冬日恋歌》,又译《冬季恋歌》)播出成功后,被日本出版社改编成漫画,单行本销售火爆,后日韩合拍成动画片。《冬季恋歌》原声大碟销售量在日本刷新了100万张以上,男主角裴勇俊的小说在日销

---

① 摘自宋培义:《文化产业经营管理成功案例解读》,中国广播电视出版社2008年版。

售 120 多万册，写真集销售几十万册。明星头像被印在各种饰物、挂件、枕头、日历甚至袜子上。2004 年 10 月裴勇俊在日举行"2004 冬季恋歌音乐影像演唱会"，从 10 月 30 日到 12 月 15 日在东京、名古屋、大阪、福冈等 18 个城市共举办 24 次商业演出。

2004 年，日本 NHK 电视台销售《冬季恋歌》相关产品达 45 亿日元。《冬季恋歌》拍摄景地被开发成旅游线路、主题公园等多形式的旅游产品。

美国《纽约时报》称裴勇俊"创汇 23 亿美元的男人"。韩国经济研究院报告认为"裴勇俊经济效果"本身就超过 29 亿美元，其中为韩国旅游业创造 10 亿美元收入，相关产品出口到日本则赚取约 19 亿美元。

《成长的烦恼》品牌营销

电视剧《成长的烦恼》由华纳兄弟制作、美国广播公司发行。播出时间横跨 1985 年至 1992 年，之后还多次重播。多年以后，该剧推出原班人马拍摄的电影版本，当年观看电视剧的那代人仍是最忠实的观众。

1. 打造品牌、长期经营

一个品牌树立之后，盈利时间的跨度很长。一般说来营销费用将占影视片投入的 30%，那么该如何将这些不断的投入累积起来，让其继续发挥作用，产生经济效益，这是出品方应当考虑的。

影视节目经营中，品牌营销应该是各种营销模式的核心，"打造品牌、长期经营"是一种成熟模式，即精心打造一部影视剧吸引住观众，之后千方百计维持延长观众的兴趣度，让影视剧伴着一代人成长。

影视消费市场早已进入买方市场，新产品打开市场的成本是最高的，而维护品牌的费用则相对较低。有了良好的口碑以后，相对少量的品牌维护费就可以维持一定的收视率。平均来说，吸引一个新顾客的成本是维持一个现有满意顾客成本的 5~10 倍。因此，出品方能够用一般的制作成本得到品牌的高额回报。

2. 核心价值是品牌的终极追求

品牌营销包含两个层面：一是建构以突出差异化为目的的品牌识别体系；二是开发以品牌的核心价值为主体的品牌资产。好的品牌都有其鲜明的品牌识别度。影视节目本身是一种无形产品，人们对它的消费诉诸精神和心理享受,核心价值是对其产品特性的提炼和浓缩,李安电影的文人情怀、冯小刚贺岁片的幽默与讽刺、周星驰影片的笑中含泪都是这些金字招牌的核心价值定位。

五、营销误区

【案例 15】

《英雄》开了中国电影营销之先河,也奠定了此后中国电影营销的一个路数,即形式重于泰山,内容轻如鸿毛。大投资,大营销,为的都是一个票房数字。从《英雄》一路下来,《十面埋伏》《千里走单骑》《无极》无不是如此。于是,票房是有了,但观众反馈却是令人失望。这样的电影营销算是成功的吗?①

1. 什么是营销误区

所谓营销误区,就是指影视片本身并没有太大的价值,但制造方却采取了过分的宣传,使观众有上当的感觉。

另一个含义是指在策划制作一部影片时,并没有对这部影视片的产业链进行通盘考虑,对该片可能产生的衍生产品心中无数,因此在宣传中做了不事实求是的做法,让观众产生了反感,以至于影响了对衍生产品的接受。

2. 实事求是做营销

一部内容过于糟糕的影视剧,即便使尽浑身解数去创造高票房,但仍是失败的。

好莱坞电影的 80%盈利来自非票房收入,而这部分收入在很大程度上取决于观众的电影观感和对该部电影的可持续热情,说到底就是取决于电影的内容制作。所以,纵观好莱坞电影营销,基本上是实事求是的做,让观众走出电影院后有上当受骗感觉的电影极少。所以才有一大批"品牌"电影持续几十年的忠实粉丝。而这些粉丝也是电影衍生产品的忠实消费者。如《星球大战》《蝙蝠侠》《超人》以及近两年的《哈利波特》等影片在票房之后所开拓出的音像、图书、玩具等品牌授权,几十年来所创造的市场价值之巨大,难以估算。

---

① 摘自《中国电影营销何时毕业?》,载于《今传媒》,2006 年第 10 期。

阅读下面的材料,总结影片营销策略。

国产影片市场营销的代表作案例:《英雄》

过去,国产电影的宣传工作通常都是由院线负责的,面对不景气的中国电影市场,国产片制片商不会做宣传也做不起宣传。可是问题在于,院线每年要上映上百部影片,不可能每一部都尽心尽力的宣传推广。自己的孩子自己疼,电影的宣传推广应该由制片商负责,费用应该由制片商承担,这在国际上已经是惯例,可在中国却无法实现。《英雄》开了好头,可以说国产电影真正意义上的市场营销是从《英雄》开始的。《英雄》给中国电影带来的影响巨大而且深远。

发行组合

《英雄》是由中影集团发行放映分公司和新画面公司联合发行。根据分工,中影主要负责影片在院线的销售、谈判、签订合同、拷贝洗印,监片和催款等工作。新画面负责影片的宣传策划和其他一切的活动。对于中影的工作,新画面将从收入中提取一定比例付给中影作为代理费。而影片一揽子最主要的宣传推广活动的费用则全部由新画面公司负责。在这样的基础上,《英雄》的发行采取了与全国各地院线保底分账的发行方式。制片方新画面公司与中影公司共同担当了《英雄》的发行主体。一方面,因为制片方新画面的加入,制片与发行环节得到了紧密的配合;另一方面,中影公司目前国内独一无二的发行网络优势和数量众多的专业发行人员弥补了新画面在具体发行操作中能力有限的问题,而且可以为之得到一个良好的档期作保障。

前期营销

《英雄》,客观地说,影片本身的可看性并不是很强,以豪华的视听语言所包装出来的故事有着明显的先天不足,很多观众在观赏之后对于影片的评价并不高。但是,这并没有影响到影院发行放映的火爆,这就从另一个角度说明了《英雄》在市场运作上的成功。但是,《英雄》2亿多的票房绝不仅仅是依靠后期的发行"发"出来的。电影的营销推广实际上是从影片拍摄之前就开始了,从某种程度上甚至可以说一部影片在前期策划时就已经决定了后期推广的空间和可利用的资源。

张艺谋拍武侠片是影片的第一个卖点,从此开始吊起观众的胃口。紧接着众多中国一线明星的加盟是策划中的第二步。《英雄》中演员的招募是为了完成产品的市场覆盖率。假设李连杰有2 000万个观众人缘,张曼玉、梁朝伟、陈道明、章子怡、甄子丹各有1 000万个热心观众,再加上张艺谋导演有1 000万的影迷,去掉交叉覆盖面,潜在观众总量会达到5 000万。即便其中有80%因为购买力或购买音像制品等各种原因不能实现影院消费,但1 000万的观众也是相当可观的。这就是明星带来的实打实的好处。最后,制作规模是《英雄》吸引眼球的第三个锦囊。观众都想知道3 000万美元的投资、中国电影顶级规模的制作最后会做出个什么样的东西。

从题材的选择到导演、演员的确定都有着明确而清晰的市场意识,在此前提下以制片和发行的紧密配合为基础形成的分阶段、有步骤的强大宣传造势,当然还有巨额的宣传费用作铺垫,由此形成了国产电影有史以来最为有效的宣传攻势。

后期营销

《英雄》的后期宣传历时两个月,从宣传阵势看,只要是在现有技术条件下能传播信息的手段,《英雄》几乎都用上了,可说是"无孔不入"。

2002年10月中旬,影片通过审查。10月24日,《英雄》选择首次在深圳亮相,试映一周,票价50元,每人限购两张,凭身份证入场。影片放映期间,为了严防盗版,还采取了人盯人的防守策略,使英雄充满一个神秘和恐怖的气氛。11月29日,在著名的中国大饭店,《英雄》的VCD、DVD国内音像版权以80万元起价,1 780万元落槌,创下了国内故事片音像版权拍卖的最高纪录。

2002年12月上旬,影片《英雄》的编剧李冯撰写的书版《英雄》先期登陆市场。这一招看似没有什么创意,其实与以往的操作截然不同。目的很简单,就是要借着开发影片的周边产品来为影片造势。同时,记录了

《英雄》拍摄始末的三小时大型纪录片《缘起》开始发行。在影片上映前发行这部纪录片，为英雄起到了热身和试探市场的作用。2002年12月中旬，央视多个频道和多家地方台的广告中出现了《英雄》的宣传片。以电视广告这种纯商业形式对影片进行宣传在国内也是首次。制作方认为：电影终归是电子媒体的产物，它是动感的画面，不是单一的静态平面图像，因此只靠平面媒体的宣传还不够，我们必须将影片中精彩的动感画面通过电视这个渠道传达给观众。

与此同时，在12月14日，《英雄》剧组在人民大会堂隆重举行了影片首映式，国内外共700余名记者参加了随后的新闻发布会。12月16至18日，包括张伟平、张艺谋、李连杰、张曼玉、梁朝伟、章子怡、甄于丹等在内的近30位《英雄》剧组人员包租了两架顶级商用小型客机，先后飞往上海和广东进行影片宣传。人民大会堂首映和包机让人感到了《英雄》的"财大气粗"，进一步提升了明星们和影片本身的神秘。

从发行推广层面上来看，《英雄》的成功最重要的因素在于对市场的重视，尤其是对宣传的重视。它打破了国产片以前轻视宣传的观念，从宣传费用到宣传都有了一个突飞猛进式的跳跃。导演张艺谋曾说"我们吊起了观众的胃口"，这是对《英雄》的营销推广最为生动地总结。

任务三 编制营销计划

营销是电影、电视剧获得利润的关键环节，任何一部好的电影、电视剧都必须要有一个好的营销计划，才有可能实现其预期的利润目标。

一、什么是营销计划

营销计划是指制片方在对市场营销环境进行调研分析的基础上，制定电影、电视剧的营销目标以及实现这一目标所应采取的策略、措施和步骤的明确规定和详细说明。

二、营销计划怎么做

制片人在制订营销计划时,先要对电影、电视剧从以下几个方面进行分析,并以此作为节目营销计划的依据。

1. 找到影视片的卖点

制片人和营销人员需要弄清楚的问题包括:影视片是什么类型?同一时期放映或播映的影视片中是否有相同的类型?与同类型的影视片相比,自己的影视片有何独特之处?要找出自己的影视片中有哪些可以吸引观众的要素,例如独特的类型、大牌主创、大制作、明星或新人、剧情,影视片内容与当下人们社会心态的关系等,都可以作为节目的卖点。这些卖点也就是观众在众多影视片中作出选择的理由。

2. 策划出有影响力的宣传点

找到影视片的卖点后,可再仔细梳理出可能引起媒体关注,观众感兴趣的话题作为系列宣传点,每一个宣传点都将成为"诱惑"观众走进电影院或者收看电视剧的因素。

3. 找到影视片与其他产品的关系

如果说节目的卖点和宣传点是为了吸引观众观看,那么制片人研究自己的影视片与其他产品的关系,就是为了获得另一种营销策略及营销手段。电影、电视剧作为有巨大影响力的文化产品,在营销过程中可以与一些相关产品营销进行联动(比如与有一定价值的日用品捆绑销售),这样的关联产品越多,就越能扩大电影、电视剧的营销范围,或者说就越能借助于其他产品的销售带动电影、电视剧的营销。

三、营销计划的主要内容

营销计划的主要内容有:

1. 市场现状分析

对市场的了解与把握，是营销能否获得预期效果的基础。

（1）分析影视片在即将上映或播映的档期有多少具有一定竞争优势的影视片放映，在这之中又有多少属于相同类型，是否存在竞争。

（2）分析观众对这些类型的影视片的观看习惯以及观看需求。

（3）分析影视片上映时的社会背景：有何重大事件，重大活动，重大新闻等，这些都会是影响人们社会心态、导致增加或减少观影人数的因素，也是制片方、发行方可以利用的宣传炒作，刺激观众关注的话题。

2. 影视片定位

影视片定位就是在宣传中明确影视片的类型及观看对象。电影从大类上说，有商业片，有文艺片；从小类上说，有爱情片、枪战片、惊悚片、喜剧片、战争片、儿童片等多种类型。不同类型的影片有不同的观影群体。有了明确定位后，就可以展开有针对性的宣传攻势。

3. 营销目标

详尽分析了市场，明确了观影群体后，就可以有针对性地制定营销目标，即：电影要完成多少票房，发行多少拷贝，在多少院线上映；电视剧要在哪些电视台、网站播映，销售价格和销售方式等具体销售指标。

4. 营销策略

为了保证完成预期销售目标，制片方要拟定出具体的营销策略。不同的影片有不同的营销策略，不同的营销策略可以达到不同的票房和收视效果。

（1）影视片定位。确定影视片的内容定位及宣传主题，吸引感兴趣的观众观看。

（2）市场选择。首先选择在哪些城市、什么院线放映，或哪些电视台、哪些网站播映，其次分哪几个阶段进行。

（3）营销方法。采用哪些营销方法和组合营销方法进行票房销售和吸引收视。

（4）宣传策略。配合营销方法将采取哪些话题进行炒作，要举办哪些宣传活动，在哪些媒体（路牌、车身、电视、报纸、网络等）上宣传，从什么时候开始，什么时候结束，每一个媒体的宣传要达到什么目的，要有详尽可行的方案。

（5）放映档期。确定影视片的大致放映播映时间，便于制订宣传内容及营销计划的实施步骤。

（6）营销步骤。将整个营销计划编制出详尽的实施步骤，先做什么或做什么，每一步将要达到什么目的，都要在步骤中写明。

（7）成本预算。要对营销计划中的各项内容进行经费预算，便于控制风险。

（8）盈亏预测。根据影视片的内容，同一档期上映影视片的竞争状况，观众的消费愿望，以及发行成本、发行风险等因素，对影视片发行的盈亏进行预测，作为高层主管批准的依据。

（9）执行方案。

对营销计划中各项内容的实施应制定详细的行动方案，即阐述以下问题：将做什么？何时开始？何时完成？谁来做？成本是多少？行动计划可以列表加以说明，表中具体说明每一时期应执行和完成的活动时间安排、任务要求和费用开支等，使整个营销计划实施有保障，并能循序渐进地贯彻执行。

第六单元内容要点

不同的影视节目有不同的销售对象。

电影、电视剧营销包括拍摄前、拍摄中、放映播映前三个营销阶段。

拍摄制作阶段的营销手段包括：植入广告、片尾字幕、预售音乐使用权等。

放映前的营销的营销手段包括：活动营销、新闻营销、网络营销、捆绑营销、口碑营销、微博营销、粉丝营销、主人公代言等。

电影后产品营销包括：电影授权、衍生产品营销等。

编制营销计划的依据包括：找到影视片的卖点、策划出有影响力的宣传点、找到影片与其他产品的关系。

营销计划的主要内容包括：市场现状分析、影视片定位、营销目标、营销策略等。

补充阅读书目

王大勇、艾兰：《电影营销实务》，中国民主法制出版社2011年版。

张小争：《电影娱乐营销：媒体工业化操作七种武器》，中国传媒大学出版社2010年版。

宋培义：《文化产业经营管理成功案例解读》，中国广播电视出版社2008年版。

董旸：《韩剧攻略：当代韩国电视剧研究》，中国传媒大学出版社2009年版。

单元能力测试题

开放式书面作业：

1. 选择一部影视剧，找出其中的植入广告，并分析其得失。

2. 选择一部动画片就其衍生产品的开发及授权经营情况写一份专题调查。

3. 选择一部有影响力的影视剧，分析其用了哪些营销手段，并将其还原成一份营销方案。方案包括：市场现状分析、影片定位、营销目标、市场选择、宣传策略、营销步骤、执行方案等。

单元技能测试记录表

鉴定内容		鉴定方法		鉴定人签字		
鉴定成绩		鉴定时间		被鉴定人签字		
关键技能		评价指标		鉴定结果		
				通过	未通过	

鉴定者评语:

课程评价表

姓名：_____   日期：_____

当你完成了本单元的学习，我们希望你能对下面的项目提出你的建议。

请在相应的栏目内打钩	非常同意	同意	没有意见	不同意	非常不同意
1. 这一单元为我很好地提供了关于影视节目营销的综述					
2. 这一单元帮助我理解了影视节目各个营销阶段不同营销手段的理论					
3. 我现在对尝试编制营销计划书更有自信了					
4. 该单元的内容适合我的要求					
5. 该单元中举办了各类活动					
6. 该单元中不同的部分融合得很好					
7. 教师待人友善、愿意帮忙					
8. 该单元的教学让我做好了参加评估的准备					
9. 该单元的教学方法对我学习起到了帮助作用					
10. 该单元提供的信息量正好					
11. 评估与鉴定公平、适当					

你对将来改善本单元的教学有什么建议？

_____

_____

能力单元七

怎样做影视节目经营管理者

影视节目的经营管理者有两层含义,一是作为自然人的经营管理者,一是作为法人的经营管理机构。两者共同构成了影视节目的经营管理主体。在本章里我们将学习作为自然人的影视节目经营管理者所需要具备的职业素质和发展路径,以及作为法人的经营管理机构的设立程序和影视节目的申报的相关知识。

任务一 作为自然人的影视节目经营管理者

自然人是在自然状态之下而作为民事主体存在的人,有权参加民事活动,享有权利并承担义务。影视节目制作中的具体经营管理者就是由自然人担当的制片人。制片人要对节目的艺术水准及市场销售的业绩承担责任,并承担节目制作过程中的相关责任。这就对制片人的综合素质提出了较高要求。

一、制片人的素质要求

【案例1】

张纪中:新西游的想象力

7月28日,由张纪中制片,张建亚指导的新版《西游记》在广东南方电视台TVS4影视频道、湖北经视、太原电视台影视频道开始地面第一轮播放,接下来的8月初至中旬,重庆影视频道、深圳公共粤语综合频道、北京影视频道、江苏南京电视台、山东齐鲁电视台等也将陆续开播新版《西游记》。

与广受关注的张氏武侠剧一样，新版《西游记》也是未播先热，尤其是在网络上，话题热度极高。

"新《西游记》可以说哪里都'没有我'，但是没有我，就没有这部《西游记》。"这部制作了4年的作品，是制片人张纪中"一揽子西游计划"中的重要一环，这个一揽子计划还包括电影《美猴王》、《西游记》主题公园等。

电视剧的想象力

马中骏问张纪中，如果重拍《封神榜》和《西游记》，你会选哪一个？张纪中说，肯定是《西游记》。

2009年4月，新《西游记》开拍前，张纪中给全剧组开了个动员会，会上，他的发言题目是"为理想而战"。

此前，为了重拍《西游记》，张纪中已经准备了两年。

从想法到项目落实，源于张纪中与马中骏（新《西游记》出品人，慈文影视制作有限公司董事长）的一次谈话。当时马中骏问张纪中，如果重拍《封神榜》和《西游记》，你会选哪一个？张纪中说，肯定是《西游记》。

2007年，张纪中正式决定重拍《西游记》，并提出每集200万的制作预算。但当时并没有投资人进入，于是他自己出资，召集美术师，开始新《西游记》形象创作。

断断续续工作了一年后，2008年起，他拿着前期设计开始和投资人接洽，"2008年的时候，每集的制作成本投资方可以给到150万元，马中骏还是比较有勇气的。"于是，2008年，张纪中团队再次启动新《西游记》的前期设计工作，直到2009年4月，大批工作人员正式进组，为期2年多的前期准备工作才宣告完结。

张纪中将新《西游记》定位为"魔幻题材的神话电视剧"，这意味着，新版《西游记》在创作上向魔幻题材靠拢，而背后更大的野心是——"由此，中国电视剧在制作上是否能有所突破，更好地还原文字作品魅力、展现想象力"，张纪中认为《西游记》是一个好机会。

魔幻，非"魔兽"

新《西游记》66集，每集时长45分钟，平均每集有至少300个特技镜头。全剧特技镜头时长1700分钟，10万秒，几乎超过全剧时长的一半。

"天界是什么样子？谁见过？"张纪中说，"以往影视剧中，表现这些无非就是喷点干冰，众神仙穿着宽大的服装站在那里，主角形象比普通天神要突出一些……"而《西游记》是考验想象力的作品。

开播之前，剧组在网上放出片花，除了主演的形象外，影片所营造出来的特技效果最受网友关注，有评论说新剧造型贴近实际，也有人说造型怪异，"像动物园"；有人说新《西游记》的特技是国产电视剧制作水平的一大提升，也有人说该剧只会秀特技，"类似魔兽世界"。

争议声中，类似"张纪中发布会现场频发飙"的报道也见诸报端。

"我并没有发飙，文章内容也是我在回应质疑。我只是觉得观众应该看过剧之后再做评论，业界也应该树立这种精工细作的风气。"

张纪中说，人物造型是经过深思熟虑的，比如新《西游记》中，唐僧的皮肤就比较黑，因为唐僧是历经"九九八十一难"的行者，一路风吹日晒，还将四个个性迥然的徒弟收拾妥帖，肯定不是软弱的，新版就是要塑造一个既勇敢又硬朗的唐僧。再比如沙僧，小说中未被贬下界的他原本是"卷帘大将"，所司职能类似今天的礼宾司，因此张在定角色的时候要求副导演去找个190以上、气质硬朗的演员……

新《西游记》中人物众多，有对白的人物398个，其中需要塑形的妖魔鬼怪有200多个；参与制作演出人员1 000多人；仅一个孙悟空造型，所花费用就不低于100万人民币。

为了更好地完成角色造型，张纪中想到了邀请国外的化妆团队。在美国考察了一圈之后，张纪中带回来的只是制作材料而非制作团队，原因是对方开价太高——团队每个人的劳务费用约为每月2.5万美金，团队由5人组成，预计工作时间2个月，加上对方在中国的吃住行，花费将近200万元人民币。最后张纪中选择了购买材料回国自制造型，但新问题出现了，材料的说明书不够详尽，以至于本土化妆团队难以操作。最后还是请了一位美国化妆师来到中国，在角色造型上给予剧组指导。张纪中不赞同网友所说的剧集"造型偏西方审美"，"实际工作中，是中方的美术、化妆进行设计；在实现上，外方造型师会做指导，并提出修改意见。"

至于"特技滥用"，张纪中更是直言拍的就是奇幻题材电视剧，没有特技就不成立。"我相信之前版本的《西游记》并不是不想用特技，而是当时的硬件和软件技术达不到。即使是在我做武侠剧的那个时候，电脑运算一帧高清素材都需要一到两个小时的时间。现在的渲染技术和计算机运算速度已经有了很大提高，这让完成大规模的特技制作成为可能。"新《西游记》66集，每集时长45分钟，平均每集有至少300个特技镜头。全剧特技镜头时长1 700分钟，10万秒，几乎超过全剧时长的一半。电脑特技耗资共1 500多万元。

新《西游记》的特效不是由一家公司完成的，这个过程比张纪中原本想象的要复杂。主创人员首先根据剧情和人物角色设定，制定标准图，然后再拿着这些图去找不同的特效公司，比如有的公司擅长"做天"，有的则擅长"做水"。沟通过程是繁琐而重要的，"交流的顺畅性很大程度上取决于传达者。"其间，剧组花费了很多时间在协调上，"因为如何把平面构想转化成立体的，必须要付出大量工作"。

大卖

"目前每集收入保守估计可达到350万元。"张纪中说，拍摄新《西游记》面临的最大困难，除了考验想象力，就是拍摄经费是否能成全想象力。

而经费的保障正是"张纪中"这个品牌，"我的戏的投资回报率还是很不错的。"以新《西游记》为例，该剧对外宣称投资1亿元。由于该剧在拍摄过程中进行了大规模的预售，卫视平均价格为30万元/集，地面频道平均价格为10万元/集，新媒体网络版权价格约为30万元/集。再加上二轮、三轮、音像及海外版权，"目前每集收入保守估计可达到350万元。关键是能定下来心做。"

张纪中或许是中国目前惟一名气大过导演的制片人，他开创了"电视剧制片人中心制"，在他的行事和作品中，无不烙印着张派风格。首先是创作风格。"性格决定命运，我的性格决定了新《西游记》一开始就有一个全新的方向。"

作为制片人，张纪中为了控制成本，要严格控制制作周期。依照张原来拟定的拍摄计划，新《西游记》的摄制需要三年时间。而在拍摄前，张改拟了一个两年计划。"这是出于投资商、发行商的角度，面对当前经济形势及未来风险的考虑。为此，我们还签订了相关合同。"合同规定，制作周期每超一天，制片方需要向资方赔付总投资的千分之三。

新《西游记》最初计划拍摄50集，制作经费也是按照50集筹措的，但"由于《西游记》故事统一性很强，最后电视台播映版本为66集"。被拉成66集的结果就是平摊到每集上的制作费用降低，每集的拍摄时间减短。

实际制作中，"制作费和化妆费部分涨了10倍之多……400多位演员，每人都要穿件衣裳吧，这些是不能省的钱。"张纪中说，"投资人不会追加投资，钱都是挤出来的。"

剧组启用了很多新人，为的就是压缩人员成本。张纪中戏言："就是要让马儿跑，还要让马儿不吃草。"此前该剧的主演曾表达过报酬低，拍摄过程长的不满情绪。确实，从2009年4月进组算起，主要演员的拍摄工作要持续近一年。张纪中说，"整个团队都要'扛着'，偶尔有抱怨可以理解。"

意义

"《西游记》象征了人生，如何战胜心魔，这是人生问题，也是我们要表达的主题。"新作面世，张纪中也颇多感慨："为这部剧，我们前后花了4年时间，虽然并不完美，但这是一部精雕细刻的诚意之作。希望观众在看到特技之余，能想想电视剧为什么会这么表达。"

谈到新老版的对比，张纪中表示，新《西游记》为向86版致敬，沿用了86版的片尾曲《敢问路在何方》作为新版的片尾曲。"我从未提过与老版本比较的事情，更没有在任何场合提过要超越老版。"

在张纪中看来，86央视经典版本的《西游记》，戏曲化的表现手法并无不妥，"六小龄童老师塑造了不可磨灭的孙悟空形象。我们今天学也学不像，但艺术贵在创新，我们在新版中将重点放在角色性格的塑造上。"《西游记》的"本来面目"，亦即《西游记》的精髓，既不是曲折、离奇、怪异的故事过程，也不仅仅是角色的有趣、惊险、无所不能，而是贯穿于这一切之中的文化表达，"是对'世界'，对人内心的价值指证。"

"我的武侠剧也不是单纯的武侠，而是寻求正义的内核。同样，张氏《西游记》是希望让人意识到心魔"——《西游记》中唐僧"率领"的五人取经小分队，从相遇到共同经历取经路上的磨难，到最后取得真经，曲折过程如同鲜活的人生经历。年幼心怀理想，少年幼稚冲动，青年血气方刚、目空一切，在人生道路上会遇到的各种诱惑，妖魔鬼怪，只有坚忍不拔的人才能取到真经。"《西游记》象征了人生，如何战胜心魔，这是人生问题，也是我们要表达的主题。"

在《西游记》的宣传过程中，张纪中透露今年60岁的他不久前刚办了退休手续，但并不打算真正退休，现在手中仍然有剧集正在拍摄。接下来，他还要拍摄电影《美猴王》，在京建立一个"西游记"主题公园。结束采访后，张纪中又紧接着投入到与美国编剧尼尔·盖曼（Neil Gaiman）的越洋电话会议中，稍晚一点，他将飞往陕西，探班正在拍摄中的新剧《炎黄大帝》。

对话张纪中

《综艺》：你如何看待你的制片人身份？

张纪中：从参与的角度讲，这些戏我确实全程参与了，例如《天龙八部》从第一集到最后一集都是我剪的。新《西游记》，在导演还未进组之前我就开始选角，对于如何拍摄，我也提了很多要求。但我确实分身乏术，不能一边盯监视器一边做制片的工作。《西游记》这个项目因我而起，我做再多也没有关系。这是一个漫长的创作过程，制片人就是要在别人没主意的时候，你要有主意。

（《综艺报》2011-08-08）

仔细阅读以上的材料，分组讨论制片人的具体职责。

1. 要有市场眼光

作为制片人，并不需要亲自去拍摄制作影视节目。但必须具备敏锐的市场眼光，即对即将创意的或别人送来的创意产品进行市场判断，判断其是否会受消费者欢迎；分析是否已有同类产品；分析产品的发展趋势与走向，以决定做什么产品；分析判断在已有的众多产品创意中，根据形势决定先做什么，后做什么等。这些都需要经营者根据实际情况做出决断。

经营管理者的市场眼光是通过长期的生产实践磨练出来的，要做一个优秀的经营管理人才，就要靠平时多看、多想、多做。

2. 具备节目策划能力

虽然不要求制片人去进行具体的影视节目制作，但是由于节目最基本、最重要的环节是策划创意，策划创意的好坏直接影响到产品的未来走向及营销结果的好坏。因此要求制片人应成为此环节的行家。在很多情况下，策划创意的核心是由制片人提出来的，因为制片人最熟悉市场，对市场的需求最敏感。根据市场需求迅速敏捷地提出好的产品策划创意，是制片人的责任。

3. 具备交流沟通能力

制片人在节目制作过程中，要与各种机构及个人打交道，说服他们同心协力，共同完成节目的拍摄制作。要向投资人阐释自己对节目的构想，对市场的分析，让投资人很好地理解并愿意为项目投资；要与编剧进行沟通，表达自己对剧本或选题的建设性意见，在与创作人员的碰撞交流中，找到最符合市场需求的表达方式。这些交流与沟通会伴随着节目制作的全过程。制片人的交流沟通能力越强，合作伙伴的意志就会越统一，节目的制作过程就会越顺利。

4. 具备法律知识

影视节目的最终形成，是众多机构、众多人才共同合作的结果。其涉及产品链上下游的不同企业；涉及一个产品生产链上的同一类企业；涉及参与该产品生产从策划创意、生产制作、宣传发行等不同环节的人，这样复杂多样的合作关系就必须要以合同来约定相互的责、权、利。这就要求经营者应具备相当程度的法律知识来处理、界定各方的合作关系，以达到规避法律风险，整合各方资源，保护自己的利益，使产品顺利面世之目的。

5. 具有财务知识

影视节目从创意开始，就会产生费用，制片人必须从产品的策划创意初期就对这一产品总的投入与产出进行核算，以作出项目是否进行投入生产的决定。而一旦决定投入生产后，还需对产品生产的每一个环节的成本进行测算（包括人力成本、设备成本、交通成本、材料成本、销售成本等）及控制。这就需要制片人应当具备一定的财务知识。

6. 要知人善任

在节目制作过程中，制片人会对很多工作人员、尤其是主要创作人员进行遴选，从中找出适合做节目和适合合作的人，这就要求制片人要知人善任。找到合适的合作伙伴，节目就成功了一半。

7. 具有组织能力

制片人是节目制作的组织核心，节目的制作过程也就是在制片人的总体思路下，将策划人、投资人以及其他主要创作人员、宣传销售人员组织起来共同合作实施的过程。制片人的组织能力越强，工作人员就越团结，工作效率也就越高，节目的质量也越高。

【案例2】

著名制片人俞胜利论制片人[①]

一个电视剧或电影项目，相当于一个工厂，制片人就是厂长，导演就

---

① 摘自《俞胜利："惊世骇俗"是电视剧最高境界》，《综艺报》2011-04-27。

是工程师。要保证一个剧的品质,首先从选题开始,选准题材,再选准编剧,剧本品质才有保障。还要能选能够阐释到位的导演,接下来就是主创和主要演员,掌控拍摄、宣传、播出和销售几个环节。一个优秀的制片人,一定要具备很高的文化素养,对剧作有较高的审美判断能力,对拍摄、对市场、对管理等各方面的掌控也应该是全面的。

二、制片人的发展路径

一般说来,要想真正成为一个合格的制片人,职场的历练是少不了的。从最基础的剧务发展到制片人,其间所经历的工作涉及影片拍摄的方方面面,其能力也涉及方方面面:如执行能力、沟通能力、组织能力、策划能力、制片管理、融资能力、表达能力、人脉资源、市场眼光、艺术素养、财务知识、法律知识等,都需要在此过程中积累、锻炼。

【案例3】

国内著名制片人吴军制作出了若干优秀电视剧,就是与其丰富的摄制组经历分不开的。他最初是到教育电视台从事策划工作,随着电视剧的兴起吴军开始了他的电视剧制作之路,几乎影视剧里所有的工种他都干过。他曾做过剧务、现场制片、摄影、编导、副导演等工作,凭着自己出色的能力最后才做了制片人,成为国内少有的金牌制片人。

当然,有些从业者并非按照职场的发展就一定能当上制片人,也有可能就在某一个职位上就停滞不前了。其原因是多方面的:从业者是否真正热爱这一行,是否有悟性,是否有能力,是否有机遇等。但无论怎样,没有经过专业的训练与职业的历练,是不可能做好一个合格制片人的。

了解了制片人的工作内容,我们可以发现:这个职业虽没有演员、导演那样令人瞩目,但若没有他们,演员、导演就没有展示的舞台。

查找几部近期热映的影视剧制片人资料,梳理归纳其发展路径。

任务二　作为法人的经营管理机构

在文化产业经营活动中，除了有具体的经营者外，另外还有一个"人"在其中扮演着极其重要的作用，这就是企业，在法律上称之为"法人"。

一、作为法人的经营管理机构

1. 什么是法人

法人作为民事法律关系的主体，是与自然人相对应的，两者相比较有不同的特点：法人是社会组织在法律上的人格化，是法律意义上的"人"，而不是实实在在的生命体，其依法产生和消亡。自然人是基于自然规律出生、生存的人。自然人的生老病死依自然规律进行，具有自然属性。

2. 为什么影视节目生产经营需要法人

由于文化产品的生产过程中，涉及对人才的整合，对资金的筹集，这些都不是一个自然人所能完成的，尤其是有大额资金投入时，还涉及偿还能力，这更是一个普通自然人所不能承受的。同时，影视节目的生产属于特许行业，作为自然人是不能独立经营的，必须有一个经有关部门审批的法人机构方可进行经营。

二、影视制作机构的设立程序

在中国，由于影视节目的特殊性，国家对设立广播电视节目制作经营机构实行许可制度。设立广播电视制作经营机构必须取得《广播电视节目制作经营许可证》方能进行影视节目的制作与经营。

根据《广播电视节目制作经营管理规定》，国家鼓励境内社会组织、企事业单位（不含在境内设立的外商独资或中外合资、合作企业）设立广播电视制作经营机构或从事广播电视节目制作经营活动。其设立程序如下：

（一）提出申请

在北京的中央单位及其直属机构申请《广播电视节目制作经营许可证》，报国家新闻出版广电总局审批；其他机构申请《广播电视节目制作经营许可证》，向所在地广播电视行政部门提出申请，经逐级审核后，报省级广播电视行政部门审批。

（二）审　核

审批机关在收到齐备的申请材料之日起的 20 个工作日内作出批准或不批准的决定。对符合规定的，应为申请机构核发《广播电视节目制作经营许可证》；对不批准的，应向申请机构书面说明不予批准的理由。省级广播电视行政部门应在做出批准或不批准决定之日起的一周内，将审批情况报国家新闻出版广电总局备案。

1. 报批须提交的材料

（1）申请报告。
（2）广播电视节目制作经营机构章程。
（3）《广播电视节目制作经营许可证》申领表。
（4）主要人员材料：
① 法定代表人身份证明（复印件）及简历；
② 主要管理人员（不少于三名）的广播电视及相关专业的简历、业绩或曾参加相关专业培训证明等材料。
（5）注册资金或验资证明。
（6）办公场地证明。
（7）企事业单位执照或工商行政部门的企业名称核准件。

2. 行政许可条件

根据《广播电视节目制作经营管理规定》，申请《广播电视节目制作经营许可证》应当符合国家有关广播电视节目制作产业发展规划、布局和结构，并具备下列条件：

（1）具有独立法人资格，有符合国家法律、法规规定的机构名称、组织机构和章程。

（2）有适应业务范围需要的广播电视及相关专业人员、资金和工作场所，其中企业注册资金不少于300万元人民币。

（3）在申请之日前三年，其法定代表人无违法违规记录或机构无被吊销过《广播电视节目制作经营许可证》的记录。

（4）法律、行政法规规定的其他条件。

《广播电视节目制作经营许可证》由新闻出版广电总局统一印制，有效期为两年。

经批准取得《广播电视节目制作经营许可证》的企业，凭许可证到工商行政管理部门办理注册登记或业务增项手续。

任务三　影视节目的申报

企业凭《广播电视节目制作经营许可证》到所在地工商局注册登记后，便可开展影视节目的制作及经营了。根据影视节目的不同类型，在节目具体拍摄制作前，还必须进行申报。

一、电影制作许可

1. 备案单位资格条件

（1）持有《摄制电影许可证》的电影制片单位或在地市级以上工商部门注册登记的各类影视文化单位。

（2）制片单位实有资金达到所拍摄影片成本的三分之一以上。

2. 申请材料

（1）拍摄影片的备案申请。国产片备案申请、合拍片立项申请、国产转合拍立项申请均可在国家新闻出版广电总局的电影电子政务平台在线申报。

（2）不少于1 000字的故事梗概一份，4号字体规范文字，计算机打印。

（3）编剧允许备案单位使用其作品的授权书。

（4）营业执照副本原件（核对后当即退回）及复印件一份。

（5）制片单位账户所在银行出具的资金证明（对账单）。

（6）《摄制电影许可证（单片）申请书》可在国家新闻出版广电总局的电影电子政务平台在线申报。

（7）凡影片主要人物和情节涉及外交、民族、宗教、军事、公安、司法、历史名人和文化名人等方面内容的（以下简称特殊题材影片），需提供电影文学剧本一式三份，并要出具省级或中央、国家机关相关主管部门同意拍摄的书面意见。

（8）描写英雄、先进人物、荣誉称号获得者的，需要出具本人或亲属的授权，以及相应级别宣传部门或荣誉授予单位的同意文件。

（9）如已基本确定主创人员（导演、主要演员）的，同时报送影片主创人员名单。

3. 办理程序

（1）电影制片单位（包括经工商注册登记成立的各类影视文化公司，下同）摄制电影，应在拍摄前由第一出品单位将电影剧本（梗概）送工商注册登记所在地的省级新闻出版广电部门备案，省级新闻出版广电部门应按照《行政许可法》规定的期限作出决定并上报新闻出版广电总局，待总局公布备案结果后，由省级新闻出版广电部门对持有《摄制电影许可证》的电影制片单位发放《电影剧本（梗概）备案回执单》，其他电影制片单位发放《摄制电影许可证（单片）》，修改后拍摄或不同意拍摄的应说明理由并书面通知制片单位。

（2）凡剧情主要内容和主要人物涉及国家安全、外交、民族、宗教、军事、公安、司法、历史和文化名人、敏感历史事件等方面的（以下简称特殊题材），省级新闻出版广电部门须将电影剧本征得省级相关主管部门的意见后，方可备案。

（3）拍摄重大革命和重大历史题材影片、重大文献纪录影片、中外合作影片，由省级新闻出版广电部门审核电影剧本后，按相关的管理规定报新闻出版广电总局进行立项审批。

（4）中央和国家机关（军队）所属的电影制片单位摄制电影，将电影剧本（梗概）直接送新闻出版广电总局备案或立项审批。

（5）各省级新闻出版广电部门应将同意电影剧本（梗概）备案的情况及时报新闻出版广电总局，内容包括：影片名称、备案单位（联系人、电话）、编剧姓名（实名）、故事摘要（300字左右）、备案意见等。

（6）新闻出版广电总局对备案情况进行汇总、审核后，于每月上旬和下旬分两次在新闻出版广电总局政府网站公布全国电影剧本（梗概）的备案结果。未经备案公布或立项批准的电影剧本（梗概）不得拍摄，完成影片不予受理审查。

4. 办理期限

（1）对备案剧本（梗概）是否允许拍摄的答复期限：

① 如同意拍摄的，电影局在二十个工作日内电话通知制片单位，前来领取《摄制电影片许可证（单片）》或回执单，可按备案的电影剧本（梗概）进行拍摄；

② 如对备案的电影剧本（梗概）有修改意见或不同意拍摄的，电影局在二十个工作日内书面通知制片单位；

③ 如电影剧本需另请相关主管部门和专家评审的，电影局电话告知制片单位，自合格剧本送达电影局时起延长二十个工作日。

（2）按备案单位的要求向允许拍摄备案电影剧本（梗概）的制片单位出具如下材料：

①《摄制电影许可证（单片）》；

② 到工商局办理增加电影制作（单片）经营范围的《〈摄制电影许可证（单片）〉资格认证证明》。

二、电视剧制作许可

电视剧由持有《广播电视节目制作经营许可证》的机构、地市级（含）以上电视台（含广播电视台、广播影视集团）和持有《摄制电影许可证》的电影制片机构制作，但须事先另行取得电视剧制作许可。

电视剧制作许可证分为《电视剧制作许可证（乙种）》和《电视剧制作许可证（甲种）》两种。

（一）乙种证的发放

1. 发　放

《电视剧制作许可证（乙种）》由省级以上广播电视行政部门核发。其中，在京的中央单位及其直属机构直接向新闻出版广电总局提出申请，其他机构向所在地广播电视行政部门提出申请，经逐级审核后，报省级广播电视行政部门审批。

2. 申　领

《电视剧制作许可证（乙种）》，申请机构须提交以下申请材料：
（1）申请报告。
（2）《电视剧制作许可证（乙种）申领登记表》。
（3）新闻出版广电总局题材规划立项批准文件复印件。
（4）编剧授权书。
（5）申请机构与制片人、导演、摄像、主要演员等主创人员和合作机构（投资机构）等签订的合同或合作意向书复印件。其中，如聘请境外主创人员参与制作的，还需提供新闻出版广电总局的批准文件复印件。
（6）《广播电视节目制作经营许可证》（复印件）或电视台、电影制片机构的相应资质证明。
（7）持证机构出具的制作资金落实证明。

省级广播电视行政部门应在核发《电视剧制作许可证（乙种）》后的一周内将核发情况报新闻出版广电总局备案。

3. 期　限

《电视剧制作许可证（乙种）》仅限于该证所标明的剧目使用，有效期限不超过180日。特殊情况下经发证机关批准后，可适当延期。

（二）甲种证的发放

1. 发　放

电视剧制作机构在连续两年内制作完成六部以上单本剧或三部以上连续

剧（3集以上/部）的，可按程序向新闻出版广电总局申请《电视剧制作许可证（甲种）》资格。

2. 申　领

申领《电视剧制作许可证（甲种）》，申请机构需提供以下申请材料：

（1）申请报告。

（2）《电视剧制作许可证（甲种）》申请表。

（3）最近两年申领的《电视剧制作许可证（乙种）》复印件。

（4）最近两年持《电视剧制作许可证（乙种）》制作完成的电视剧目录及相应的《电视剧发行许可证》复印件。

3. 期　限

《电视剧制作许可证（甲种）》有效期限为两年，有效期届满前，对持证机构制作的所有电视剧均有效。

三、动漫制作许可

凡持有《广播电视节目制作经营许可证》的制作机构均可以制作动画片。制作国产动画片实行题材报批，经规划审查同意立项后方能投产制作。凡未经题材规划批准立项而自行制作的国产动画片，不予审查完片，不予发放《动画片发行许可证》，各级电视播出机构不予播出。

1. 申报时间

每月5日前，影视制作机构向所在地省级广播影视行政部门申报题材规划。

2. 提交材料

申请中外合拍电视动画片备案公示，须写明国外动画制作机构名称及国外编剧、导演、制片人等主创人员外文名称，并提交每集不少于500字的分集梗概或完整剧本。国内动画制作机构聘请境外编剧、导演、制片人参与国产电视动画片生产的，须写明境外编剧、导演、制片人的外文名称。

3. 有效期

经国家新闻出版广电总局备案公示的国产电视动画片题材，有效期为两年（含备案公示当年），逾期作废。如需继续制作，须重新报备，有效期为一年。到期仍未制作的取消该动画制作机构报备该国产电视动画片题材的资格。

四、纪录片制作许可

1. 纪录片题材报告

（1）纪录片题材报告实行国家级和省级两级管理。

① 中央单位所辖制作机构计划制作纪录片，向国家新闻出版广电总局报告。地方制作机构和个人计划制作纪录片，向其所在地省（自治区、直辖市）广播影视行政部门报告，省级广播影视行政部门汇总后报国家新闻出版广电总局备案。

② 中央单位所辖机构计划与境外合作拍摄纪录片，向国家新闻出版广电总局报告。地方机构计划与境外合作拍摄纪录片，向其所在地省（自治区、直辖市）广播影视行政部门报告，省级广播影视行政部门汇总后报国家新闻出版广电总局备案。

③ 中央单位所辖机构计划引进境外纪录片，向国家新闻出版广电总局报告。地方机构计划引进境外纪录片，向其所在地省（自治区、直辖市）广播影视行政部门报告，省级广播影视行政部门汇总后报国家新闻出版广电总局备案。

报告纪录片题材，须统一使用国家新闻出版广电总局制定的表格（见附件1～3），一片一表。

附件 1：国产纪录片创作题材报告表

国产纪录片创作题材报告表

制作方（盖章）　　　　　　　　　　　　　　　　年　　月

片名	题材	集数	每集时长	计划投拍时间	计划完成时间

内容概要（不少于 500 字）

创作团队、拍摄计划

省级主管部门意见
<div align="right">盖章</div>

制作方联系人及电话：

附件 2：中外合拍纪录片题材报告表

中外合拍纪录片题材报告表

制作方（盖章）　　　　　　　　　　　　　　　　年　　月

片名	题材	集数	每集时长	计划投拍时间	计划完成时间

内容概要（不少于500字）

创作团队、拍摄计划（须注明合作方式及境外合作机构名称、主创人员姓名）

省级主管部门意见
盖章

制作方联系人及电话：

附件3：引进纪录片题材报告表

引进纪录片题材报告表

引进方（盖章）　　　　　　　　　　　　　　年　　月

片　名	国别（地区）	题材	集　数	每集时长	拟发行对象或范围

内容概要（不少于1 000字）

制作方情况

省级主管部门意见
<div align="right">盖章</div>

引进方联系人及电话：

（2）国家新闻出版广电总局依据全国纪录片题材报告情况，汇总制定《全国纪录片题材目录》，经专家审议后，提出指导性意见，向社会公告。

（3）列入《全国纪录片题材目录》的国产纪录片，可优先参评国家新闻出版广电总局优秀国产纪录片季度推优和年度扶持项目；制作列入《全国纪录片题材目录》国产纪录片的机构，可优先参评国家新闻出版广电总局优秀国产纪录片年度扶持项目。

（4）凡列入《全国纪录片题材目录》的作品，如需变更片名、集数、制作机构的，须重新报告。

（5）纪录片题材公告由国家新闻出版广电总局印发各省（自治区、直辖市）广播影视行政部门等单位，并通过国家新闻出版广电总局政府网站和中国网络电视台同时向社会公布，以供查阅。

2. 纪录片选题申报

如果纪录片制作人与投资方或电视播出机构进行合作，制作方有必要了其合作的具体方式，对于经费拨付、制作周期要求和甲乙双方的责任进行详细研究，然后向投资方或播出方进行选题申报。

附录1：

中央电视台《见证》栏目合作方式

《见证》栏目愿意与一切有志于纪录片创作的同仁合作。我们愿意就以下几种方式与您进行商讨，并最终选择双方都能接受的最佳方式。我们终极目的只有一个：寻找好题材，创造好作品。

一、独资投入，合作播出。指该题材由贵方单独投资创作完成，在贵台与我栏目分别播出，我方以稿酬的形式购买播出权。

二、合资投入，版权共享。指该题材根据实际情况由贵方与我方共同投资完成，版权共享，投资与版权双方各占50%。

三、全额投资，共同创作。指该题材由我方全额投资，或邀请贵方担任编导负责制作，或我方派出制作人员参与协助创作，版权归我方所有。

以上三种为基本合作方式，根据具体节目的实际情况，我们可以就任何合作方式进行探讨。

附录 2：

中央电视台《见证》栏目制作任务责任书

甲方：《见证》栏目

乙方：《　　　　　　》节目负责人

《　　　　　　》（30 分钟× 　集）系甲方计划播出的节目。现甲方确定由乙方承担节目的制作。甲方承担为乙方提供节目的制作经费、制作设备以及与制作相关的义务。甲方拥有节目的终审权；乙方应按照甲方栏目的各项创作和管理规章制度在规定周期内按质完成节目的制作。

1. 经费

甲方向乙方提供制作经费　　万元人民币。其中包括用于制作节目的差旅、交通、住宿、餐饮、通讯、策划、劳务、设备使用、稿酬等方面的费用。除主创人员的稿费将视节目完成质量最后付清之外，其他费用甲方必须负责按时依据制作进度分批划拨乙方使用。乙方必须按照中央电视台财务制度和甲方资金管理细则，科学地支配和使用资金。

2. 制作周期

为规范创作，保证栏目正常播出，乙方应在周期内完成节目的制作。具体周期如下：

（1）前期采访阶段　　　周　　天　　最迟于　　　年　月　日前完成

（2）拍摄阶段　　　　　周　　天　　最迟于　　　年　月　日前完成

（3）画面编辑　　　　　周　　天　　最迟于　　　年　月　日前完成

（4）声音编辑　　　　　周　　天　　最迟于　　　年　月　日前完成

（5）修改阶段　　　　　周　　天　　最迟于　　　年　月　日前完成

（6）成片　　　　　　　最迟于　　　年　月　日完成

由于甲方的原因（例如资金设备没有按时到位、宣传政策导致节目的重大修改等）造成延期的，甲方承担损失；由于乙方的原因造成延期的，甲方有权根据情况减少经费额度；对栏目造成损失的，甲方有权要求赔偿直至追究法律责任。

3. 设备使用

乙方制作节目所需的设备（包括视频、音频设备以及灯光、道具等辅助设备）由甲方提供。设备使用费用从乙方节目成本中扣除。乙方在使用设备时应注意保护，如果发生因使用不当造成的设备损坏，乙方应予赔偿。原则上，乙方不得使用台外设备。如有特殊需要，须得到甲方同意。

4. 节目及版权

甲方拥有节目的终审权，乙方应无条件按照甲方制片人的意见对节目进行修改。

节目版权归甲方所有，乙方不得擅自卖节目。

双方未尽事宜，另行协商解决。

此协议书一式两份。双方各执一份，自签字之日起生效。

甲方（签名）：　　　　　　　　乙方（签名）：
《见证》栏目制片人　　　　　　《　　　　　》负责人
　　年　　月　　日　　　　　　　年　　月　　日

附录3：

中央电视台《探索·发现》栏目报题表

中央电视台《探索·发现》报题表

选题名称			
申报人		联系电话	
选题简介和结构	主线		
	副线（有无均可）		
选题卖点	悬念点（疑问）		
	故事点（戏剧性情节和冲突）		
	知识点（自然类选题必须填写）		
	新观点		
资料搜集情况（含书籍文字、照片、绘画、活动影像）	已有部分（含栏目公共素材）		
	已知部分（指明资料所在单位）		
	未知部分		

访谈对象状况	当事人 （直接当事人、间接当事人、其他知情人）	
	专家	
拍摄手段及地点	资料	
	访谈	
	空镜	
	再现	
	纪实拍摄	
播出时间设计与理由		
选题特别价值与收视预期		
与频道栏目定位吻合度判断		
导向保证度和相关风险判断		
主编意见		
制片人意见		
主任审批		
备注		

附录 4：

重庆电视台《真实》栏目选题申报表

《真实》栏目选题申报表 A

选题名称	
申报人姓名	
拍摄内容和主题阐述	
选题所涉及的新问题、新发现和新观点	
选题现有文字资料、图片资料和影视资料	
选题的预拍摄地点和采访人物	

《真实》栏目选题申报表 B

选题名称	
申报人姓名	
拍摄时间	
拍摄地点	
采访对象的身份及问题设置	
悬念点或者情节点的设置（不少于3个）	
谋篇布局（即拍摄提纲或工作台本，不少于500字）	
编导阐述（节目的整体情绪、气氛，以及镜头风格）	
编辑台本完成时间	
后期剪辑时间	

第七单元内容要点

作为自然人的影视节目经营管理者是影视节目制片人。

作为影视节目制片人应该具备的素质包括：市场眼光、节目策划能力、沟通交流能力、法律知识、财务知识、知人善任、组织能力。

制片人的发展需经过专业的训练和职场的历练。

在文化产业经营活动中的企业，称为"法人"。

影视节目经营管理机构的设立需要经过申请和审核等程序。

电影的制作许可需报送材料、评审等程序。

电视剧制作许可证分为《电视剧制作许可证（乙种）》和《电视剧制作许可证（甲种）》两种。各具有不同的有效期限。

国产动画片题材申报需提交申报材料且具有有效期限。

纪录片的选题申报一般是向投资方或播出机构进行。

补充阅读书目

[美]迈尔·史雷波曼：《制片创作大全》，黄扉，译，清华大学出版社2004年版。

单元能力测试题

书面作业：

1. 作为自然人的经营管理者应该具备哪些素质？
2. 为什么影视节目生产经营需要法人？
3. 影视制作机构的设立程序是怎样的？
4. 《电视剧制作许可证（乙种）》和《电视剧制作许可证（甲种）》有何不同？
5. 纪录片题材报告是如何实行国家级和省级两级管理的？
6. 制作一份纪录片选题表。

单元技能测试记录表

鉴定内容		鉴定方法		鉴定人签字	
鉴定成绩		鉴定时间		被鉴定人签字	
关键技能		评价指标		鉴定结果	
				通过	未通过

鉴定者评语:

课 程 评 价 表

姓名：_____   日期：_____

当你完成了本单元的学习，我们希望你能对下面的项目提出你的建议。

请在相应的栏目内打钩	非常同意	同意	没有意见	不同意	非常不同意
1. 这一单元为我很好地提供了影视节目制片人应该具备的素质及其发展路径的综述					
2. 这一单元帮助我理解了影视节目制片人及法人的概念的理论					
3. 我现在对尝试申请设立影视节目经营管理机构和申报影视节目制作更有自信了					
4. 该单元的内容适合我的要求					
5. 该单元中举办了各类活动					
6. 该单元中不同的部分融合得很好					
7. 教师待人友善、愿意帮忙					
8. 该单元的教学让我做好了参加评估的准备					
9. 该单元的教学方法对我学习起到了帮助作用					
10. 该单元提供的信息量正好					
11. 评估与鉴定公平、适当					

你对将来改善本单元的教学有什么建议？

_____

_____

能力单元八

怎样规避影视节目制作中的法律风险

影视节目的制作过程是一个充满复杂智力劳动的过程,也是一个合作各方资源交换与商业利益分配的过程,涉及各参与者的责、权、利,以及各种著作权属的确认与转移。其过程稍不注意就会产生因责权利不明确所引起的法律纠纷,为避免产生纠纷,合作各方就必须对参与各方的责权利进行约定,以规避随时可能产生的法律风险。

任务一　认知节目制作中的法律风险

影视节目从前期的策划创意到后期的制作销售,需经过较长的过程,在此过程中,随时可能出现法律风险,这主要体现在以下几方面。

一、工作环节多

影视节目从市场调查、策划创意、筹集资金、组织生产,到最后的宣传营销等诸多环节中,涉及不同的机构和部门,合作过程中有可能出现这样或那样的问题,需要协调解决的问题也就越多。

二、参与人员多

【案例1】

宁可换导演 不能开演员

郝某"换角门"引爆业内潜规则

演员郝某与江苏卫视新《永不瞑目》剧组换角纠纷案,终以郝某胜诉终结:法院维持一审判决,要求江苏卫视再付郝某劳务报酬30万元。昨日,郝某发表声明,表示未来如果没有合适的条件,将不再拍摄电视作品。对此结果,新《永不瞑目》总制片人陈某某态度坚决,"虽然付出了代价,但向行业陋习作抗争,再大的损失也要坚持下去!"

【事因】

去年年底,原本由郝某担任女主角的新《永不瞑目》,中途以郝某违约为由换人。郝某认为江苏卫视侵权,将其告上法庭索赔210万元。江苏卫视提出反诉,要求郝某返还已支付的片酬90万元另外追加剧组损失180万。法院一审判决剧组追加给郝某30万片酬。二审维持原判。

【声音】

陈某某:向行业陋习抗争

一部剧拍了一个月突然撤演员,实属罕见。新《永不瞑目》总制片人陈某某感叹"是不得不做的决定",不过并不后悔,"向行业陋习作抗争,再大的损失也要做下去!"他所指的"行业陋习"是艺人的艺德,"把副业当主业,把拍戏当副业,我们不能接受。"

此番官司败诉,陈某某表示,"以后制定合同,会详细签署各自的权利和责任,既保护自己也保护对方。如果不签的话,再好的演员我们也不能用,否则后患无穷。"

郝某:条件不合适不再拍电视

郝某就诉讼结果发表声明,表示未来如果没有合适的条件,将不再拍摄电视作品。在声明中,她表示,"不管这是不是尘埃落定,我与江苏卫视的官司终于等来了终审判决。有人问我满意吗?也有人问下一步还有什么计划……其实,我不需要用这个结果来证实什么,但于我而言,这个结果依然重要。我热爱表演,我坚持自己,我想一直做郝某,而不是别人。"

【影响】

"换角门"引爆业内潜规则

曾制作了《我们无处安放的青春》《北平往事》等剧的金牌制作人郁康淳认为,"换角门"之所以会引发人们对圈内潜规则的思考,在于影视行业制度不健全。"在好莱坞,艺人进组拍摄前会签厚厚的一本合同,其中严格规定了拍摄时间、出工时间、拍戏阶段吃住随行标准……但在中国,合约往往只有两三张纸,有点私交的就更不好意思定太多的规矩"。

郁康淳表示,经常有演员说投资方强势,其实演员尤其是那些有名气的演员更强势。从投资方到演员自己,心里都清楚,"我再怎么样,剧组也不敢开除我。一旦开拍,制片人相当于'被绑架'了。"

事实上，大牌演员在剧组住最好的房子，用最好的车，一个待遇不如意可以罢拍，甚至可以炒导演。对于业界潜规则，有业内人士接受采访时予以证实，"圈内有种说法，宁可换导演，不能开演员。为什么呢？因为换导演，之前拍的镜头还能用，一旦换了演员，之前的工作就成了废品。这钱谁来承担？"

（《武汉晨报》2010-12-15）

一个影视节目的制作，少则十几个，多则上百个人参与，不同的人有不同的需求，并且这些人员都是来自四面八方临时组合到一起的，相互间互不了解认识，彼此间缺乏凝聚力，摄制周期一长，各部门人员在工作中容易产生摩擦和矛盾甚至严重的利益冲突。

三、意外事故多

影视节目制作过程中涉及演员受伤，器材、车辆、设备损坏，烟火炸药、高危拍摄等危险，也面临各种恶劣的气候或自然环境造成的拍摄障碍等，会有很多意想不到的事故发生。

【案例2】

演员受伤　谁该埋单[①]

娱乐圈中的演员光鲜亮丽，殊不知这也是一个高危职业。昨日，因拍戏遭遇车祸的内地演员聂某的父亲，在微博上点名剧组"跪求"医药费的事件引起了众多明星以及网友的极大关注。今年1月，聂某在福建拍摄电视剧《永不褪色的家园》时，遭遇严重车祸如今生命垂危。17日下午，聂某的父亲通过女儿的微博账号，发布一篇题为《拿什么拯救你，我的女儿》的长微博，向剧方讨要已欠下的四十多万医疗费，并称对方坐视不管的态度令其几近崩溃。昨日，剧组制片人卢先生接受采访时回应称，出事后剧组已支付近四十万医疗费用。而同为演员的马伊琍在微博上发问："我们有演员工会吗？"的确，演员受伤，该谁来埋单？

---

① 《沈阳晚报》数字报，http://epaper.syd.com.cn/sywb/html/2013-04/19/content_903174.htm，2013-4-19。

父亲发微博：没钱付医疗费

4月17日，聂某爸爸在长微博中透露，聂某目前仍未脱离危险期，而更令聂某父母心痛的是《永不褪色的家园》剧方对此坐视不管的态度："路不绝，我不想点你们的名字，我只希望能有钱给聂某治病。"聂父透露，聂某以每日近五千元治疗费的速度，已经拖欠医院费用，两位老人收入微薄无力支撑这些巨额医疗费。最后，聂父还哀怨悲戚地说，"我无路可走，我只有求你们了！我愿意给你们跪下！求求你们！"微博名为"盈科王军律师"在微博上展示出聂某治疗过程中产生的各项费用，表格上显示聂某的治疗费用超过了43万元，已经拖欠了23万元，并表示经聂某父亲特别授权，在微博上公布救治聂某爱心捐款账号，呼吁爱心人士捐款。

众明星呼吁：救救同行

同为演员，感同身受，尽管聂某只是一位名不见经传的演员，但她的遭遇还是得到了众明星的支持，不少明星和网友纷纷索要聂某父亲的联系方式要求捐款。姚晨表示："救救我们的同行！"陈思成称："希望所有同行转发！看似风光的行业，艰苦和危险自知。没有工会和保障机制，各自珍重。"而作为中专同学和发小，杜淳转发微博称："这是我中专同学，我的发小。希望该负责任的人和机构帮帮她。谢谢！"也有明星希望相关部门出面替聂某说话，马伊琍提问称："我们有演员工会吗？"孙俪则表示："必须有人管。"另外，文章、李小璐、贾乃亮、黄渤、王宝强、何炅、俞灏明等纷纷发微博为聂某祈福以及呼吁献爱心。

剧组回应：没有坐视不管

昨日，《永不褪色家园》制片人卢先生接受记者采访时回应称，剧组没有坐视不管，卢先生表示事情出来后投资公司和剧组的共识是不惜一切代价救聂某，从事情发生到现在剧组已经支付近四十万医疗费用。对聂某父亲讨医疗费的情况，卢先生表示："我们这边医院要结账那边医院要交押金，一下要拿出四十多万。之所以耽误了是因为需要时间和投资方沟通完成财务审批手续。"卢先生表示后期医疗费的问题，他们更不会坐视不管："昨天剧组已经去医院结账了，如果资金不到位，会先把后期的制作费挪过来给聂某治疗。"对外界关注的剧组是否给聂某买保险的问题，卢先生表示剧组成立时剧组根据聂某的合同买了保险。对于剧组的回应，聂某的律师王军透露,在聂父微博发出后,剧组由原来的推诿转变成昨日下午打电话联系。

好莱坞电影保险市场年保费高达 2 亿美元[①]

在刚刚落幕的第 84 届奥斯卡金像奖颁奖典礼中,电影《龙纹身的女孩》夺走了"最佳剪辑"的小金人,而在另一项奥斯卡中,《龙纹身的女孩》更是拔得头筹,美国财产险公司消防员基金保险日前评选此部电影为 2011 年最具风险电影。

据悉,《龙纹身的女孩》拍摄预算达 9 000 万美元,演员受伤甚至无法工作所造成的进度拖延将给制片方带来每天高达 25 万美元的损失。该影片从开拍伊始就购买了保险产品,可以说这部电影最后能够精彩地呈现在全球观众面前,与其选对保险产品不无关系。值得注意的是,保险公司除了根据保险条款对电影拍摄中产生的损失进行理赔,另一主要责任是与电影制片方紧密合作,在拍摄过程中对各种风险因素严格把控,以确保所有安全措施到位,保证演员和工作人员的安全。

事实上,保险公司从默片时代开始就为电影的制作和运营保驾护航了。近年来,随着观众对感官刺激和画面逼真程度要求的不断提高,电影制作投入及随之而来的拍摄风险也在节节攀升,这让保险在电影产业中的作用愈发举足轻重。

有数据显示,好莱坞电影保险市场每年的保费高达 2 亿美元,很多电影的保险产品都是量身定做的,承保的范围包括由于演员受伤或无法演出、气候不佳、设备损坏、软片受损等因素所导致的进度延误,等等。大部分独立制片人和一些大型片厂,甚至只在有保险的情况下才会接拍电影。

相比之下,我国电影保险才刚刚起步。2006 年,中国信保为华谊兄弟公司影片《夜宴》的海外销售提供了出口信用保险,保额为 1 500 万美元至 2 000 万美元;2011 年,阳光人寿为首届中国西部新媒体电影节主办方的团队提供了人身意外险;从 2011 年 5 月起,江苏省广播电影电视局通过向紫金保险购买保险服务的方式,为全省影院观众投保了电影院公众责任保险。这些尝试表明电影产业已经逐渐意识到保险的重要,保险业也正逐渐向电影产业渗透。不过,目前我国电影保险产品无论从保障范围还是保障水平,都尚处于初级阶段。

---

① 人民网,http://finance.people.com.cn/insurance/GB/17239774.html,2012-02-28。

面对好莱坞大片的冲击,国产电影若要得到更大的发展,需要更多的保险保障。我国的电影人也在尝试走电影大片的路线,电影大片总与大制作、大场面、大阵容紧密相关,高投入往往会带来高票房和高回报,但也伴随着高风险。在此情形下,保险公司应当加快创新,提供更加丰富、多元化的保险产品,还要培养更多了解风险、能够驾驭风险的专业保险人才,介入电影拍摄、制作过程,把控电影拍摄过程中的各种风险,保证电影的顺利拍摄。

四、涉及众多知识产权

【案例3】

美国编剧罢工 网络下载付费成焦点

从11月5日开始的罢工仍在持续。12月7日,美国编剧协会与影视制作人联盟的第二次谈判破裂,双方的公告依旧态度坚决,措辞强硬,都摆出一副不赢不罢休的架势。

在11月28日的首轮谈判里,影视制作人联盟曾一改以前的强硬态度,提出一项在编剧们原有的每年13亿美元收入之外,就新媒体领域(包括网络在线收看视频、为新媒体制作内容、通过数字渠道发布节目)的使用,再支付1.3亿美元的额外补偿。美国编剧协会的两位主席在欢迎影视制作人联盟新建议的同时指出,新建议仍然不同意为网络下载影视节目而支付追加酬金。

在补偿的数额上,双方的差距并不大,编剧协会的心理要价是1.51亿美元。影视制作人联盟同意支付1.3亿美元。在接下来的谈判中,网络下载方面的付费才是双方谈判的焦点所在。

格瑞格·米切尔说,如果这次谈判双方能够达成妥协,那么一份新的合同将保证美国的电视、广播、娱乐恢复正常运转;反之,这场罢工将持续下去,可能成为旷日持久的拉锯战。

4美分的罢工

作为美国编剧协会的新闻发言人,格瑞格·米切尔也不知道这样的街头抗议还将持续多久。在他看来,这场罢工本来是可以避免的。在过去的

4个月里,美国编剧协会和影视制作人联盟就新的集体工作合同进行的谈判因双方分歧太大,未能达成妥协。

于是,在上一次的集体工作合同于10月31日到期以后,联邦调解机构介入的最后一次谈判破灭,美国编剧协会宣布,从11月5日起,协会所属的广播、电视、娱乐、新闻和新媒体节目的编剧们停止工作,并上街游行抗议。

分歧主要是编剧协会希望在以往合同的基础上,把DVD的发行分成提高一倍,由原来的4美分提高到8美分(美国市场上销售的DVD的销售价为每张20美元),另外在将来的网络合法播放和下载中,编剧协会也能够分到应得的比例。但在长达4个月的谈判里,影视制作人联盟只答应DVD分成在原来的4美分基础上增加5%;至于网络播放和下载方面版权的收入,则拒绝与编剧分享。

"人们观看电影电视剧的习惯发生了巨大变化,他们越来越习惯在网络上观看,我们提出的条件是非常合理的,而且正是时候。"站在福克斯公司总部门外罢工抗议队伍中的编剧兼制作人芭芭拉·霍尔(Barbara Hall)说。

不犯当年错误!

"我们再也不会犯同样的错误。"美国编剧协会新闻发言人格瑞格·米切尔接受南方周末记者采访时强调。

和那些编剧一样,格瑞格·米切尔对1988年的那场罢工记忆犹新。那次罢工的起因是美国编剧协会要求从录像带的获益中得到追加酬金。之前,美国编剧的追加酬金仅仅限于电视剧重播和国外转播。当时的制作人联盟虽然从录像带中获得巨大利益,却坚决不肯在谈判中让步。

最后,双方签订了一个合同:每盘家庭录像带(包括DVD)80%的销售收入支付给制作方和销售商,编剧协会和演艺协会等其他组织拿剩下的20%,编剧只能拿到一张DVD销售收入的0.36%,算下来,他们从每张DVD里拿到的收入才4美分。

后来的事实证明这个让步是个大错误。当家庭录像带(DVD)发展成为一个巨大产业时,制片人联盟每年获得了数十亿美元收入;而编剧协会却只能拿到近5000万美元的收入。这让编剧们很不甘心,他们觉得自己被骗了。

因此，在以网络为代表的数字新媒体颠覆娱乐业的时代，他们决心不再犯同样的错误。他们担心，如果他们这次不起来斗争，在未来几年的合同期内，未来的网络新媒体的收入编剧们得不到一分钱，这方面的收入都会被制作人联盟独吞掉。

编剧罢工不可避免地出现了。在罢工时间上，编剧协会也煞费苦心。本来大部分编剧都认为协会不应该在合同期结束罢工，而应该在无合同状态下工作到明年年初，和工作合同即将到期的美国导演协会、演员工会结盟，一起向制片人联盟施加压力，通过谈判获取最大利益。

但编剧协会认为，如果推迟到明年初罢工，制片商将囤积更多的剧本，不如马上罢工的效果强烈，引起的社会反响大。

对编剧协会的罢工，制作人联盟主席尼克·康特谴责道："编剧协会的罢工是十分急躁并且不负责任的。"而美国编剧协会主席派特里克·维侬则回应说："是现实把我们逼到这一步的，我们十分希望能解决问题。"

编剧是弱者？

"我们只想在他们的大锅里面分一小杯羹。"派特里克·维侬公布了一个数字：2006年，通用电子公司、时代华纳公司、沃特·迪士尼公司、新闻集团、索尼公司、CBS公司、维亚康姆公司的总利润超过3 500亿美元。面对如此悬殊的落差，一些编剧在游行中干脆把作家称为"劳工"。

尼克·康特认为他们是想博取社会同情，他把编剧归为典型的中产阶级："2006年美国编剧协会4 434名成员的平均年收入是20万美元，不管电视节目或电影是赚是赔，编剧都能拿到报酬。承担风险的是制片人，这个产业中大部分电影都是亏钱的，绝大部分电视节目不是在试播期就失败，就是始终赚不到钱。"

在美国编剧协会会员中，有《实习医生格蕾》编剧肖恩达·莱姆斯、《绝望的主妇》编剧马克·切利这样年收入超过百万美元的，也有很多年收入在5万美元的年轻编剧。会员与会员之间收入差异巨大。

这个差异是1960年编剧协会第一次罢工带来的。在1960年以前，美国的编剧和中国编剧们今天的待遇相同，不管电视剧、电影的收视率如何，制作人赚钱还是亏本，只拿一次性稿费。当年最著名的电视剧《我爱露西》的编剧们为制片方赢得了数亿美元的收入，却没有得到一分钱的版税。

在接受南方周末记者采访时，格瑞格·米切尔说，大部分编剧协会的成员都是中产阶级，典型的电视编剧一般每年收入6.2万美元。但是其他编剧赚的钱更少，几乎一半人都有兼职，靠其他职业为生。

更严重的问题是，美国编剧们的日子越来越不好过了。因为传媒公司激烈竞争和相互兼并，使得购买编剧们作品的机构越来越少，编剧们的收入也大受影响。即使是这样，有的制作商为了节省成本，干脆请没有加入编剧协会的和国外的编剧们写剧本。这次的罢工，加强了这个趋势。

本次罢工，编剧们情况不同，收入不同，立场和期望值也就不同。在罢工第一天，著名脱口秀主持人艾伦·德杰尼勒斯（Ellen De Generes）和编剧们出现在了游行大街上，而第二天，她就偷偷跑回电视台上班去了。这让编剧协会十分恼火，公开谴责。更多人避免两个协会罚款和制裁，为保住饭碗，以"制片顾问"的身份签署了工作合同。

美国编剧协会一项调查结果表明，上世纪80年代中期，美国生产的电视剧和主要电影95%都是美国编剧协会会员完成的。但现在，这个比例已经下降到了55%。

格瑞格·米切尔说，编剧协会已经做好了打持久战的准备。为了赢得这场罢工的胜利，编剧协会已经准备了1 250万美元的基金，资助那些因为罢工而失业和生活困难的编剧们。

（《南方周末》2007-12-12）

影视节目的制作过程，会涉及许多关于著作权的问题，如与故事原著作者的著作权纠纷、与编剧的著作权纠纷等，稍不注意就容易出现侵权行为。

一个节目制作过程中会涉及各方面的权益。节目从策划、融资、制作到销售过程中，制片人需要与各方面人士及机构建立合作关系，涉及面广，任何一个环节出现纰漏都可能影响影片的质量与进度，不能达到预期的效果。尤其在目前我国影视产业法律法规体系不完整、缺少上位法这一上位法支撑的情况下，签署内容完备的影视节目合同（协议），才能使大家明确自己的责权利，在一定程度上规避法律风险，降低经济损失。

影视节目制作过程中所涉及的合同有很多范本，但并没有一个完全相同的文本。不同的人，有不同的主张，最后会达成不同内容的合作条款。我们学习起草合同的关键不在于区分这些合同的条款有哪些大同小异，而是要明确每一类合同中都有哪些内容对于合作各方是核心的、致命的条款，是一份合同中不可或缺的条款。这些核心条款是制约合作各方充分履行合同的保障机制。下面我们将重点学习节目制作过程中的几类主要合同的核心要点及内容。

任务二　项目投资合同

影视节目的项目合作可分为两种情况：一是投资人投入资金，制片方投入项目及其他资源；一是合作双方（或多方）按比例投入资金。无论哪种合作方式，双方签署合同时除常见的必需条款外，要重点探讨以下条款内容。

一、投资金额

投资金额指拍摄制作节目所需的总经费。由于投入的方式比较复杂：有现金，有项目，有劳务，有时甚至还有相关机构的无形资产投入。因此，必须在此条款中明确合作各方谁是以项目作为投入，谁是以劳务作为投入（如制片人、导演、演员可以自己的劳务所得作为投入），他们的投入分别作价多少；而投入资金的一方（或几方）应投入多少现金，合作各方在总投资额中各自应占多少份额等，利润应按照什么比例分配；若发生超支应由谁出资等问题，都应在合同中进行明确的约定。

二、资金到账时间

合同中制片人对于投资各方的资金什么时候到账，要有明确的约定。要约定现金投入的一方（或几方）的资金应按照什么比例，分几次进入什么账户才算是履行了合同。确定资金到账的时间有几个意义：一是可保证节目制作，一是清楚每笔资金到账的时间，因为每一笔资金到账时间同时又是制片方归还投资的时间节点，制片人必须要做好充分的估计。

三、财务管理

财务管理是合作各方容易发生纠纷的所在。合同中应当明确投资资金与销售资金应进入什么账户,所有现金的支出应由谁签字,以及财务人员由谁委派等问题。

四、利润的含义及分配比例

影视节目的利润是一个比较复杂的概念,不仅包含了销售利润(如院线、电视台、网络、数字电视、图书、音像制品等),还包含了赞助、各类奖金、衍生产品的销售。这些利润在多长时间段内按照什么比例进行分配、具体去组织赞助及经营的一方应分得多少利润等问题都应明确约定。

五、资金回收的时间

资金的回收时间是指投资人的资金从到达制片方(或共管)账户后至资金回收的时间。资金的回收周期长短意味着投资人的投资回报率的高低,也考验着制片人的运作能力。制片人必须根据节目的制作周期及营销周期合理制定出资金回收时间,这是投资方最为关心的问题。

【案例4】

案例:30集电视连续剧《××××××》联合投资合同

甲方:
住所地:
通讯地址:
电话:　　　　传真:
电子信箱:
法定代表人:

乙方:
住所地:
通讯地址:

电话：　　　　　　　传真：
电子信箱：
法定代表人：

丙方：
住所地：
地址：
电话：　　　　　　　传真：
电子信箱：
法定代表人：

甲乙丙三方均为依法注册成立并取得电视剧制作资格的电视剧制作单位，双方本着风险共担、利益共享之原则，在公平、公正的基础上经友好协商，达成如下合同。

一、合作原则

1. 甲乙丙三方共同遵守强强联合、优势互补、风险共担、利益共享的合作原则，达成联合摄制本剧的基本意向。

2. 本合同条款应遵守《著作权法》、《电视剧管理条例》及国家新闻出版广电总局对电视剧管理的有关规定。

二、合作项目

三十集电视连续剧《××××××》

三、制作标准

1. 规格：高清。

2. 总长度：该剧总集数为30集。

3. 每集长度：该剧单集长度需按国家新闻出版广电总局"关于电视剧长度的规定"执行，每集片长约47分钟，包括：

A. 片头、片尾字幕（包括片名、演职员、赞助、协拍及录制单位），但出现时间总长度不超过1分30秒；

B. 片头前留1分钟彩条、30秒黑场；

C. 片尾做1分钟下集预告后加30秒黑场。

4. 声道：国际4声道。

四、投资总额

该剧每集投资预算为人民币（　　　　）万元整（RMB：　　　万元），30集总投资预算为人民币（　　　　）万元整（RMB：　　　万元）。

五、投资构成

1. 甲方负责投入　　　万元人民币；

2. 乙方负责投入　　　万元人民币；

3. 丙方负责投入　　　万元人民币。

六、甲方的权利与义务

1. 负责对该项目报批立项；

2. 负责办理该剧的拍摄许可证及发行许可证；

3. 负责投资　　　元人民币；

4. 审定乙方与丙方商定的主创人员名单；

5. 审定乙方与丙方商定的总预算及资金使用计划；

6. 负责对该剧成片进行终审；

7. 负责该剧在××电视台的销售；

8. 负责该剧于　　　年初在××电视台播出；

9. 派员出任该剧的出品人。

七、乙方的权利和义务

1. 负责组织投资　　　万元人民币；

2. 协助丙方制定该剧的资金预算；

3. 协助丙方制定该剧的资金使用计划；

4. 与丙方共同确定主创人员；

5. 派员参与该剧的拍摄制作工作，对该剧的资金使用、拍摄质量、拍摄进度等项指标，按三方确认的计划进行监督；

6. 与丙方共同组织对该剧在各省级电视台的销售发行；

7. 与甲方、丙方共同抓好剧本创作，并对剧本的每一稿提出建议；

8. 与甲方、丙方共同享有该剧的版权；

9. 委派财务人员参与剧组的财务管理。

八、丙方的权利和义务

1. 负责组织投资　　　万元人民币；

2. 丙方接受甲乙双方的委托，负责本剧的摄制工作，包括但不限于摄制本剧所需的策划、剧本创作、拍摄及后期制作等工作。

3. 负责制定本剧的资金预算及资金使用计划表。

4. 负责组建本剧剧组，并具体负责剧组的摄制管理。

5. 负责保证本剧的艺术、技术质量、内容等各方面均符合电视台的要求及播出标准。

6. 与乙方共同确定主创人员。

7. 与甲方、乙方共同拥有三十集电视连续剧《××××》的版权。

8. 按照三方所制定的资金使用计划及拍摄计划实施拍摄制作工作。

9. 按照甲方认可的剧本大纲，进行剧本创作。

九、投资资金到位时间

本着合理使用及调配资金，本剧投资款将分次到位，具体时间如下：

第一期：甲乙丙三方于签订本合同后、且甲方办理完毕该剧的项目立项手续后十五个工作日内，甲方、乙方、丙方各到账人民币　　万元人民币；

第二期：甲方获得该剧的立项批复后十五个工作日内，甲方、乙方、丙方各到账　　万人民币；

第三期：该剧开机前十五日内，甲方、乙方、丙方各到账　　万元人民币；

第四期：该剧开机六十天之日起计，五日内甲方、乙方、丙方各到账　　万元人民币；

第五期：该剧开机一百天之日起计，五日内甲方、乙方应到位投资款　　万元人民币；丙方应到位投资款　　万元人民币。

十、拍摄制作完成时间

本剧应于本合同签订之日起至　　年内完成，即　　年　　月　　日开始至　　年　　月　　日前完成本剧。

十一、预算的制定及实施

丙方负责制定的资金预算及资金使用计划表经甲方、乙方、丙方三方认可后，作为本合同的附件，由丙方负责执行，甲方、乙方可派员监督资金使用情况。

十二、投资资金的管理

1. 本合同签订后，由甲方设立独立账户（以下简称"独立账户"），用于收取投资款、支付制作费用，独立账户由甲方管理。

甲方账户信息如下：

甲方户名：

开　户　行：

账　　号：

2. 甲方、乙方、丙方应按照本协议约定时间向甲方开户行账号汇入投资款项。

3. 甲方对进入其账户的所有资金支出，均应严格按甲方、乙方、丙方审核通过的预算及资金使用计划向承制方进行支付。甲方确保收到每笔摄制经费后在十个工作日内及时拨款至本剧承制方丙方专用账户。

4. 承制方（丙方）的资金支出，也应严格按照甲方、乙方、丙方审核通过的预算及资金使用计划，由乙方、丙方双方制片人签字后，财务人员方可支付。具体方式为：乙方、丙方对每一笔划拨到摄制组的款项进行审核并签字后，由财务人员办理。

5. 拍摄制作工作完毕，并经乙方、丙方审定确认账目无误后，所有凭证交由乙方统一归口管理。

十三、销售资金的管理

按照合作方利益最大化之原则，所有销售款项应进入设在具有税收政策优势的乙方所在城市（　　），该账户为摄制组专用账户，并由乙方、丙方共同监章。

每到一笔销售款项，由乙方、丙方制片人签字后，财务人员方可向合作各方支付款项。

十四、财务人员

摄制组财务人员由乙方、丙方各委派一名，对摄制组的资金进行管理。

十五、投资归还

该剧有了销售收入后，应首先归还投资款。投资款的归还原则是先到先还：即以乙方、丙方的投资款项到达甲方账户的时间顺序为序，以确保投资人的利益。

十六、利润分配

1. 利润的含义

在归还投资及税收后的所有销售收入（包括海内外电视台、网络、音像制品、图书）、赞助等款项，均属于利润范畴。

2. 利润的分配

当销售收入到账且在归还了各位投资人的投资款项后，余款将作为利润由合作各方进行分配。分配比例是：甲方分　　%，乙方分　　%，丙方分　　%。

十七、赞助管理

甲、乙、丙三方均可持统一文件出面组织实物及现金赞助，赞助资金（或实物）到账（位）后，经办人按到账金额的　　%提取现金或实物，若实物不可分割，则按该实物为剧组节约现金的　　%进行奖励。

十八、著作权

该剧（含音乐、片段、图像、人物形象等材料）著作权、其他知识产权及相关全部材料的财产权由甲、乙、丙三方共同享有，具体事项为：

1. 本剧故事创作大纲版权归三方所有。

2. 本剧及乙方、丙方创作（包括委托他人创作）的与本剧相关的一切作品（如本剧脚本、解说词、音乐、图画等，以下称"其他创作作品"），其著作权版权等知识产权归甲乙丙三方共同享有。

3. 本剧著作权由甲、乙、丙三方共同享有

4. 由本剧著作权所产生的一切利润，由三方按照本合同所约定之分配比例进行分配。

5. 甲乙丙三方任何一方行使其对本剧及其他创作作品的著作权等知识产权，均不得影响另一方对上述权利的正常行使，不得侵犯另一方享有的上述权利。

6. 乙方、丙方保证，其履行本协议不侵犯任何第三人的知识产权、肖像权等合法权益。乙方丙方在履行本协议中需使用他人已完成作品的，须负责取得权利人充分的授权（包括可在本剧中使用、乙方丙方可根据自己的需要使用摄制完成的本剧拍摄大纲、分集梗概、人物小传及剧本等），并向权利人支付相应的全部费用。

7. 乙方丙方在本协议履行中委托他人创作其他创作作品的，保证其他创作作品创作人对其他创作作品不享有著作权等知识产权，且不会对此向甲方进行权利主张；需要向其他创作作品创作人支付费用的，其费用由摄制组统一支付。

十九、剧本创作

甲乙丙三方共同确认并委托专业编剧对本剧进行剧本创作，三方有权共同对剧本进行审查并提出修改意见，剧本的通过以甲方的终审意见为标准。

二十、署名

甲乙双方同意，在本剧"职员表"中，甲方负责人　　为出品人，乙方负责人　　、丙方负责人　　为制片人，其他策划、顾问、监制及协拍方人员署名须按电视台的有关规定，经甲乙丙三方协商审定后确定。

二十一、拍摄及审片

1. 本剧应于本合同签订之日起至　年内完成，即　年　月　日开始至　年　月　日前完成本剧的拍摄制作工作。

2. 本剧拍摄制作完毕后，甲乙丙三方共同审看本剧完成片，审看确认通过后共同签署审看意见。

3. 完成片以甲方的终审意见为准。丙方保存终审片之原件。

4. 本剧全部摄制完成并报审通过后，丙方负责制作高清标准样带贰套送电视台备播。

二十二、宣传发行

1. 发行主体：甲乙丙三方共同负责本剧的宣传、发行。发行过程中，应使用联合摄制各方名称。

2. 发行费用：发行费用由摄制组按预算统一支付。

3. 发行对象：中央电视台首播及地方卫视二轮播出。

4. 发行地区：大陆地区和海外。

5. 发行方式：发行还可由三方认可的专业发行公司进行代理发行。

二十三、参赛及获奖

1. 甲乙丙三方确认，本剧国家级、海外所有奖项由甲方申报，奖金由三方享有。奖金分配比例为：甲方　　%，乙方　　%。丙方　　%。乙方所在地的省级及其他地方级奖项奖金属于乙方。

2. 本剧参加国际电视节的展映、参赛等活动，甲乙丙三方应遵守国家有关规定，由甲方办理有关手续并申报国家新闻出版广电总局批准后方可参加。

二十四、保密条款

双方同意，有关该剧的制作成本、概算预算、制作过程、剧本及有关剧本的修改及讨论、内部会议的内容及有关会议文件以及其他有关摄制事宜决定决策等均属于三方的商业秘密。未经三方书面同意，任何一方均不得擅自对任何人或者机构或者在任何媒体上就上述问题发表任何言论。否则，守约方有权依法追究有关方的法律责任。

二十五、不可抗力

1. 本协议下不可抗力是指不能预见、不能避免不能克服的客观情况，例如战争、地震、罢工、暴动、瘟疫、政治规定和法律的变化或者政府行为等。

2. 任何一方当事人因不可抗力而不能履行本协议全部或部分义务或延误履行的，不对另一方承担相应的违约责任。遭受不可抗力的一方应立即通知对方，并在不可抗力发生后10日内向对方提交有关部门的证明，且应尽力防止损失的扩大。

3. 甲乙丙三方在不可抗力发生后协商决定本协议的变更或终止及相关事宜。

二十六、违约责任

1. 甲方未按约定完成本剧由×××电视台购买及播出，并给乙方、丙方造成损失的，则视为违约，甲方应赔偿乙方及丙方的损失。

2. 甲方、乙方、丙方任何一方未按约定按时投入摄制经费，造成本剧摄制延期，给守约方造成损失的，则视为违约，违约方将向守约方赔偿损失。

3. 丙方在承制过程中，因人为原因对资金控制不力而出现超支，则由丙方自行筹集超支部分资金，并完成拍摄工作。

4. 丙方在承制过程中，若成片未能通过电视台的技术审核指标，则视为违约，将承担经济责任。

二十七、其他

1. 本协议有效期自　　年　　月　　日开始至　　年　　月　　日止。

2. 本协议履行中，三方如发生争议，应友好协商，协商不成的，任何一方均有权将争议提交甲方所在地人民法院裁决。

3. 未尽事宜，三方可达成补充协议，补充协议与本协议具有同等法律效力。

4. 甲乙丙三方同意，未经对方书面同意，任何一方不得将其于本协议下的任何权利或义务的全部或部分转让给任何第四人。

5. 本协议一式肆份，双方各执贰份，具有同等法律效力。

6. 本协议自双方签字盖章之日起生效。

甲方：　　　　　　　　　　　　乙方：

地址：　　　　　　　　　　　　地址：

法定代表人：　　　　　　　　　法定代表人：

签署日期：　　　　　　　　　　签署日期：

丙方：

地址：

法定代表人：

签署日期：

任务三　编剧合同

当制片人确定编剧后，随即应当与之签订合同。由于剧本创作的复杂性，其合同内容也比一般合同更加复杂。

合同要点如下：

1. 价　格

剧本是由编剧原创还是改编别人的小说，其每集价格是有所区别的。

2. 剧本创作时间

在剧本创作中，制片人既要考虑剧本创作的规律，又要考虑节目的整体拍摄计划，与编剧达成在什么时间段内完成剧本创作的约定。并要求编剧在此剧本创作期间，不能再与其他机构签署剧本创作合同。否则视为违约。

3. 片酬发放的时间

制片人可将剧本创作分为故事梗概、故事大纲、剧本分集、剧本等四个创作阶段发放片酬，根据每个阶段的重要性按照总片酬的一定比例发放片酬。这样可控制剧本质量。编剧哪个阶段的工作合格，就发放哪个阶段的稿酬，若编剧的工作在某一个阶段无论其怎样努力，都无法达到制片人的要求，则制片人只有换人，而该编剧则只能拿到这个阶段的稿酬。

4. 中途换人

在剧本实际的创作过程中，事实上很少编剧能一个人从头到尾都写完的，这当中原因很多，有编剧的原因，也有制片人的原因，这就存在着中途换编剧的问题。合同中就必须要明确换人后原编剧的片酬应当怎样发放、怎样署名、所创作出来的作品的使用及拍摄权利归属等问题。

5. 剧本认定原则

这是一个很棘手的问题。剧本创作属于精神劳动，无法以具体的标准量化，只能是仁者见仁智者见智，但合同里必须要有明确的认定标准，才不会发生法律纠纷。最好是注明剧本创作的每一个环节应由制片方、导演、策划人组成的小组进行认定，或由制片人独立认定，认定方式是签署书面意见，

编剧方可进行下一个环节。合同中还应留出制片方看剧本的时间和编剧修改剧本的时间,完整的编剧合同应当包括以下内容:

(1)编剧内容。

(2)长度。

(3)每集价格。

(4)剧本完成时间。

(5)排他性条款。

(6)剧本认定原则。

(7)片酬支付方式。

① 完成故事大纲。

② 完成故事分集大纲。

③ 完成剧本。

(8)每一步骤完成时间。

(9)修改。

(10)署名。

(11)衍生产品的版权归属。

(12)编剧更换条款。

(13)违约条款。

【案例】

编剧合同

立约日期: 　　年　　月　　日

立约甲方:　　　　　　　　（以下简称甲方）

营业地址:

电话号码:

传真号码:

立约乙方:　　　　　　先生（以下简称乙方）

通讯地址:

电话号码:

身份证号码:

签发地点:

经甲乙双方友好协商，兹就电视连续剧《　　　》（暂名，以下简称本剧）的创作事宜签订条款如下：

一、甲方聘请乙方作为甲方负责人本剧总编剧　　　的编剧助手之一，参加由总编剧构思的电视连续剧《　　　》剧本创作。乙方同意接受甲方之聘请，由　　年　　月开始参加全剧的正式结写。

二、本剧剧本定为30集，乙方每集的创作必须达到可拍字数15 000字。乙方负责本剧总集数中的15集的创作，甲方按每集人民币　　　元，15集共计人民币　　　万元稿酬付给乙方（税后）。如甲方的实际完成播出片集数超过30集时，则多出部分仍根据乙方的工作方式，按本款所约定的酬金标准由甲方付乙方酬金（税后）。

三、本剧的著作权人代表为甲方负责人本剧总编剧，乙方必须按照总编剧的构思要求进行创作并进行修改，然后由甲方负责人总编剧统筹定稿。

四、甲方负责人本剧总编剧给本剧提供整体思想立意和人物情节结构框架定位，乙方在按照甲方负责人总编剧的立意框架下进行创作时，不得抄袭他人作品，亦不得由他人提供或编写。如乙方因此类问题引起剧本著作权纠纷，由乙方负责。

五、乙方的创作工作期限及要求为：

1. 200×年8月10日前完成并通过故事大纲；
2. 200×年9月15日前为1—4集；
3. 200×年10月20日前为5—8集；
4. 200×年11月25日前为9—12集；
5. 200×年12月31日前为13—15集。

6. 以上时间均含剧本讨论和修改。初稿完成后，乙方应根据甲方总编剧的要求和安排，与乙方所聘另一编剧对剧本进行进一步修改和调整。

六、工作方式及要求

1. 乙方必须按照总编剧的构思要求对剧本进行初稿的编写和修改。甲方总编剧可以安排乙方按两种方式工作：

（1）编写初稿并自己进行修改；

（2）也可以要求由另一编剧助手编写初稿后乙方再修改其编写的初稿（如按第（2）种方式完成，则乙方的工作量按每完成2集折合1集计算时间和酬金，下同）。

本合同签订时甲方安排乙方按第一种方式完成初稿的修改创作工作，如今后需调整工艺方式时，甲乙双方应依据本合同以书面方式明确。

2. 乙方如未能按甲方总编剧的要求完成创作和修改,甲方有权解除本合同,拒付后期稿费另请编剧完成创作或修改。如因乙方的原因另请编剧完成创作时,或乙方未能在合同期内完成创作时,乙方奖金取消。此时如乙方的工作量超过一半,乙方可享有本剧的编剧署名权,并按实际工作量获得稿酬;如乙方的工作量不足一半时,则不再享有本剧的署名权,酬金按实际工作量计算多退少补。如因乙方原因造成创作延期超过30天时,乙方按本合同金额的 5%付甲方赔偿(甲方可在乙方的下期酬金款中扣除),同时甲方有权另请编剧完成剩余的创作工作,并在乙方的酬金中扣减相应的集数款。

七、酬金及费用

1. 甲方付给乙方的本剧的编剧稿酬分二期付给:

(1)第一期:于本合约签署当日由甲方支付乙方稿酬之30%,即人民币　　元整。

(2)第二期:乙方在完成本合同所规定的所有初稿的修改创作并经甲方负责人总编剧认可后一周内由甲方支持稿酬之40%,即人民币　　元整。

(3)第三期:乙方完成本剧总编剧交代的部分或局部的补写和修改后,于本机开机之后一周内由甲方付给乙方剩余的30%稿酬,即人民币　　元整,并参照本协议第五款,甲方一并奖励乙方每集之人民币　　元,共计　　元整。

2. 如甲方未能按期给付乙方各期酬时,应按合同金额的百分之五支付乙方赔偿。超过30天未付时,乙方有权解除本合同,甲方已付金额不退,剧本版权归乙方所有。

3. 乙方如能按甲方负责人总编剧的构思要求如期完成创作任务,本剧开机日后一周内甲方另付给乙方每集剧本奖金人民币5 000元,如后期成片超过30集,由甲方补付乙方相应集数。

4. 乙方在北京创作期间的租房费、水电煤气费、资料费、上网费由甲方负责;市内的交通、通信费按每月500元由甲方补贴乙方。伙食费及其他生活费用由乙方自理。

5. 乙方在合同期内如因创作造成的疾病治疗费由甲方负责,非直接因创作造成的疾病由乙方自负。

八、乙方作为本剧总编剧的编剧助手,享有本剧在电视剧播出时的编剧署名权,署名形式为"编剧"加姓名或笔名(用笔名或实名由乙方决定,署名先后由甲方决定),乙方除按本合同享有署名权和获得酬金、奖金外,此外有关本剧剧本的其他一切权益,包括影视音像制作权、剧本改编成小说的著作权、网络登用收益、报刊连载收益、各类各级奖项和奖金等全部归甲方所有。甲方有权决定如何处理有关之一切宣传发行及出版发行等事宜。

九、乙方在参加创作过程中所编写之稿件、资料、剧本、人物、造型、故事、对白及片名等版权,及根据该等资料制造特刊、小说、漫画、卡通、广播剧、舞台剧和摄制成电影、电视、MTV 及影讯产品等之权益全属甲方拥有。乙方不得取用上述各项有关权益,更无权将上述权益转提供他人。

十、保密条款:剧本创作内容属于甲乙双方的商业秘密,在甲方将该剧本拍摄完成前,乙方不得将该剧本任何内容泄漏给任何第三方。

十一、本合约期内,甲乙双方任何一方如有违约事情发生,违约一方需赔偿对方因此所引致之损失(已约定赔偿数额的按约定数执行)。如在创作中甲乙双方发生不可调和的矛盾,甲方保留单方面解除本合同的权力。合同解除后,甲方已付乙方之酬金,按本合同的总酬金除以总周期天数的平均数由乙方扣除,多余部分由乙方退还甲方。

十二、本合约一式三份,甲方两份,乙方一份。签署后,本合约立即生效。甲乙双方之一切意愿均列明在本合约中,并无任何其他口头合约。如因本合约引起纠纷,双方协商解决,协商未果时,选择甲方所在地法院诉讼解决。

甲方: 乙方:
签章: 签章:
年 月 日 年 月 日

编剧协议书

甲方:
乙方:
经甲乙双方友好协商,就××集电视剧《　　　》(暂定名,以下简称"本剧")剧本创作有关事宜达成如下协议:

一、聘用

甲方特此聘请乙方为本剧的编剧一职,乙方同意接受聘用。

二、职责

按照甲方的创作要求,在策划人员的组织下进行创作或完成以下某项任务:

1. 负责剧本故事梗概(不少于1 000字)。
2. 负责完成指定某集分集提纲(每集不少于500字)。

3. 负责交付指定某集剧本完成本（每集约 13 000 字，上下浮动字数不超过 1 000 字），并保证达到拍摄的艺术质量要求。

4. 根据甲方的建议和剧本统筹的意见进行剧本修改，并与拍摄主创人员沟通创意。

5. 乙方应配合参与甲方推广宣传该剧所进行的有关活动。

6. 非经甲方同意不得擅自利用《　　　》剧的剧情信息用于第三方。

三、报酬

1. 甲方向乙方支付剧本稿酬每集　　　元，以本人完成剧本集数为准，共计　　　元，具体支付办法如下：

（1）签订合同 5 日内支付　　　元。

（2）乙方交付剧本分集提纲，甲方认可后支付稿费 10% 计　　　元。

（3）乙方完成剧本 20 集甲方认可后支付稿费 40% 计　　　元。

（4）乙方完成全部剧本的修订可交付剧组拍摄支付剩余　　　元。

2. 除第 1 条所述之报酬外，甲方将不向乙方支付其他形式的报酬和个人费用。

四、权益

甲方享有该剧的海内外版权，乙方享有编剧名权，甲方拥有作品署名排序权。

五、保证条款

1. 　　年　　月　　日完成剧本分集提纲。

2. 　　年　　月　　日完成剧本全部创作。

3. 　　年　　月　　日完成剧本的修订并与剧组主创人员协调。

六、违约条款

1. 乙方如延误向甲方交稿的时间，或甲方延误向乙方支付酬金的时间，均视为违约行为。

2. 双方若延误，由违约方承担由此造成的经济损失，双方按协议金额赔偿对方损失。

3. 乙方如无故中途拒绝完成剧本创作工作，甲方立即解除本协议，并向乙方追究由此产生的一切经济损失。

七、生效与文本

1. 本协议自甲乙双方签字盖章之日起生效。

2. 本协议一式两份，双方各执一份。

3. 本协议未尽事宜，由双方共同友好协商解决。

4. 本协议若发生争议由签约所在地仲裁机构解决。

甲方：　　　　　　　　　　　乙方：
签字：　　　　　　　　　　　签字：
盖章：　　　　　　　　　　　身份证：
　年　　月　　日

任务四　导演合同

导演是一部剧的艺术质量保障，其作用举足轻重。由于导演艺术创作的特性，以及在摄制组的灵魂作用，制片人与其签署一份双方都认可的合同尤为重要。

其合同要点如下：

1. 拍摄进度

导演在艺术创作中有时会出现率性发挥的情况，可能会导致拍摄周期的延长，因此在合同中应当有比较明确的完片时间规定。

2. 修改剧本的权利

大多数导演都有在现场修改剧本的习惯，有可能改得好，也有可能改得不好，更主要是因为修改，给美术、置景部门以及演员都会带来不便，甚至延误拍摄。制片人应当在合同中与其约定剧本修改必须征得制片人或监制的同意方可进行。

3. 超资问题

导演在现场加戏不仅会导致拍摄周期的延长，也会导致成本的增加，合同中也应当明确凡涉及时间周期和成本预算的改变，均应由制片人同意后方可实施。

4. 终剪权

有些导演出于艺术的考虑，或出于自己兴趣的考虑，会有自己的一套剪辑方案，制片方出于市场的需要，对影视节目的节奏、长度、商业元素，甚至演员的影响力等也有自己的考虑,合同中就要明确约定,当双方都争持不下时,制片人有最终剪辑权。

5. 主要演员的确定

制片方出于市场的考虑,会对演员的选择有决定权,这一点必须在合同中明确体现。

6. 宣 传

为了节目有更大的影响力和收视率,制片方对重金打造的节目会进行国际国内的巡回宣传,作为主要创作人员的导演应当出席,合同中应当约定导演出场的次数、时间、费用等条款。

【案例】

影视剧导演聘用合同

合同编号:
甲方:
法定住址:
法定代表人:
职务:

委托代理人:
身份证号码:
通讯地址:
邮政编码:
电话:
传真:
账号:
电子信箱:

乙方:
住所地:
身份证号码:
通讯地址:

邮政编码：
电话：
手机：
传真：
账户：
电子信箱：

1. 甲方是依法注册成立并取得合法从事电影（电视剧）制作资格的法人单位，正在计划摄制电影（电视剧）《＿＿＿＿＿＿》（下称电影（电视剧））；乙方是具有相关资质的影视导演，并成功执导了多部电影(电视剧)；

2. 甲方决定聘用乙方担任其拍摄的电影（电视剧）的导演，乙方同意接受甲方聘用。

鉴于此，双方本着自愿、平等、互惠互利、诚实信用的原则，经充分友好协商，订立如下合同条款，以资共同恪守履行：

第一条 工作期限

乙方应于＿＿＿＿＿＿年＿＿＿＿＿＿月＿＿＿＿＿＿日前到达甲方指定地点，向甲方报到。乙方工作正式开始。

乙方工作结束的时间按下列第＿＿＿＿＿＿种方式确定：

1. 电影（电视剧）的后期制作完成，工作即告结束；

2. 制作完成后的电影（电视剧）依法经相应的电影（电视剧）审查机构审查合格并取得《电影（电视剧）发行许可证》后，乙方的全部工作结束；

3. ＿＿＿＿＿＿＿＿＿＿＿＿＿＿＿＿＿＿＿＿＿＿。

第二条 工作要求

乙方应接受甲方的管理和指导，但甲方不得干预乙方的正当权限或违反行业惯例。甲方有权随时检查乙方的工作，但不得影响乙方的正常工作，乙方应予以配合。

乙方应当按照拍摄预算和拍摄计划，审慎、经济、高效、负责地完成电影（电视剧）的拍摄工作。甲方也应当对乙方的工作予以配合。

第三条 工作内容

乙方工作分为拍摄筹备期、实拍期和后期制作三个阶段，其中：

1. 乙方拍摄筹备期的工作包括：

（1）研究文学剧本，统一创作意图；

（2）组成创作班子，写出分镜头剧本；

（3）拟定摄制计划和导演阐述；
（4）初选全片外景；
（5）选择演员，提出候选名单，组织确定的演员体验生活；
（6）与演员商讨并确定对于剧中相关角色的要求；
（7）与摄影和美术部门讨论、确定、绘制布景气氛草图和平面草图；
（8）审定制景、化妆、服装、道具等部门的设计和制作结果；
（9）选定全部演员，并进行重场戏的排练，确定人物造型，拍摄必要的试镜头片；
（10）其他需要导演参与的筹备期的工作。

2. 乙方实拍期的工作为：
（1）完成全部内景、外景、场地景、特技镜头、片头字幕和预告片的拍摄；
（2）按计划拍摄工作照和剧照；
（3）搜集音响资料和画面镜头资料；
（4）完成全部样片的精修剪辑工作；
（5）完成全部对白的配录工作；
（6）对白双片送审后，完成一般性的个性补拍；
（7）完成作曲工作。

3. 乙方后期制作的工作包括：
（1）剪辑与后期配音；
（2）完成全片音乐录音工作；
（3）完成混合录音；
（4）完成全片其他音响效果录音工作。

第四条 报酬及支付

甲方按下列第_____种方式向乙方支付酬金：

1. 固定酬金方式：甲方在本合同签订之日_____内起时向乙方一次性支付_____（税前/税后）酬金￥_____元。

2. 固定酬金加分红方式：甲方在本合同签订之日_____内起时向乙方一次性支付_____（税前/税后）酬金￥_____元。

若电影（电视剧）得以拍摄并发行且乙方已经履行了本合同下全部义务，除上述酬金外，甲方应将其获得的此部电影（电视剧）纯利润的百分之_____支付给乙方，作为乙方的分红，此分红为_____（税前/税后）。

甲方以支票或银行转账之形式向乙方支付报酬。

乙方的银行资料如下：开户行：_____；户名：_____；账号：_____。

第五条　剧本的提供与修改

本合同签署之日起_____日内，甲方应向乙方提供电影（电视剧）的文学剧本等相关资料，并向乙方介绍其对所拍摄的电影（电视剧）的总体设想和要求。

乙方可以对文学剧本提出修改意见。经甲方同意，可请原作者或编剧按乙方修改意见对文学剧本进行修改，亦可由乙方亲自执笔修改，报酬另议。

乙方应依据甲方认可的导演脚本进行拍摄和制作；未经甲方同意，乙方不得擅自对人物和情节进行实质性更改，否则，由此引起的一切不利后果由乙方自行承担。

乙方应于其工作结束之日起_____日内将甲方向其提供的文学剧本及相关资料全部归还甲方或按照甲方的要求将其销毁。

第六条　著作权的归属及署名

电影（电视剧）的著作权由甲方依法享有。

若电影（电视剧）得以拍摄并发行且乙方履行了本合同下的全部义务，乙方依法享有在电影（电视剧）及其衍生产品中的署名权。乙方署名的格式、具体位置及字体大小由甲乙双方根据国家的相关规定协商决定。

第七条　食宿交通费用标准

从乙方工作开始之日起至乙方工作结束之日止，甲方应负责安排乙方工作所需的住宿、饮食和交通，费用由甲方承担。若甲方要求乙方到国内其他拍摄场地工作，甲方应承担往返交通费用。若甲方要求乙方到国外的拍摄场地工作，甲方应负责办理相关证件和手续并承担一切费用。

第八条　姓名、肖像的使用

甲方有权无偿使用或许可播放者、发行者在电影（电视剧）、电影（电视剧）的衍生产品、电影（电视剧）的宣传片或预告片使用乙方的姓名和肖像。但仅限于电影（电视剧）推广、宣传之目的。

第九条　参加宣传活动

甲方有权要求乙方参加电影（电视剧）的开机仪式、首播仪式以及其他宣传活动，无需就此向乙方支付酬金。乙方应当积极参加并配合甲方的有关宣传活动。

甲方要求乙方参加的宣传活动最多不超过_____次；否则，每超过一次应向乙方支付_____（税前/税后）酬金￥_____元，乙方亦有权拒绝甲方要求。

甲方要求乙方参加电影（电视剧）的宣传活动，应承担乙方往返交通及食宿费用。

第十条　双方保证

甲方：

1. 甲方为一家依法设立并合法存续的电影（电视剧）制作单位，并已取得《电影（电视剧）制作许可证》，有权签署并有能力履行本合同；

2. 甲方签署和履行本合同所需的一切手续（_____）均已办妥并合法有效；

3. 在签署本合同时，任何法院、仲裁机构、行政机关或监管机构均未作出任何足以对甲方履行本合同产生重大不利影响的判决、裁定、裁决或具体行政行为；

4. 甲方为签署本合同所需的内部授权程序均已完成，本合同的签署人是甲方法定代表人或授权代表人。本合同生效后即对合同双方具有法律约束力；

5. 保证电影片不会包含任何侵害乙方合法权益或者违反国家法律禁止性规定的内容。

乙方：

1. 乙方有权自行签署本合同并有能力履行本合同下的所有义务；

2. 乙方履行本合同下的所有义务皆不存在任何法律上的障碍；

3. 本合同生效期间内，乙方不会受聘于除甲方以外的任何第三方；

4. 乙方为本合同中电影（电视剧）的拍摄而创作、提供或穿插的所有素材、创意、书面对白等皆系自己原创，不会侵犯任何自然人、法人或其他组织的著作权等合法权益。

5. 保证在本合同签署之前，不存在任何针对乙方的权利纠纷、索赔或者诉讼。

第十一条　保险

为确保乙方在执导过程中的人身、财产安全，甲方应为乙方办理商业保险，具体包括：_____。

第十二条　合同的解除

发生下列情形之一，甲乙双方可以通过书面形式解除本合同：

1. 乙方因自身原因不能履行本合同规定的义务，累计或连续超过_____天；

2. 甲乙双方在本合同中所作保证不真实；

3. 乙方部分或完全丧失民事行为能力致使其不能继续履行本合同；

4. 甲方拖欠乙方酬金累计达到乙方全部应得酬金的百分之_____，经催告后，仍不支付的；

5. 甲方破产、解散或被依法吊销企业法人营业执照；

6. 甲方被依法吊销《电影（电视剧）制作许可证》。

第十三条　合同的终止

本合同在下列任一情形下终止：

1. 乙方的工作全部结束，双方另有约定的除外；

2. 甲乙双方通过书面协议解除本合同；

3. 因不可抗力致使合同目的不能实现的；

4. 在委托期限届满之前，当事人一方明确表示或以自己的行为表明不履行合同主要义务的；

5. 当事人一方迟延履行合同主要义务，经催告后在合理期限内仍未履行；

6. 当事人有其他违约或违法行为致使合同目的不能实现的；

7. _____。

第十四条　保密

未经甲方同意，乙方不得在电影（电视剧）首播之前向任何第三方泄漏剧情、演员、拍摄进度等与电影（电视剧）相关的一切信息。

乙方保证对在讨论、签订、执行本协议过程中所获悉的属于甲方的且无法自公开渠道获得的文件及资料（包括商业秘密、公司计划、运营活动、财务信息、技术信息、经营信息及其他商业秘密）予以保密。未经甲方同意，不得向任何第三方泄露该商业秘密的全部或部分内容。但法律、法规另有规定或双方另有约定的除外。保密期限为_____年。

乙方若违反上述保密义务，应赔偿甲方因此而遭受的一切损失。

第十五条　通知

1. 根据本合同需要一方向另一方发出的全部通知以及双方的文件往来及与本合同有关的通知和要求等，必须用书面形式，可采用_____（书信、传真、电报、当面送交等）方式传递。以上方式无法送达的，方可采取公告送达的方式。

2. 各方通讯地址如下：_____。

3. 一方变更通知或通讯地址，应自变更之日起_____日内，以书面形式通知对方；否则，由未通知方承担由此而引起的相关责任。

第十六条　合同的变更

本合同履行期间，发生特殊情况时，甲、乙任何一方需变更本合同的，要求变更一方应及时书面通知对方，征得对方同意后，双方在规定的时限内（书面通知发出_____天内）签订书面变更协议，该协议将成为合同不可分割的部分。未经双方签署书面文件，任何一方无权变更本合同，否则，由此造成对方的经济损失，由责任方承担。

第十七条　合同的转让

除合同中另有规定外或经双方协商同意外，本合同所规定双方的任何权利和义务，任何一方在未经征得另一方书面同意之前，不得转让给第三者。任何转让，未经另一方书面明确同意，均属无效。

第十八条　争议的处理

1. 本合同受中华人民共和国法律管辖并按其进行解释。
2. 本合同在履行过程中发生的争议，由双方当事人协商解决，也可由有关部门调解；协商或调解不成的，按下列第_____种方式解决。
（1）提交_____仲裁委员会仲裁；
（2）依法向人民法院起诉。

第十九条　不可抗力及意外事件

不可抗力：

1. 如果本合同任何一方因受不可抗力事件影响而未能履行其在本合同下的全部或部分义务，该义务的履行在不可抗力事件妨碍其履行期间应予中止。

2. 声称受到不可抗力事件影响的一方应尽可能在最短的时间内通过书面形式将不可抗力事件的发生通知另一方，并在该不可抗力事件发生后_____日内向另一方提供关于此种不可抗力事件及其持续时间的适当证据及合同不能履行或者需要延期履行的书面资料。声称不可抗力事件导致其对本合同的履行在客观上成为不可能或不实际的一方，有责任尽一切合理的努力消除或减轻此等不可抗力事件的影响。

3. 不可抗力事件发生时，双方应立即通过友好协商决定如何执行本合同。不可抗力事件或其影响终止或消除后，双方须立即恢复履行各自在本合同项下的各项义务。如不可抗力及其影响无法终止或消除而致使合同任何一方丧失继续履行合同的能力，则双方可协商解除合同或暂时延迟合同的履行，且遭遇不可抗力一方无须为此承担责任。当事人迟延履行后发生不可抗力的，不能免除责任。

4. 本合同所称不可抗力是指受影响一方不能合理控制的，无法预料或即使可预料到也不可避免且无法克服,并于本合同签订日之后出现的,使该方对本合同全部或部分的履行在客观上成为不可能或不实际的任何事件。此等事件包括但不限于自然灾害如水灾、火灾、旱灾、台风、地震,以及社会事件如战争(不论曾否宣战)、动乱、罢工,政府行为或法律规定等。

意外事件:

1. 非因甲乙双方和导演的过错,出现本合同规定的不可抗力事件以外的甲乙双方不能控制的情况,包括但不限于天气反常以及电影(电视剧)主要演员生病、受到意外伤害或死亡等,致使电影(电视剧)的拍摄迟延,甲乙双方应立即采取补救措施,并协商确定拍摄计划顺延的时间;因此而未能按原拍摄计划完成电影(电视剧)的拍摄,乙方无需承担违约责任。

2. 若该情况致使电影(电视剧)的拍摄迟延超过_____天,任何一方皆可通过书面形式通知对方而解除本合同。

第二十条 合同的解释

本合同的理解与解释应依据合同目的和文本原义进行,本合同的标题仅是为了阅读方便而设,不应影响本合同的解释。

第二十一条 补充与附件

本合同未尽事宜,依照有关法律、法规执行,法律、法规未作规定的,甲乙双方可以达成书面补充合同。本合同的附件和补充合同均为本合同不可分割的组成部分,与本合同具有同等的法律效力。

第二十二条 合同的效力

本合同自双方或双方法定代表人或其授权代表人签字并加盖单位公章或合同专用章之日起生效。

有效期为_____年,自_____年_____月_____日至_____年_____月_____日。

本合同正本一式_____份,双方各执_____份,具有同等法律效力。

甲方(盖章):

委托代理人(签字):

签订地点:

_____年_____月_____日

乙方(盖章):_____

委托代理人(签字):_____

签订地点:_____

_____年_____月_____日

任务五 演员合同

演员是摄制组的重要组成部分,能否将剧中角色入木三分地演绎出来,主要靠演员,一旦制片方与演员发生纠纷,无论输赢,都会给摄制组带来巨大的损失。因此对演员的合同要完备,以保证其与导演和制片方的顺利合作。

演员合同的要点就是要约定演员的片酬和吃住标准,对于某些大牌演员还要明确其助理的食宿是否由摄制组承担;要明确在正常拍摄之外的危险(激情)镜头是否有额外片酬;是否必须参加节目的补拍和重拍;明确是否参与节目的后期宣传,参与的时间、次数以及是否有补贴;明确拍摄若延期摄制组有优先续约权等。

【案例】

演员合同

甲方:

法定住址:

法定代表人:

职务:

委托代理人:

身份证号码:

通讯地址:

邮政编码:

电话:

传真:

电子信箱:

乙方:

住所地:

身份证号码:

委托代理人:

身份证号码：

通讯地址：

邮政编码：

电话：

手机：

传真：

账号：

电子信箱：

鉴于：

1. 甲方是依法注册成立并取得合法从事电视剧制作资格的电视剧制作单位，甲方计划摄制_____集电视剧《_____》（下称电视剧）；乙方是具有一定表演经验的影视演员，在多部影视剧中出任过角色；

2. 甲方决定聘用乙方在其计划摄制的电视剧中担任_____（角色），乙方表示同意。

鉴于此，双方本着自愿、平等、互惠互利、诚实信用的原则，经充分友好协商，订立如下合同条款，以资共同恪守履行：

第一条　出演角色及对演员的要求

在电视剧中乙方所担任的角色为_____。乙方应具有娴熟的演技，在拍摄过程中应利用肌体、语言、情感以及外在的道具等尽力地体验角色的情感，动情投入剧集之中。

第二条　工作期限

乙方应于_____年_____月_____日前到达甲方指定地点，向甲方报到。乙方工作正式开始。

乙方工作结束的时间按下列第_____种方式确定：

1. 需乙方出演的剧情全部拍摄完毕之日；

2. 电视剧停机之日；

3. 电视剧后期录音制作完成之日；

4. _____。

第三条　定金条款

甲方应于本合同签署之日向乙方支付定金¥_____元，本合同得以实际履行之日即乙方工作开始之日，此定金自动转为甲方向乙方支付的酬金。

若因甲方原因导致本合同未得以实际履行，甲方无权要求乙方返还定金；若因乙方原因导致本合同未得以实际履行，乙方应双倍返还定金。

第四条　报酬及支付

甲方应向乙方支付_____（税前/税后）酬金¥_____元，自乙方工作正式开始之日起_____日内支付全部酬金的百分之_____（¥_____元，包含已支付的定金），乙方工作结束之日起_____日内支付全部酬金的百分之_____（¥_____元）。

甲方以支票或银行转账之形式向乙方支付报酬。

乙方的银行资料如下：开户行：_____；户名：_____；账号：_____。

第五条　提供剧本

甲方应于本合同签署之日起_____日内向乙方提供电视剧的文学剧本及其他与电视剧拍摄相关的资料。乙方接到剧本后，应认真揣摩剧中的人物角色，为拍摄做好各项准备工作。

第六条　参加筹备工作

在电视剧开机之前，甲方有权要求乙方参加拍摄筹备会、试装、试拍等拍摄筹备期内需要演员参与的工作，无需另行向乙方支付酬金。乙方应协调自己的档期，确保能够参加上述筹备期工作。

第七条　参加其他摄制工作

在电视剧停机之后，甲方有权要求乙方参加配音、补拍、重拍等不超出演员专业职责范围的电视剧的其他摄制工作，但累计不得超过_____天，否则，每超过一天应向乙方支付_____（税前/税后）酬金¥_____元。乙方应协调自己的档期，确保能够参加上述后期制作工作。

第八条　工作要求

乙方在工作过程中应接受甲方的指导和管理，遵守甲方制定的规章、制度。但甲方不得干预乙方的正当权限或违反行业惯例。甲方有权随时检查乙方的工作，但不得影响乙方的正常工作，乙方应予以配合。

乙方工作正式开始之日至乙方工作结束之日，乙方应专职为甲方工作，不得参演与该电视剧内容相类似的其他影视作品。

乙方如违反前款规定，应向甲方支付＿＿＿＿＿＿＿＿元的违约金。

乙方应于其工作结束之日起＿＿＿＿＿＿日内将甲方向其提供的文学剧本及相关资料全部归还甲方或按照甲方的要求将其销毁。

第九条　著作权及署名权

电视剧的著作权依法由甲方享有。

若电视剧得以拍摄并成功发行，乙方依法享有在电视剧及相关衍生产品中的署名权。乙方署名的格式、具体位置及字体大小由甲乙双方根据国家的相关规定协商决定。

第十条　姓名、肖像的使用权

甲方有权无偿使用或许可播放者、发行者在电视剧、电视剧的衍生产品、电视剧的宣传片或预告片使用乙方的姓名和肖像。但仅限于电视剧推广、宣传之目的。

第十一条　参加宣传活动

甲方有权要求乙方参加电视剧的开机仪式、首播仪式以及其他宣传活动，无需就此向乙方支付酬金。乙方应当积极参加并配合甲方的有关宣传活动。

甲方要求乙方参加的宣传活动最多不超过＿＿＿＿＿＿＿＿次；否则，每超过一次应向乙方支付＿＿＿＿＿＿＿＿（税前/税后）酬金￥＿＿＿＿＿＿＿＿元，乙方亦有权拒绝甲方要求。

第十二条　其他费用的承担

从乙方工作正式开始之日起至乙方工作结束之日止，甲方应负责安排乙方工作所需的住宿、饮食和交通，费用由甲方承担。若甲方要求乙方到国内其他拍摄场地工作，甲方应承担往返交通费用。若甲方要求乙方到国外的拍摄场地工作，甲方应负责办理相关证件和手续并承担一切费用。

甲方要求乙方参加本合同规定的工作以及电视剧的宣传活动，应承担乙方食宿及往返交通费用。

第十三条　提供剧装

乙方在电视剧中的服装、道具、化妆造型等均由甲方负责提供。

第十四条 保险

为确保乙方在表演过程中的人身、财产安全，甲方应为乙方办理商业保险，具体包括：_____。

第十五条 双方保证

甲方：

1. 取得《电视剧制作许可证（甲种）》并经依法注册和合法存续的电视剧制作单位，且《电视剧制作许可证（甲种）》仍处于有效期内；

2. 经依法注册和合法存续的电视剧制作单位并将于本合同生效之日起日内就计划制作的电视剧取得《电视剧制作许可证（乙种）》；

3. 保证电影片不会包含任何侵害乙方合法权益或者违反国家法律禁止性规定的内容；

4. 在签署本合同时，任何法院、仲裁机构、行政机关或监管机构均未作出任何足以对甲方履行本合同产生重大不利影响的判决、裁定、裁决或具体行政行为；

5. 甲方为签署本合同所需的内部授权程序均已完成，本合同的签署人是甲方法定代表人或授权代表人。本合同生效后即对合同双方具有法律约束力。

乙方：

1. 乙方有权自行签署本合同，且有能力履行本合同下的所有义务；

2. 乙方履行本合同下的所有义务，皆不存在任何法律上的障碍；

3. 从乙方工作正式开始之日起至乙方工作结束之日止，乙方不会参演与该电视剧内容类似的其他影视作品的拍摄。

4. 保证在本合同签署之前，不存在任何针对乙方的权利纠纷、索赔或者诉讼。

第十六条 保密

未经甲方同意，乙方不得在电视剧首播之前向任何第三方泄漏剧情、演员、拍摄进度等与电视剧相关的一切信息。

乙方保证对在讨论、签订、执行本协议过程中所获悉的属于甲方的且无法自公开渠道获得的文件及资料（包括商业秘密、公司计划、运营活动、财务信息、技术信息、经营信息及其他商业秘密）予以保密。未经甲方同意，乙方不得向任何第三方泄露该商业秘密的全部或部分内容。但法律、法规另有规定或双方另有约定的除外。保密期限为_____年。

乙方若违反上述保密义务，应赔偿甲方因此而遭受的一切经济损失。

第十七条 合同的解除

发生下列情形之一，甲乙双方可以通过书面形式解除本合同：

1. 乙方因自身原因不能履行本合同规定的义务，累计或连续超过_____天；

2. 甲乙双方在本合同中所作保证不真实或为实现的；

3. 乙方部分或完全丧失民事行为能力致使其不能继续履行本合同；

4. 甲方拖欠乙方酬金累计达到乙方全部应得酬金的百分之_____，经乙方催告后，仍不履行支付义务的；

5. 甲方破产、解散或被依法吊销企业法人营业执照；

6. 甲方被依法吊销《电视剧制作许可证（甲种）》或《电视剧制作许可证（乙种）》。

第十八条 合同的终止

本合同在下列任一情形下终止：

1. 电视剧后期制作完毕，甲乙双方另有约定的除外；

2. 甲乙双方通过书面协议解除本合同；

3. 因不可抗力致使合同目的不能实现的；

4. 在委托期限届满之前，当事人一方明确表示或以自己的行为表明不履行合同主要义务的；

5. 当事人一方迟延履行合同主要义务，经催告后在合理期限内仍未履行；

6. 当事人有其他违约或违法行为致使合同目的不能实现的；

7. _____。

第十九条 通知

1. 根据本合同需要一方向另一方发出的全部通知以及双方的文件往来及与本合同有关的通知和要求等，必须用书面形式，可采用_____（书信、传真、电报、当面送交等）方式传递。以上方式无法送达的，方可采取公告送达的方式。

2. 各方通讯地址如下：_____。

3. 一方变更通知或通讯地址，应自变更之日起_____日内，以书面形式通知对方；否则，由未通知方承担由此而引起的相关责任。

第二十条 合同的变更

本合同履行期间，发生特殊情况时，甲、乙任何一方需变更本合同的，要求变更一方应及时书面通知对方，征得对方同意后，双方在规定的时限内（书面通知发出_____天内）签订书面变更协议，该协议将成为合同不可分割的部分。未经双方签署书面文件，任何一方无权变更本合同，否则，由此造成对方的经济损失，由责任方承担。

第二十一条 合同的转让

除合同中另有规定外或经双方协商同意外，本合同所规定双方的任何权利和义务，任何一方在未经征得另一方书面同意之前，不得转让给第三者。任何转让，未经另一方书面明确同意，均属无效。

第二十二条 争议的处理

1. 本合同受中华人民共和国法律管辖并按其进行解释。

2. 本合同在履行过程中发生的争议，由双方当事人协商解决，也可由有关部门调解；协商或调解不成的，按下列第_____种方式解决：

（1）提交_____仲裁委员会仲裁；

（2）依法向人民法院起诉。

第二十三条 不可抗力及意外事件

不可抗力：

1. 如果本合同任何一方因受不可抗力事件影响而未能履行其在本合同下的全部或部分义务，该义务的履行在不可抗力事件妨碍其履行期间应予中止。

2. 声称受到不可抗力事件影响的一方应尽可能在最短的时间内通过书面形式将不可抗力事件的发生通知另一方，并在该不可抗力事件发生后_____日内向另一方提供关于此种不可抗力事件及其持续时间的适当证据及合同不能履行或者需要延期履行的书面资料。声称不可抗力事件导致其对本合同的履行在客观上成为不可能或不实际的一方，有责任尽一切合理的努力消除或减轻此等不可抗力事件的影响。

3. 不可抗力事件发生时，双方应立即通过友好协商决定如何执行本合同。不可抗力事件或其影响终止或消除后，双方须立即恢复履行各自在本合同项下的各项义务。如不可抗力及其影响无法终止或消除而致使合同任何一方丧失继续履行合同的能力，则双方可协商解除合同或暂时延迟合同的履行，且遭遇不可抗力一方无须为此承担责任。当事人迟延履行后发生不可抗力的，不能免除责任。

4. 本合同所称不可抗力是指受影响一方不能合理控制的，无法预料或即使可预料到也不可避免且无法克服，并于本合同签订日之后出现的，使该方对本合同全部或部分的履行在客观上成为不可能或不实际的任何事件。此等事件包括但不限于自然灾害如水灾、火灾、旱灾、台风、地震，以及社会事件如战争（不论曾否宣战）、动乱、罢工、政府行为或法律规定等。

意外事件：

1. 非因双方当事人过错，出现本条第一款规定的不可抗力事件以外的甲乙双方不能控制的情况，包括但不限于天气反常以及电视剧导演或其他主要演员生病、受到意外伤害或死亡等，致使电视剧的拍摄迟延，甲方应立即采取补救措施，并将拍摄计划顺延的时间书面通知乙方；因此而未能按原拍摄计划完成电视剧的拍摄，乙方无需承担违约责任。

2. 若本条规定的情况致使电视剧的拍摄迟延超过_____天，任何一方皆可通过书面形式通知对方而解除本合同。

第二十四条　合同的解释

本合同的理解与解释应依据合同目的和文本原义进行，本合同的标题仅是为了阅读方便而设，不应影响本合同的解释。

第二十五条　补充与附件

本合同未尽事宜，依照有关法律、法规执行，法律、法规未作规定的，甲乙双方可以达成书面补充合同。本合同的附件和补充合同均为本合同不可分割的组成部分，与本合同具有同等的法律效力。

第二十六条　合同的效力

本合同自双方或双方法定代表人或其授权代表人签字并加盖单位公章或合同专用章之日起生效。

有效期为_____年，自_____年_____月_____日至_____年_____月_____日。

本合同正本一式_____份，双方各执_____份，具有同等法律效力。

甲方（盖章）： 乙方（盖章）：
委托代理人（签字）： 委托代理人（签字）：
签订地点： 签订地点：
  年 月 日   年 月 日

附件：
合同编号：
甲方：
法定住址：
法定代表人：
职务：
委托代理人：
身份证号码：
通讯地址：
邮政编码：
电话：
传真：
账号：
电子信箱：

乙方：
住所地：
身份证号码：
委托代理人：
身份证号码：
通讯地址：
邮政编码：
电话：
手机：

传真：

账号：

电子信箱：

鉴于：甲乙双方于_____年_____月_____日签署了《聘用电视剧演员合同》，甲方聘用乙方在其计划摄制的电视剧《_____》（以下简称电视剧）中出演_____（角色），因电视剧剧情需要乙方裸体或半裸体出演，现甲乙双方经充分协商，达成如下条款，作为《聘用电视剧演员合同》之补充协议，以资共同遵守。

第一条　根据剧情需要，乙方可能被要求在电视剧中以裸体或半裸体出演或其所表演的电视剧剧本中有相关性行为的情节描写。乙方在电视剧中裸露的程度及性行为情节所要求的身体接触方式，由甲乙双方另行商定。

第二条　乙方同意按照本协议第一条的要求出演相关角色。

第三条　甲方要求乙方按照本补充协议第一条规定所出演的相关角色不得违反国家有关法律、法规、规章及其他规范性文件的规定，也不得违反社会的公序良俗，否则，乙方有权拒绝出演，因此造成的损失由甲方承担。

第四条　甲方保证其所拍摄的电视剧中不会包含任何侵害乙方合法权益的内容。

第五条　乙方保证其有权自行签订本协议，并有能力履行本协议下的各项义务，不存在任何法律上的障碍。

第六条　乙方可以选择由替身演员代替其完成第一条描述的相关情节的拍摄，但必须经甲方同意，替身演员的酬金由_____（甲方/乙方）承担。

第七条　本协议未涉及的事项，以《聘用电视剧演员合同》的规定为准。

第八条　争议的处理

甲乙双方在履行本协议的过程中所发生的争议，按照《聘用电视剧演员合同》中所规定的争议条款的相关内容来解决。

第九条　本协议自双方或双方法定代表人或其授权代表人签字并加盖单位公章或合同专用章之日起生效。

有效期为_____年，自_____年_____月_____日至_____年_____月_____日。

本协议正本一式_____份，双方各执_____份，具有同等法律效力。

甲方（盖章）：　　　　　　　　乙方（盖章）：

委托代理人（签字）：　　　　　委托代理人（签字）：

签订地点：　　　　　　　　　　签订地点：

　　　年　月　日　　　　　　　　　年　月　日

任务六　设备租赁合同

影视节目的拍摄制作过程中，摄制组需向专业器材公司租赁摄影器材，以保证拍摄的顺利进行。其合同要点在于明确器材每天的租用价格，器材出库入库的检查，器材归还的地点，器材在路途中是否开始计算租金等。

【案例】

影视器材租赁合同

承 租 方：
（以下简称甲方）
授权代表：　　　　　　　联系电话：
身份证号码：
公司地址：　　　　　　　邮　　编：
公司电话：　　　　　　　传　　真：
出租方：
（以下简称乙方）

甲、乙双方经友好协商，就因甲方租用乙方影视器材和与之配套的其他物品（以下简称"器材"）一事达成如下条款：

第一条　租赁物及使用

1. 甲方向乙方提供拍摄电视剧《××××》剧组使用的器材，乙方依据甲方提供的使用清单视自身所有的器材情况为其提前准备器材。器材种类、数量及型号以双方签订的出库单（详见合同附件）为准。

2. 上述器材只限于拍摄电视剧《××××》剧组之使用，不得转给第三人使用。

第二条　租赁期限

自　　年　　月　　日起至　　年　　月　　日止；共计　　天。

第三条　租金及支付

1. 摄影器材租赁费按日计算，摄影器材日租金为人民币￥：　　元（人民币大写：　　）。　　天租金共计人民币￥：　　元；（人民币大写：　　）。如有设备增加、器材延期及消耗品的费用另行计算。

2. 合同签定时支付租金总额的　　%；即人民币￥：　　元；（人民币大写：　　）。

3. 第二次付款应于提取时器材支付租金总额的　　%；即人民币￥：　　元；（人民币大写：　　）。

4. 合同期过半即　　年　　月　　日前支付租金总额的　　%；即人民币￥：　　元；（人民币大写：　　）。

5. 合同到期或拍摄提前结束前两日（以先到日期为准），付清合同余款及设备在租用期间所产生的全部费用。

6. 如果甲方租用的时间超过第二条约定的租赁期限，应在租赁期限截至日前四十八小时与乙方协商，签订续租合同（在甲乙双方未能签订续租合同时，本合同仍合法有效）。摄影器材日租金为人民币￥：　　元（人民币大写：　　）。超期费用应在甲方超期拍摄前支付全部费用。

第四条　甲方的权利和责任

1. 甲方在合同期间有对设备使用管理的权利，并对非本方所造成的不合格设备提出更换。

2. 甲方在合同期间有对乙方人员管理的权利，乙方设备员在没有正当理由情况下拒绝服从甲方统一调度和日常管理，甲方有权向乙方提出调换。

3. 甲方在提取器材时，应认真核对器材的型号、规格、设备数量、完好程度和使用性能等，并在上述出库单上签字确认。

4. 甲方应按照合同约定的时间支付租金。

5. 甲方在承租期间应爱护器材，按照正常操作规程使用，并妥善存放以确保器材的正常使用和安全。

6. 甲方负责支付承租期间乙方人员的食宿费、差旅费（外地为往返一次）及因拍摄工作而发生的工伤医疗等费用。

7. 甲方不能改变乙方人员的岗位职责，如甲方安排乙方人员进行岗位职责之外的工作，所产生的任何事故由甲方承担全部责任。

8. 合法使用乙方器材，不得利用其从事违法活动，并不得出卖、典当、担保以及转租等损害乙方合法权益的用途。

9. 如因甲方与第三方纠纷而使甲方失去对所租赁器材的管理控制（包括但不限于被扣押或被扣留等情形），则乙方有权要求甲方按器材当时的市场价格（双方所认定的权威公司器材价格为标准）赔偿或要求甲方无条件及时返还器材，且继续支付租金。

10. 甲方应根据自身工作进度，提前安排乙方人员、设备返回时间；即最迟不得晚于拍摄完成次日，如晚于拍摄完成次日，甲方应支付延迟天数的租金。

11. 使用完毕后，甲方应将租用的器材运至乙方所在地（北京），经由双方验收签字，完成归还手续。

12. 乙方所提供的器材甲方检查验收签字后属完好器材，如果甲方未按规定办理验收，乙方则视为租赁器材已在完整状态下由甲方验收完毕，并视同甲方已经将租赁器材的验收单据交付给乙方，如使用中出现损坏甲方应积极地配合修理。

第五条　乙方的权利和责任

1. 乙方有权利在甲方未按合同规定的时间付款的情况下停止甲方使用器材。

2. 乙方有权利在甲方拍摄较危险镜头没有安全措施或安全措施不到位的情况下，停止甲方使用器材。

3. 乙方应按照甲方事先提供的正式书面要求及时准备需要的器材，并保证所提供的器材达到行业规定的标准，因不能预见、不能避免并不能克服的客观情况造成租赁器材延迟交付时，乙方不承担责任。

4. 乙方如派遣设备员应严格遵守甲方的规章制度，并服从甲方的统一调配。

5. 乙方设备员的职责是按甲方租用设备所能达到的技术标准及性能，对器材进行调试及设备充电；并协助甲方做好设备维护。

6. 在器材租用期间如因设备本身质量或技术问题而影响到正常拍摄时，乙方应及时负责设备维修、调试以及替换（中国境外以及中国境内火车、飞机等交通工具一站式无法到达的地区除外）。

7. 在器材维修、调试期间乙方应全力协助甲方解决替代设备的使用问题，在乙方设备未修好，或新设备未到之前，甲方要扣除乙方的租赁费用。

第六条　甲乙双方的责任

1. 甲方按照设备操作规程使用设备产生故障时，甲方应及时通知乙方。在此期间双方应积极配合解决问题，所产生的维修和差旅费用由乙方承担。

2. 甲方在设备使用时出现设备人为损坏时，应及时通知乙方。在此期间双方应积极配合解决问题，所产生的维修和差旅费用由甲方承担。

3. 乙方跟机员若没有妥善管理及安置器材，而造成设备的丢失、损坏，甲方不承担责任。

4. 甲方为乙方设备管理人员在剧组工作期间购买保险。

5. 如甲方未按本合同约定按时支付租金，以合同租金总额为基础逾期一天支付千分之二的违约金（即：合同租金总额×（乘）千分之二×（乘）逾期天数）。

6. 如甲乙双方发生纠纷且不能友好协商解决，可依法诉至法院；甲方不得以留置等方式拒不返还所租赁的器材，否则，由甲方按日承担合同租金总金额千分之二的违约金，且继续支付租金。

第七条　合同的解除

本合同签订后，任何一方不得无故单方（中止或不履行或解除）本合同，否则，由违约方按合同租金总额30%的标准支付赔偿金。

第八条　完整的合同

本合同作为双方最终的完整的合同，取代之前双方任何口头或书面的约定。

第九条　纠纷的解决

因本合同引起的或与本合同有关的任何争议，双方应首先协商解决，解决不成，均有权向乙方住所地的人民法院提起诉讼。

第十条　合同的生效

本合同（包括相关附件）自双方签字盖章之日起生效。本合同一式两份，甲乙双方各执一份，效力等同。

备注：器材明细见附件。

甲　　方：　　　　　　　　　　乙方

授权代表：　　　　　　　　　　授权代表：

日　　期：　　　　　　　　　　日　　期：

任务七　节目销售合同

销售，是影视节目生产过程中的最后一个环节，也是实现利润的关键环节，一般说来节目销售合同的条款是相对固定的，内容也大同小异，其合同要点主要明确授权区域，授权播出时间（一般为两年）等内容。

【案例】

电视剧播映权许可使用合同书

甲方：

乙方：

甲乙双方经过友好协商，就甲方将其拥有版权的×集国产电视系列剧《×××》（以下简称：该剧）×轮的××地区电视播映权许可乙方使用之事宜，达成如下协议：

一、电视剧类别：国产电视系列剧。

二、电视剧名称：

三、集数（长度）：　　　　　集，每集：　　　　分钟。

四、授权范围：　　　　　　地区（地面、卫视）电视播映权。

五、授权期限：　　　年。

六、付酬标准：每集　　　元整，集，共计（金额）：　　　元整。

七、甲方提供录像磁带型号：BET—60（　盘），如乙方因播出需要，甲方应无条件提供，乙方使用后归还。

八、付款方式：总金额合计：　　　　元整（大写：　　　　元整）。

本合同签订后，乙方需在五日内付该节目款的　　%节目款到甲方账户，甲方收到乙方　　%节目款后即提供该剧的播出带及相关资料，乙方收到甲方提供的播出带及相关资料五个月内付清本合同余款_____整。

九、其他事项：

1. 甲方保证拥有该剧有效版权证明文件、发行许可证，并负责提供复印件一套给乙方。甲方保证在乙方被授权的范围内，不再将该剧授权给第三方，如遇版权纠纷由甲方负全部责任。

2. 甲方须提供该剧的宣传资料、分集介绍、剧照等，并对所提供的节目播映带质量负责。

3. 乙方保证在甲方许可使用的范围和期限内按照本合同行使许可使用权。不得制作音像制品或图书出版发行。

4. 甲、乙双方任一方违反本合同条款，则违约方向守约方支付违约金，并负责赔偿守约方因违约方违反合同条款所造成的一切经济损失。

5. 本合同未尽事宜，甲、乙双方协商解决。如协商不成，应提交甲方所在地有管辖权的人民法院诉讼解决。

6. 本合同共两页，一式两份，甲、乙双方各执一份，经双方代表签署及盖章后生效，具有同等法律效力。

甲　方（全称）：　　　　　　　乙　方（全称）：
盖章：　　　　　　　　　　　　盖章：
代表（签字）：　　　　　　　　代表（签字）：
日期：　　年　月　日　　　　　日期：　　年　月　日

第八单元内容要点

影视节目从前期的策划创意到制作销售的较长过程中，因工作环节多、参与人员多、意外事故多、涉及众多知识产权等原因，存在不少潜在的法律风险。

以合同的形式进行约定，是使大家明确责权利，规避法律风险的有效方法。

项目投资合同的重点条款包括：投资金额、资金到账时间、财务管理、利润的含义及分配比例、资金回收的时间等。

编剧合同的重点条款包括：价格、剧本创作时间、片酬发放的时间、中途换人、剧本认定原则等。

导演合同的重点条款包括：拍摄进度、修改剧本的权利、超资问题、终剪权、主要演员的确定、宣传等。

演员合同的重点条款包括：片酬和吃住标准等。

单元能力测试题

开放式书面作业：
1. 分析影视节目制作中的法律纠纷案例。
2. 学习起草各类合同。

单元技能测试记录表

鉴定内容		鉴定方法		鉴定人签字	
鉴定成绩		鉴定时间		被鉴定人签字	
关键技能		评价指标		鉴定结果	
				通过	未通过

鉴定者评语:

课 程 评 价 表

姓名：_____　　　日期：_____

当你完成了本单元的学习，我们希望你能对下面的项目提出你的建议。

请在相应的栏目内打钩	非常同意	同意	没有意见	不同意	非常不同意
1. 这一单元为我很好地提供了关于影视节目制作中所涉及法律风险的综述					
2. 这一单元帮助我理解了各类合同的要点的理论					
3. 我现在对尝试草拟影视节目制作中的各类合同更有自信了					
4. 该单元的内容适合我的要求					
5. 该单元中设计了实作					
6. 该单元中不同的部分有机融合					
7. 教师待人友善、愿意帮忙					
8. 该单元的教学让我做好了参加评估的准备					
9. 该单元的教学方法对我学习起到了帮助作用					
10. 该单元提供的信息量正好					
11. 评估与鉴定公平、适当					

你对将来改善本单元的教学有什么建议？

_____

_____

参考文献

[1] 杨伟光. 中国电视专题节目界定[M]. 北京：东方出版社，1996.

[2] 朱羽君，王纪言，钟大年. 中国应用电视学[M]. 北京：北京师范大学出版社，1993.

[3] 石长顺. 电视栏目解析[M]. 武汉：武汉大学出版社，2008.

[4] 黎小锋，贾恺. 纪录片创作[M]. 上海：上海外语教育出版社，2006.

[5] 哈里斯·华兹. 开拍啦 怎么制作电视节目[M]. 徐雄雄，等，编译. 北京：中国广播电视出版社，

[6] Alan Rosenthal. 纪录片编导与制作[M]. 张文俊，译. 上海：复旦大学出版社，2006.

[7] [美]詹妮弗·范茜秋. 电影化叙事[M]. 王旭锋，译. 南宁：广西师范大学出版社，2009.

[8] 张静民. 电视节目策划与编导[M]. 广州：暨南大学出版社，2001.

[9] 宋培义. 文化产业经营管理成功案例解读[M]. 北京：中国广播电视出版社，2008.

[10] 谷淞. 好莱坞营销[M]. 北京：中国广播电视出版社，2007.

[11] 郭元媛. 论植入式广告的创新与发展[J]. 太原大学学报，2007（2）.

[12] 魏永刚，冯建力，张小争. 电视剧集管理[M]. 北京：中国传媒大学出版社，2010.

[13] 刘宁，张庆. 影视音像合同应用与示范[M]. 北京：法律出版社，2010.

[14] [美]迈耳·史雷波曼. 制片创作大全[M]. 黄扉，译. 北京：清华大学出版社，2004.

[15] 何建平. 好莱坞电影机制研究[M]. 上海：上海三联书店，2006.

[16] [美]格雷戈里·古德尔. 独立制片[M]. 北京：中国电影出版社，1993.

[17] [美]露易丝·利维森. 电影制片人融资指南[M]. 北京：世界图书出版公司，2013.

[18] 王大勇，艾兰. 电影营销实务[M]. 北京：中国民主法制出版社，2011.

[19] [美]汉赛娜. 完全制片手[M]. 浦剑，译. 北京：人民邮电出版社，2014.